PROPÓSITO

LA VIDA Y LA FE DE LOS MEJORES JUGADORES DE LAS GRANDES LIGAS

«Este libro me recuerda por qué amo tanto el béisbol: es un deporte rico en historia, la afición de nuestra nación en tiempos de guerra y en tiempos de paz. Me reconforta ver a cómo algunos jugadores de béisbol utilizan su posición para marcar la diferencia en la actualidad. Este libro da vida a sus testimonios. Ellos viven la vida y juegan con un propósito más importante y una perspectiva eterna. *Jugando con propósito: béisbol* inspirará a los lectores a encontrar una plataforma específica desde la que podrán marcar la diferencia, justo en el lugar en el que Dios los ha colocado».
—Clayton Kershaw, ganador del premio Cy Young 2011 y autor de *Arise*

«*Jugando con propósito: béisbol* comparte el testimonio de las estrellas actuales, como Albert Pujols, Josh Hamilton, Mark Teixeira y Mariano Rivera. Es maravilloso leer sobre atletas cristianos que aman a Cristo».
—Bobby Richardson, ocho veces All-Star y mejor jugador de las Series Mundiales de 1960

«*Jugando con propósito* es una lectura que vale la pena ser leída por todos, pero especialmente para hombres y mujeres jóvenes que aspiran a llegar a cosas importantes en el mundo del deporte. En él, la fe es un activo a muchos niveles. Provee la fuerza necesaria para asumir el fracaso y la derrota, incluso para superar las

lesiones. Es la base para una presencia sólida en el vestuario, y para el liderazgo dentro y fuera de la cancha. La fe puede ponerse de manifiesto en esta y los seguidores pueden asimilarla como algo deseable, algo por lo que luchar. *Jugando con propósito: béisbol* describe cómo muchos atletas cristianos actuales invierten esos activos de fe en su carrera».
—Mike Schmidt, miembro del Salón de la Fama del béisbol

«Gran libro, gran perspectiva de la vida de algunos jugadores que temen a Cristo».
—Adrián González, All-Star de Boston Red Sox

«Como antiguo lanzador familiarizado con las presiones de la MLB, me reconforta ver cómo mis hermanos en Cristo están gestionando su fama y su fortuna. Están utilizando sus dones para exaltar a Cristo y edificar su reino. ¡Este libro es una mirada fascinante hacia unos grandes jugadores que aman a Jesús!».
—Frank Tanana, veinte años en las Grandes Ligas y tres veces All-Star

«Una lectura obligada para los que quieran conocer a los chicos buenos del béisbol».
—Jeremy Affeldt, relevista de San Francisco Giants

«*Jugando con propósito* es la perspectiva más profunda y reveladora que he leído jamás sobre la vida de algunos jugadores de las Grandes Ligas. Este libro le introduce en su mundo, donde su fe en Jesucristo le inspirará».
—Vince Nauss, Presidente de Baseball Chapel

LA VIDA Y LA FE DE LOS MEJORES JUGADORES
DE LAS GRANDES LIGAS
ALBERT PUJOLS, MARIANO RIVERA,
JOSH HAMILTON

JUGANDO
CON
PROPÓSITO

MIKE YORKEY

CON JESSE FLOREA Y JOSHUA COOLEY

inspiración para la vida
CASA PROMESA
Una división de Barbour Publishing, Inc.

Título en inglés: *Playing with Purpose: Beisball*
Publicado por Barbour Publishing, Inc
© 2012 por Mike Yorkey, Jesse Florea y Joshua Cooley

Imágenes de la portada (I a D): Tom DiPace, PACET, Associated Press; Stephen
Dunn/Getty Images Sport/Tony Gutierrez, AP, Associated Press

El autor está representado por WordServe Literary Group, Ltd., Greg Johnson,
Literary Agent, 10152 S. Knoll Circle, Highlands Ranch, CO 80130

Desarrollo editorial: *Semantics*, Inc. P.O. Box 290186, Nashville, TN 37229.
semantics01@comcast.net

Publicado por Casa Promesa, P. O. Box 719, Uhrichsville, Ohio 44683,
www.casapromesa.com.

*Nuestra misión consiste en publicar y distribuir productos edificantes que ofrecen un
valor excepcional y el aliento bíblico a las masas.*

 Member of the
Evangelical Christian
Publishers Association

Impreso en Estados Unidos de América

CONTENIDO

Introducción 7

1. Clayton Kershaw: Al borde del precipicio de la grandeza 18

2. Ben Zobrist: El PK al que en la cancha llaman Zorrilla 42

3. Albert Pujols: Un bateador especialista en home runs
   cuyo corazón se desvive por los demás 66

4. Carlos Beltrán: Pasa todo el trayecto hacia
   el estadio en oración 86

5. Adrián González: Gonzo para Dios 93

6. Josh Hamilton: El Bat Man (hombre del bate)
   regresa del abismo 112

7. Stephen Drew: Las cosas buenas llegan de tres en tres 137

8. Jeremy Affeldt: *Solus Christus, solo Cristo* 144

9. Matt Capps: Abrir el puño que un día cerró contra Dios 164

10. Mark Teixeira: Bateo a toda potencia 184

11. Brian Roberts: Grandes pruebas, gran fe para
    un pequeño jugador 203

12. Josh Willingham: Entender que el Señor da y quita 224

13. Mariano Rivera: El bateador de cierre que llegó a ser salvo . . . 231

Acerca de los autores 250

Fuentes 252

INTRODUCCIÓN

El béisbol se ha calificado, entre otras cosas, como intemporal, una interesante definición teniendo en cuenta que este gran deporte es el único entre los más importantes de América que se juega sin marcador de tiempo.

El juego comienza cuando el árbitro da la orden, y se va desarrollando a diferentes velocidades. El primer bateador se prepara en el cajón de bateo, y el lanzador no para de moverse en el montículo antes de su primer lanzamiento. Cuando este se produce, el juego transcurre a su propio ritmo. Lanza la bola. Batea. Tres strikes y estás fuera. Cuatro bolas y ganas una base. Toca el plato y suma una carrera. El juego consta de nueve entradas. Las permutaciones del resultado del mismo parecen ser tan infinitas como las estrellas del cielo o los granos de arena de una playa.

El béisbol sigue realmente el patrón de la naturaleza. Después de un invierno gris, la temporada comienza en primavera, con su promesa de sol y esperanza. Los calurosos meses de verano son una dura prueba, una época en la que se forja la grandeza en el crisol de la temporada regular. El otoño se reserva para los momentos finales y decisivos de las eliminatorias, tras los cuales vuelve otro aburrido invierno.

Puede que el béisbol no sea el deporte más antiguo de los Estados Unidos, pues existen pruebas de que los nativos americanos jugaban en el siglo XVII a algo parecido al actual lacrosse. Sin embargo, casi todos están de acuerdo en que el béisbol caló en la conciencia nacional antes que cualquier otro deporte. Su historia se remonta a la Guerra de la Independencia, cuando las tropas de George Washington bateaban bolas y corrían bases en un juego parecido al cricket, un pasatiempo británico que tuvo su papel en la evolución del béisbol. Lewis y Clark jugaban a atrapar bolas durante su exploración del Océano Pacífico. En su libro *Book of Sports*, publicado por primera vez en 1834, Robin Carver describía cómo una versión americana de un juego parecido al béisbol rivalizaba en popularidad con el cricket.

Según el folclore americano, Abner Doubleday inventó el béisbol en 1839. Sin embargo, los historiadores de este deporte, después de leer el diario de Doubleday, han descubierto que nunca estuvo en Cooperstown, New York, cuando se supone que se jugó el primer partido… ni en cualquier otro momento posterior al mismo. En su lugar, fue cadete en la academia militar de West Point y nunca mencionó el béisbol en los numerosos papeles y cartas encontrados tras su muerte en 1893.

La invención de la variante moderna del béisbol se atribuye ahora a Alexander Cartwright, un vendedor de libros de New York. En 1845, formó un comité que estableció sus reglas, como limitar a tres la cantidad de outfielders o jardineros y tocar al corredor en lugar de lanzarle la bola. Las nuevas normas se aceptaron de forma general.

Cartwright fundó el New York Knickerbockers Baseball Club, y no pasó mucho tiempo antes de que se formasen otros equipos y se uniesen nuevas ligas. A finales del siglo XX, se disputaban «grandes ligas» en las ciudades más importantes del Nordeste, particularmente en New York, así como más hacia el oeste, en Cincinnati y Chicago.

El juego de los bates y las bolas capturó el corazón de la clase obrera. Está claro que no había mucha competición en una era anterior a la radio, las películas y la televisión. No obstante, no se puede refutar que el béisbol se entretejió firmemente en el tejido de la cultura americana, gracias en parte a la emergencia de las páginas deportivas en los periódicos diarios y a la rápida industrialización y urbanización de la nación. El béisbol proveía una vía de escape y un refugio de las presiones de la vida cotidiana. El verde exuberante de la cancha en medio de una polvorienta ciudad llena de edificios proclamaba un retorno a las simples y puras raíces de la naturaleza.

Los primeros veinte años del siglo XX vieron un auge sin precedentes de la popularidad del béisbol. Los asientos de nuevas y amplias canchas como Ebbets Field y Polo Grounds en New York, Fenway Park en Boston, Wrigley Field y Comiskey Park en Chicago, y Tiger Stadium en Detroit, se llenaban de prósperos hombres de negocios, y sus gradas de inmigrantes italianos, polacos y judíos de clase obrera. El reportero del *Philadelphia Inquirer* Edgar F. Wolfe declaró que la cancha de béisbol era un lugar habitual de reunión para americanos de *toda* clase y antecedentes. El juego encajaba con el temperamento nacional y cautivaba de igual manera a presidentes y a indigentes.

La decisión tomada en 1919 de hacer cumplir nuevas reglas relativas al tamaño, forma y elaboración de la bola desembocó en una edad de oro para este deporte. Con la desaparición de la «bola muerta» y la emergencia del especialista en home runs Babe Ruth, la fiebre del béisbol se extendió por todo el país. Durante los siguientes cincuenta años, la relación de amor entre América y el béisbol fue singular y satisfactoria. Durante la Segunda Guerra Mundial se convirtió incluso en un indicador de origen, una referencia cultural que únicamente un americano incondicional conocería. Se preguntaba quién había ganado las Series Mundiales de 1943 a los espías nazis, a fin de revelar su verdadera identidad, ya que todo soldado americano sabía que New York Yankees vencieron a St. Louis Cardinals en el Clásico de otoño.

Justo una generación después, sin embargo, la fusión de las ligas profesionales de fútbol americano NFL y AFL en 1970, y el marketing de la Super Bowl, que la convirtió en una fiesta casi religiosa, en la línea del pan y circo romano, desbancaron al béisbol de su privilegiada posición. No obstante, el viejo gran juego se negó a abandonar la cancha. En las pasadas cuatro décadas, se han producido cambios dinámicos en la sociedad y cultura americanas, pero una de las pocas cosas que se han mantenido constantes ha sido el béisbol. El presentador Bob Costas tenía razón cuando dijo: «Muchas cosas han cambiado drásticamente en nuestro país a lo largo de los años y las décadas, como debe ser, y aunque el béisbol también lo ha hecho, su esencia sigue siendo la misma. Es una de las instituciones duraderas de nuestra nación, y creó que eso nos consuela de algún modo».

En los tiempos inciertos que corren, marcados por trastornos generalizados, desastres naturales y caos terrorista presentes en la mente de las personas, la constancia del béisbol forma parte de su encanto y es una señal de su fuerza. Está claro que se han modificado reglas a lo largo de los años, como la reducción de la zona de strike y el rebajamiento del montículo del lanzador en 1969, así como la inclusión de la repetición instantánea limitada en casos de home runs dudosos a partir de 2008. Sin embargo, en general, el béisbol actual es el mismo que jugaron Roger Hornsby, Babe Ruth, Lou Gehrig, Mickey Mantle y Willie Mays.

El béisbol es un deporte de equipo, pero también individual, que recuerda una época más simple en la que la vida era más razonable, comprensible y justa. Es el único de los principales deportes profesionales (siendo los otros el fútbol americano de la NFL, el baloncesto de la NBA y el hockey de la NHL) en que el equipo que va ganando no puede dejar correr el tiempo. El lanzador debe lanzar la bola sobre el plato y dar una oportunidad a su oponente. Puede pasar cualquier cosa hasta que el equipo que va delante suma veintisiete eliminaciones en el libro de anotación.

No hay duda de que la pasión por el béisbol se transmite de una generación a otra. Este hecho es una fortaleza pero también una debilidad de este deporte porque muchos temen que los padres jóvenes de hoy, muchos de los cuales crecieron jugando a videojuegos o practicando actividades de riesgo como el skateboard, paintball, snowboard, BMX y escalada, no se preocuparán de introducir a sus hijos en un viejo deporte como el béisbol.

Ese no fue mi caso (Mike Yorkey). Crecí en La Jolla, California, un pueblo costero situado unas pocas millas al norte de San Diego. A mi padre *y* a mi madre les encantaba el béisbol. Mamá era una fan acérrima de Willie Mays. Inclinaba su vieja radio Philco de madera hacia la derecha y le daba golpecitos con los nudillos en el lado izquierdo. De esta forma, podía captar la señal estática de la emisora KSFO, desde más de 500 millas de distancia, para escuchar cómo Russ Hodges y Lon Simmons narraban al detalle las jugadas y hazañas de Willie.

Cuando los San Diego Padres ingresaron en la Liga Nacional en 1969 como equipo de expansión, papá y mamá me llevaron al primer partido de una gran liga jugado en la llamada mejor ciudad de América (recuerdo incluso el marcador sin tener que recurrir a Google, 2-1 para los de casa contra Houston Astros). El año siguiente, mis padres compraron un abono de temporada de cuatro asientos en la segunda fila detrás del plato en San Diego Stadium (conocido hoy como Qualcomm Stadium).

Mamá y papá siguen siendo abonados hasta hoy en Petco Park, la bonita cancha de los Padres inaugurada durante la temporada de 2004. Mi mujer, Nicole, y yo asistimos a algunos partidos cada año con mis padres o con nuestros hijos adultos con sus parejas. Y sí, hemos conservado el mismo lugar privilegiado en la segunda fila justo detrás del plato. Debo admitir que soy un seguidor del béisbol consentido.

Mi padre también fue mi entrenador en la Little League, razón por la cual me identificaba con la película de béisbol de 1989 *El campo de los sueños*. No me cautivó tanto la forma en que el granjero Ray Kinsella hizo un diamante de béisbol en medio de su maizal en una granja de Iowa, llevando a cabo lo que una voz le dijo en su cabeza: «Si lo construyes, él vendrá». Lo que me puso un nudo en la garganta fue un momento durante el desenlace de la película en el que el receptor en cancha se quitó su máscara protectora. Ray se dio cuenta que este era su padre de joven. Reunió la valentía suficiente para hacerle una simple pregunta: «Papá, ¿nos lanzamos una bolas?».

Si alguna vez ha jugado a lanzar bolas con su padre, o con su hijo, las emociones relacionadas con el simple movimiento de la bola son intemporales y nunca se olvidan. Aún recuerdo cuando preguntaba a mi padre si quería lanzar conmigo después de la cena en mis años de primaria. Aunque estaba muy cansado después de todo un día aserrando tablones de madera y clavándolos en su trabajo en la construcción, se colocaba en la posición de recepción y me dejaba lanzar. Cuando ya era demasiado grande para nuestro jardín trasero, trajo tierra e hizo un montículo en el delantero de forma que pudiese continuar practicando mi curva durante mis años en la Little League (me conocían entonces como el lanzador de la «bola de práctica»).

Continué esa tradición padre-hijo tan pronto como mi hijo Patrick pudo ponerse un guante. Empezamos con una bola blanda y ligera, pasando a otra más dura cuando lanzábamos en nuestro jardín trasero. Después entrené a su equipo de la Little League, tal como mi padre hizo conmigo. La única diferencia es que esta vez no vivíamos en el soleado San Diego sino en Colorado Springs, Colorado, donde el clima era más inestable. Allí, la temporada de la Little League comenzaba en Marzo, que era el mes en que más nevaba. Recuerdo estar lanzando en entrenamientos de bateo mientras inmensos y húmedos copos de nieve danzaban por el aire antes de evaporarse al llegar al suelo, que ya no estaba helado. No me gustaba lanzar con los dedos entumecidos por el aguanieve, pero nadie me sacaría de ese montículo mientras mi hijo estuviese en el equipo.

Ahora, en 2012, Patrick es un joven padre con un hijo, Joshua, que celebra su primera temporada de vida. Como la pasión por el béisbol parece transmitirse de padre a hijo, espero que Joshua sea el próximo gran aficionado de nuestra familia. Existe un elemento emocional real y tangible en el béisbol, un lazo frecuentemente conectado de forma directa a la historia del juego en nuestra vida.

Será interesante ver cómo habrá evolucionado este deporte cuando Joshua sea mayor. El poeta del siglo XIX Walt Whitman consideró al béisbol como el «juego de los vítores de la República» debido al «vigor, al aguante y a la aventura del ambiente estadounidense». Sin embargo, ha vuelto a perder su corona a manos del fútbol como afición nacional. La asistencia a los estadios ha caído continuamente durante los últimos cuatro años, y aunque la crisis económica puede tener gran parte de culpa, pocos podrán negar que el béisbol ha perdido algo de encanto, especialmente entre la generación más joven, que se inclinan por otros pasatiempos, o prefieren ocuparse con sus celulares, viendo la televisión o navegando por la red, todo al mismo tiempo.

Las audiencias más jóvenes de hoy exigen un entretenimiento que les pida poco más que sentarse y sorprenderse. Sin embargo, el béisbol es un deporte estratégico y cerebral. Para disfrutar totalmente de él hace falta algo más que una observación superficial. Una vez se empiezan a entender los matices, como el orden de bateo, la cuenta del lanzador, el ritmo de la bola bateada suavemente, la posición de los jugadores interiores, el bateo y corrido, la bola mala intencional, la base por bolas intencionales, el bateador emergente y jugar para el doble, el juego se vuelve fascinante. Las variables se reajustan entre bateadores, suministrando a la mente más contingencias a considerar. Debido a ello, el béisbol exige una considerable atención mientras da cabida a un análisis numérico único, gracias a un tesoro oculto de estadísticas que llenaría la Biblioteca del Congreso.

El béisbol es probablemente el único deporte en el que las estadísticas se discuten, diseccionan, debaten y valoran. Se recuerda a los bateadores, y se les paga en consecuencia, por su promedio de bateo, su número de sencillos, dobles, triples, home runs, bases por bolas, intencionales, robadas y carreras bateadas. Los lanzadores se juzgan por su registro de partidos ganados y perdidos, promedio de carreras ganadas, ponchados, bases por bolas y entradas lanzadas, por nombrar algunas categorías.

Algunas de esas cifras se quedan grabadas en la mente. Cualquier persona con un conocimiento mínimo de este deporte sabe que Babe Ruth consiguió 714 home runs antes de que Hank Aaron lo superase como líder de todos los tiempos con 755. Incluso los aficionados esporádicos saben que Joe DiMaggio bateó de forma segura en 56 partidos seguidos, que Roger Maris consiguió 61 home runs en 1961 y que Ty Cobb robó 96 bases allá por 1915.

Incluso algunos contratos de los jugadores son recordados. El de Alex Rodríguez, de 252 millones de dólares por diez años, y firmado antes de la temporada de 2001, fue el más lucrativo de la historia del deporte en su momento, 63 millones de dólares más que el segundo más caro. En todas partes, se proclamaba a A-Rod como «el hombre de los 252 millones de dólares».

Cuando Rodríguez firmó un nuevo contrato de diez años y 275 millones de dólares con New York Yankees el 13 de diciembre de 2007, el nuevo «contrato más alto de la historia», los seguidores del béisbol apenas lo advirtieron por dos razones. Una, porque esos grandes acuerdos eran ya más habituales y parecían estar más allá de los límites de la realidad. Dos, porque el explosivo Informe Mitchell salió a la luz *justo el mismo día*. El documento de 311 páginas, una investigación independiente acerca de la utilización ilegal de esteroides y otras sustancias para mejorar el rendimiento por parte de jugadores de las Grandes Ligas, descubrió un escándalo que ha estado enconándose durante casi una década.

Todo comenzó de forma inocente durante la temporada de 1988, cuando el pegador Mark McGwire de St. Louis Cardinals y Sammy Sosa de Chicago Cubs estaban inmersos en una lucha codo con codo para superar el récord de Roger Maris de 61 home runs en una sola temporada. Esta competición particular sometió a la nación a un verano de ataque y contraataque, de gradas a rebosar y atención exhaustiva de los medios.

Entonces, durante un encuentro en el Shea Stadium de New York, el reportero de béisbol Steve Wilstein vio un pequeño bote marrón en la estantería superior de la taquilla de McGwyre, cuya etiqueta decía «Androstenediona».

Wilstein investigó y supo que «andro» era un precursor de un esteroide anabólico que producía testosterona en el cuerpo, con el consiguiente aumento de la fuerza. Al principio, McGwire negó haber utilizado esta sustancia, pero más adelante reconoció haberlo hecho durante un año. «Todos los jugadores de béisbol que conozco están utilizando los mismos productos que yo», dijo McGwire.

Los seguidores del béisbol se encogieron de hombros de forma colectiva. La Androstenediona era legal en ese momento y el béisbol no disponía de una política de controles concienzuda. Además, ¿quién quería aguar el desfile de home runs de McGwyre durante ese verano mágico de 1998?

Entonces, Barry Bonds, celoso de la atención despertada por McGwyre y Sosa, transformó su cuerpo de la noche a la mañana en el del increíble Hulk. Arrasó el récord de McGwyre con otra cifra que ha adquirido el estatus de hito: 73 home runs durante la temporada de 2001.

Sin embargo, empezaron a formarse grietas en la fachada del béisbol cuando en 2003, un gran jurado de San Francisco investigó las intrigas de los laboratorios BALCO, gestionados por su propietario Víctor Conte, que había descubierto una forma de distribuir esteroides entonces indetectables. Conte conoció a Bonds por medio de su entrenador, Greg Anderson, lo que dio lugar a *mucha* especulación acerca de que la cabeza y el cuerpo inflados de Bonds eran consecuencia de la farmacología.

Dos libros influyentes dejaron claro que había un problema en River City. *Game of Shadows*, de Lance Williams y Mark Fainaru-Wada, dos reporteros del *San Francisco Chronicle* conocedores de transcripciones y documentos judiciales de BALCO, describió todo el escándalo de esta compañía y llevó a sus lectores por un camino que los dejaba a las puertas de Bonds. Después, el libro «cuentalotodo» del ex-jugador José Canseco, *Juiced: Wild Times, Rampant 'Roids, Smash Hits, and How Baseball Got Big*, aboga sin ningún tipo de vergüenza por los esteroides como medio para incrementar la producción de home runs, y como fuente de juventud. Canseco describe con naturalidad cómo los utilizaba e inyectaba a sus compañeros de equipo Mark McGwyre, Jason Giambi, Rafael Palmeiro y Juan González.

Las presiones aumentaban para que se tomasen medidas contra el uso de los esteroides en el béisbol, y en la primavera de 2005 varios jugadores fueron citados a declarar ante una comisión del Congreso de los Estados Unidos. Todo indica que la intervención de McGwire fue desastrosa para su credibilidad y probablemente arruinó sus posibilidades de entrar en el Salón de la Fama del béisbol. Ante la dura mirada del escrutinio y las preguntas mordaces sobre la utilización de esteroides, dijo varias veces a los congresistas estadounidenses que no estaba allí «para hablar del pasado».

Sin embargo, el pasado había alcanzado a McGwire, y al resto del béisbol. El último clavo en el ataúd que representa a la era de los esteroides en el béisbol se puso justo antes del comienzo de la temporada 2009 cuando *Sports Illustrated* informó que Alex Rodríguez había dado positivo en dos esteroides anabólicos durante 2003. Se supone que los resultados de la prueba debían permanecer anónimos, pero una lista codificada con 104 nombres se filtró a la prensa.

Rodríguez admitió haber utilizado esteroides anabólicos y otras sustancias para mejorar el rendimiento de 2001 a 2003. Lo justificó haciendo referencia a una «enorme presión por jugar bien» después de firmar su estratosférico contrato de 252 millones de dólares. Mark McGwyre también cantó y admitió su uso de los esteroides hasta la temporada de 2010. Dijo: «Mirando hacia atrás, desearía no haber jugado nunca durante la era de los esteroides.

Dime que no es verdad, Joe.

Lo era. Aunque los devaneos del béisbol con las sustancias dopantes lo mantendrían bajo sospecha durante un tiempo prolongado, también existen algunas buenas noticias. En la actualidad es más difícil hacer trampas, *mucho más* difícil, gracias a los controles aleatorios y más sofisticados. También hay jugadores que han decidido desarrollar su carrera sin sustancias dopantes, poniendo su fe en las habilidades que Dios les ha dado para jugar a este deporte, la forma en la que debe hacerse.

Uno de ellos es Albert Pujols, que entiende que las personas se fijan en todo lo que hace. Él dijo: «Al final del día, glorifico a Dios y esas cuarenta y cinco mil personas saben a quién represento cada vez que salto a la cancha, de eso se trata». «Se trata de representar a Dios».

Estoy seguro de que Albert no ha utilizado sustancias dopantes. Lo creo porque sé que es un cristiano maduro que juega con un propósito y comprende el gran daño que podría hacer al Reino si *estuviese* haciendo trampas. Esta es la razón por la que no creo que veamos nunca a un niño acercarse, con su gorra negra en la cabeza, a la estrella de Los Angeles Angels y decirle: «Dígame que no es verdad, Sr. Pujols».

Sin embargo, es necesario que sigamos orando por los jugadores cristianos como Albert Pujols y Josh Hamilton, que *sí* utilizaron esteroides en sus años pródigos, a fin de que se mantengan firmes frente a la tentación de sacar ventaja en la cancha. Ellos están jugando verdaderamente con un propósito, así como Adrián González, Mark Teixeira, Ben Zobrist, Brian Roberts, Carlos Beltrán, y los lanzadores Matt Capps, Clayton Kershaw y Mariano Rivera, de los que leerán en *Jugando con propósito: béisbol*.

Por tanto, mis coautores, Jesse Florea y Joshua Cooley, y yo le invitamos a sentarse, tomar una caja de galletas y disfrutar nuestra versión de béisbol de *Jugando con propósito*. Como verá en los próximos capítulos, estos jugadores son algo especial, y lo son por razones que van más allá de simples bolas o strikes.

1

CLAYTON KERSHAW:
AL BORDE DEL PRECIPICIO
DE LA GRANDEZA

«Vosotros sois labranza de Dios».

1 Corintios 3.9

Cuando ya caía la tarde, llegaron unos niños curiosos.

Las pequeñas cabezas se movían arriba y abajo, como inquisitivos perros de las praderas en un campo lleno de maleza. Venían de su pueblo, situado en la ladera, realmente un barrio de chabolas, donde las casas destartaladas pueblan el paisaje y la esperanza sigue siendo la vida callejera.

En la distancia, el sol se estaba poniendo en este rincón olvidado del mundo, proyectando largas sombras sobre el pueblo. Las sombras no son nada nuevo en Zambia. El deterioro moral, la pobreza y las enfermedades mortales han ocultado a esta pequeña nación del África central en la oscuridad espiritual durante muchos años. Los visitantes dicen que la desolación es palpable.

Pasado el campo, los niños se reunieron en ambos lados de un estrecho camino de tierra. Sus ropas eran andrajosas y sus pies estaban llenos de polvo, pero sus sonrisas eran radiantes.

Se maravillaron con el extraño.

«¡*Musungu!*», exclamaron algunos de ellos. Otros no sabían qué decir. Nunca antes habían visto un hombre blanco.

Con casi 1.90 de altura y 100 kilos de peso, el tejano destacaba sobre los niños mientras él y otro extranjero se lanzaban un raro esferoide blanco con unas costuras rojas. Seguidamente, el *musungu* dio un guante a uno de los niños, retrocedió unos pasos y comenzó a lanzarle la bola despacio para que la atrapase. Hizo lo mismo con cada niño. Los más jóvenes disfrutaban y se reían. Ninguna barrera lingüística podía ocultar que todos estaban pasando uno de los mejores momentos de su vida.

No obstante, el *musungu* no había atravesado diez husos horarios para promocionar el béisbol. Había venido a agujerear las sombras opresoras con la luz de Jesucristo.

Cinco meses más tarde, una bonita mañana en el sur de California, llegaron unos niños gritando.

Sus piernas llenas de energía se movían con rapidez mientras corrían por los cuidados campos del Pasadena Memorial Park como cachorros entusiasmados. Aquí, en las prósperas sombras de la ciudad de Los Angeles, la esperanza y las oportunidades emergen como el majestuoso pico del Monte Wilson al norte y los rascacielos de la urbe al sur.

Los niños se maravillaron ante su héroe deportivo.

«¡Es Clayton Kershaw!», gritaron. No se lo podían creer.

Los niños rodearon, abordaron realmente, a Clayton, a su mujer, Ellen, y a dos amigos de la infancia de aquel cuando los adultos volvían del desayuno. En una zona conocida por la afluencia de famosos, a los niños les había tocado el primer premio. Como no tenían papel o cromos de béisbol, varios niños extendieron los brazos para que Clayton les firmase un autógrafo en la piel. Uno de ellos se levantó la camiseta.

«Calma, calma», dijo Clayton, sonriendo mientras impedía la

improvisada sesión de tatuaje. Ellen trajo algo de papel del coche y él firmó para cada niño.

Podrá encontrar a Clayton Kershaw en algún lugar entre esos dos campos de sueños tan dispares. Esta emergente joven superestrella de Los Angeles Dodgers vive en la intersección entre el cristianismo y la fama creciente. Es un cruce complicado, con mucho tráfico que distrae, frecuentemente peligroso, llegando desde todas las direcciones. En ese punto han ocurrido desastres terribles.

Sin embargo, Clayton parece diferente. Su fe es firme, dispone de una red de apoyo compuesta por amigos y seres queridos, y su humildad es tan excepcional como el inmenso potencial de su carrera, que augura múltiples premios, como el Cy Young Award.

Consideremos lo siguiente: con tan solo veintidós años de edad, pasó a ser el mejor lanzador de una de las franquicias más históricas del béisbol en la segunda ciudad más poblada de América, a tiro de piedra del resplandor de Hollywood. Sin embargo, cuando sus sublimes capacidades son el tema de conversación, no se siente cómodo, e incluso le repugna un poco.

¿Cuántos deportistas profesionales son *así*?

«Nunca se trata de él», dijo su viejo John Dickenson. «Es humildad en su máxima expresión».

EL MEJOR

Clayton no vivió siempre en esa complicada intersección. La vida solía ser muy diferente.

Nacido el 19 de marzo de 1988, Clayton creció como hijo único en Shenandoah Drive, Highland Park, un lujoso suburbio al norte de Dallas conocido como «La burbuja» por su aislamiento. Highland Park es una localidad de guante blanco, en la que viven profesionales de mediana edad con unos ingresos medios familiares de unos 150.000 dólares, más de tres veces la media nacional. Las casas son inmensas, el índice de criminalidad bajo, las escuelas son fantásticas y la gente es agradable. Es una ciudad idílica.

Los Kershaw eran los típicos habitantes de las afueras. El padre de Clayton escribía sintonías publicitarias, y su madre era diseñadora gráfica. La única razón por la que se quedaron en Highland Park es que no vivían en una de las ubicuas mansiones de la ciudad.

¿Fama? Era un concepto extraño. Bueno, Clayton *era* sobrino-nieto de Clyde Tombaugh, el hombre que descubrió Plutón. No obstante, el tío-abuelo Clyde murió antes de que él naciese, y desgraciadamente el pobre Plutón ni siquiera se considera ya un planeta, así que probablemente esto no cuente.

El joven Clayton siempre estaba moviéndose. De niño, su juguete favorito era un coche de los Picapiedra de tamaño real, con un agujero para que las piernas tocasen el suelo, de forma que podía ir con él de un lado para otro como Pedro y Pablo.

Esa energía del *yabba-dabba-doo* se tradujo rápidamente en habilidades atléticas. Clayton aprendió a andar a los siete meses y su primera palabra fue «bola». Antes de que se le cayesen todos sus dientes de leche, ya se había ganado el apodo de «El muro» por sus actuaciones como guardameta de fútbol en una liga local.

Perder sus michelines fue otra cosa. Cuando estaba en el instituto, Clayton medía casi 1.80 m de altura, pero su cintura albergaba demasiados burritos de Qdoba's, un restaurante mejicano local donde le encantaba estar con los amigos.

«Durante su etapa de crecimiento», dijo Dickenson, «siempre fue un champiñón regordete». Qué bueno es tener colegas, ¿no?

También debe de ser fantástico rezumar capacidades atléticas naturales por los poros. Clayton destacaba casi en cualquier deporte que practicase, baloncesto, fútbol americano, tenis, lo que sea. Incluso en el tenis de mesa. Sus largos brazos y su excepcional coordinación mano-ojo hacían que sus amigos de la infancia no pudiesen con él. De hecho, sigue siendo así.

«Es un jugador de ping-pong asombroso», dijo Dickenson. «Si pudiese, dejaría el béisbol para dedicarse a él».

El único deporte que no se le da bien a Clayton es el golf. Josh Meredith, su mejor amigo, cuenta: «Jugamos al golf el día antes de su boda. Dio un golpe desde el tee de salida que rebotó en un árbol y aterrizó a cuarenta y cinco metros de donde estábamos. Me reí mucho de aquello».

En noveno grado, las habilidades atléticas de Clayton lo llevaron al equipo de fútbol americano y al de béisbol del Highland Park High School, algo muy raro para un estudiante de primer año. Durante el otoño, jugó en la posición de centro, junto a un quarterback cuyo nombre quizás les resulte familiar: Matthew Stafford, número uno del draft de 2009, elegido por Detroit Lions.

Sin embargo, el verdadero amor de Clayton era el béisbol. Esa primavera, consiguió la segunda posición en la rotación del equipo y pasó a ser rápidamente uno de los lanzadores prometedores más aclamados en Texas, que ha producido bastantes futuras estrellas (véase «Ryan, Nolan», «Clemens, Roger», «Pettitte, Andy», y otros). Con muchas universidades llamando a su puerta, Clayton firmó con la Texas A&M University, en gran parte porque allí estudiaría Ellen Melson, su novia y futura esposa.

La sublime última temporada de Clayton en el instituto fue legendaria, como una versión lanzadora de *El mejor* en la vida real. Highland Park, como la mayor parte de Texas, enloquece con el fútbol americano a nivel de instituto, pero en los días que Clayton lanzaba, el modesto estadio de los Scots se convertía en un foco de interés. Todos querían ver al alto y poderoso zurdo con su bola rápida y curva pronunciada de mediados de los 90 hacer algo sorprendente, algo que ocurría frecuentemente.

Los ojeadores también venían en manadas. Como una batuta de director de orquesta que da indicaciones a los instrumentos, docenas de radares se preparaban detrás del plato cuando Clayton armaba el brazo.

La escena era surrealista, especialmente para aquellos que recordaban el físico de Clayton en su primer año de instituto.

Lew Kennedy, su antiguo entrenador en Highland Park, dijo: «Al principio, tenía cara de niño, y era regordete. Sin embargo, pronto perdió esa grasa convirtiéndose en un monstruo. En ocasiones, era virtualmente intocable. Los bateadores se conformaban con golpear alguna bola en falso».

No es una exageración. Las estadísticas de Clayton en su último año de instituto inducen a leerlas dos veces: en 64 entradas acreditó un registro de 13-0, un ERA de 0.77 y 139 eliminaciones. No hay errores tipográficos.

Clayton pareció mortal en la parte final de la temporada regular de los Scots cuando una distensión en los oblicuos lo relegó a la grada durante varias semanas. Sin embargo, cuando regresó a la acción contra Justin Northwest High en las eliminatorias regionales, superó todo lo hecho anteriormente con el diamante más raro, un encuentro perfecto en el que eliminó a *los quince bateadores*, terminado en la quinta entrada por la ley de misericordia.

Como era de esperar, mientras sus compañeros celebraban a su alrededor, él se fue tranquilamente de la cancha con una sonrisa de satisfacción. Cuando ellos lo llenaron de elogios, él contestó simplemente: «Gracias». Nada más.

«Era tan moderado cuando hablaba», dijo Kennedy. «Muy humilde. Era uno de los chicos. No trataba a nadie con prepotencia. Todo el mundo lo admiraba».

Después de la temporada, los galardones llegaron uno detrás de otro, ninguno más prestigioso que el premio Gatorade al mejor jugador de béisbol de la nación a nivel de instituto. Entró en el draft de 2006 como mejor lanzador promesa y sexto en general del *béisbol americano*.

La diversión estaba a punto de comenzar.

LA FE EN EL CORAZÓN DE TEXAS

En el inmenso cinturón bíblico de América, Dallas es la vieja gran hebilla brillante de latón. Un domingo cualquiera, puede encontrar una iglesia tan fácilmente como una camiseta de los Cowboys. Ocurre lo mismo en la burbuja de Highland Park. En todas partes las personas se llamaban cristianos.

Clayton también.

Creció en un hogar de creyentes en la Biblia, se confirmó en la iglesia Highland Park United Methodist en sexto grado, y, debido a las compañías que mantenía, creyó que había conseguido su pasaje para el cielo. Todo arreglado.

Sin embargo, la vida no es tan fácil en un mundo caído, como Clayton aprendió rápidamente. Sus padres se divorciaron cuando tenía diez años, y su padre se marchó. Sigue sin querer hablar públicamente de ello.

La madre de Clayton, Marianne, sacrificó mucho por su hijo. Su casa era un pequeño apartamento de dos habitaciones, nada que ver con las grandes mansiones de Highland Park, pero a él nunca le faltó de nada. Marianne comenzó a trabajar desde casa de forma que pudiese estar allí cuando Clayton regresaba del colegio, y seguían asistiendo a la iglesia.

Sin embargo, espiritualmente hablando, Clayton iba con el piloto automático. En el juego del esgrima bíblico le habría ido bien, pero su fe era trivial. Entonces, el Espíritu Santo comenzó a pincharle. Empezó a considerar profundas preguntas espirituales que lo sacaron del control de crucero: *¿Es realmente la Biblia la Palabra inspirada e infalible de Dios? ¿Fue realmente Jesucristo quien él dijo que era? ¿Por qué el cristianismo es verdadero y todas las demás religiones falsas?*

En su último año de instituto, Clayton comprendió su desesperada necesidad de un Salvador. Las profundas y transformadoras palabras de Efesios 2.8-9 se volvieron una verdad para él: la salvación so obtiene únicamente por gracia y por fe, no por las obras. Ni su asistencia a la iglesia mientras crecía, ni sus buenas obras merecían el favor eterno de Dios. Solo Jesucristo podía proveerlo.

«Cuando creces en ello [en el cristianismo], das por hecho que se trata del único camino. Ya sabes, "Todo el mundo es cristiano"», dijo. «Sin embargo, cuando eres un poco más mayor y más listo, oyes de otras religiones y creencias, y comienzas a pensar: "¿Por qué creo esto?". Ahí es cuando haces tu fe personal».

Clayton ya tenía un grupo sólido de amigos, por lo que la

transición a su nueva fe no fue dura. Cuando tenía unos dieciséis años de edad, llegó a un acuerdo con otros siete amigos cristianos: no necesitaban beber alcohol para pasarlo bien.

Mientras otros chicos dormían resacosos los domingos por la mañana, el grupo de Clayton adoraba a Dios. Uno de sus amigos, Robert Shannon, iba por el vecindario llenando su gran Chevy Suburban con media docena de jóvenes. Con Third Eye Blind sonando por los altavoces, se dirigían todos a la iglesia, la Park Cities Presbyterian Church, y después comían juntos. Unos fanáticos religiosos, de hecho.

«Todos tuvimos mucha suerte con nuestro grupo de amigos», dijo Meredith. «Nos ayudó a vivir de la forma correcta a esa edad tan joven. Muchos chicos de nuestro instituto se iban de fiesta los fines de semana. Nosotros hacíamos las nuestras sin el alcohol o cualquier otra cosa que hubiese allí».

LA PRINCESA ELLEN

Clayton pasaba mucho tiempo con los amigos en el instituto, pero siempre sacaba tiempo para alguien más

Parece que la vida nunca existió sin Ellen, aunque no se conocieron hasta su primer año de instituto. La suya es una verdadera historia de amor colegial, con todos los momentos lindos, divertidos y complicados que habitualmente acompañan a este tipo de cosas.

Al principio, el peso recayó sobre las dificultades. En el tribunal del burdo amor adolescente, Clayton fue declarado culpable:

- **Prueba documental A: el primer encuentro**

Antes de empezar a salir juntos, Clayton y Ellen nunca se habían hablado. Ella, una chica pequeña y bonita del equipo de danza de la escuela, no sabía en absoluto que él jugaba al béisbol. Solo lo conocía como un «niño bobo» con «una tonelada de amigos». Un día, en un período entre clases en su primer año de instituto, Clayton la paró en el vestíbulo y balbuceó algo acerca de ir en serio. Ella dijo que sí.

¿Y después de eso?

Ellen dijo: «Durante el primer año de nuestra relación tan solo hablamos en las taquillas o cuando comíamos en grupo».

- **Prueba documental B: El primer lugar de reunión fuera del colegio**

«Jugábamos al baloncesto en el parque», recordó Clayton, riéndose. «Yo intentaba enseñarle cómo hacerlo, pero ella no estaba demasiado interesada». Fue el comienzo de un intento bienintencionado pero sin éxito de hacer de Ellen una atleta. Clayton aún no se ha rendido.

«Sigue sin funcionar demasiado bien», admitió Ellen. «Siempre he sido una bailarina, y él siempre ha querido que yo sea más atlética. Un año, me compró un guante de béisbol rosa para incentivarme a ayudarle a lanzar a lo largo del verano». Sin embargo, ¿no son las bailarinas atletas por derecho propio? «No sé si estará de acuerdo», dijo Ellen soltando una risita. «No creo que piense que la danza sea un deporte».

- **Prueba documental C: La vez que conoció a sus suegros**

Imagine que es usted un padre que ama a sus cuatro hijos, que trata de educarlos bien e inculcarles los valores apropiados. El segundo más joven es una chica de sonrisa contagiosa y corazón tierno. Entonces, a la impresionable edad de catorce años, trae a casa a un jugador de fútbol americano que lleva un «55» afeitado en el pelo en la nuca, gracias a una novatada de sus compañeros de equipo mayores. Ahora, pregúntese: ¿Qué haría *usted*?

Ellen dijo: «Mis padres preguntaron: "¿Con quién estás saliendo?"».

- **Prueba documental D: El primer beso**

El momento épico tuvo lugar en Caruth Park, un popular lugar de reunión local, justo al norte de Highland Park. ¿Quién mejor que el mejor amigo de Clayton para dar la exclusiva? «La primera vez que se besaron», dijo Meredith, «Ellen tuvo algunos problemas para respirar».

Ellen no lo niega, pero explica el contexto: «Fue el primer beso para los dos», dijo riéndose. «Teníamos catorce años. Ninguno de los dos tenía experiencia». Es bastante razonable.

Clayton y Ellen parecían hacer una buena pareja, a pesar de que son polos opuestos. Ella mide poco más de 1.60; él, casi 1.90. A ella le gustan los programas de televisión de chicas; a él, los videojuegos y cualquier cosa que implique competición. Ella come como un pajarito; él, como una hiena.

«Su lugar preferido para las citas era un Chili's [un restaurante]», recordó Dickenson. «Ellen no come tanto. Es pequeñita. Siempre pedía macarrones con queso. Él comía un plato enorme y terminaba el de ella, que lo dejaba casi todo. Incluso con sus amigos, él esperaba que acabásemos y echaba un vistazo a lo que nos dejábamos. Este chico come mucho».

Las historias memorables de las citas de la pareja son tan abundantes como la ingesta de alimentos del joven Clayton. Una vez, al principio de la relación, Ellen y algunas amigas estaban viendo uno de sus programas de televisión favoritos, *The O.C.*, en su casa. De repente, Clayton y sus amigos irrumpieron en la estancia, gritando y lanzándose un balón de fútbol americano unos a otros. Solo llevaban pantalones cortos y hombreras. Por alguna razón, los señores Melson no instalaron vallas perimetrales esa noche.

En otra ocasión, los chicos invadieron la fiesta que las chicas celebraban para ver *Friends*, apagaron el televisor y robaron su tarta. Enfadadas, estas urdieron un plan para atraerlos fuera de la casa de Shannon, donde jugaban al «Halo» asiduamente, para quitarles la Xbox.

El día del Gran atraco del videojuego, las chicas llegaron al vecindario en un coche, aparcaron un poco más abajo de la casa de Shannon y permanecieron en el vehículo. Ellen llamó a Clayton al móvil. «Clayton», dijo, fingiendo estar entusiasmada, «¡Jennifer Aniston está en Highland Park firmando autógrafos!». Segundos más tarde la puerta se abrió de par en par. Los científicos siguen investigando testimonios que aseguran que ese grupo de adolescentes batió el récord de velocidad del guepardo.

Los chicos prácticamente se metieron en el coche por las ventanas al estilo de la serie *Los Dukes de Hazzard*, pusieron el motor en marcha y salieron calle abajo a toda velocidad, pasando por donde se encontraban Ellen y sus amigas. El plan parecía estar desarrollándose perfectamente... hasta que se encendieron las luces de freno. El coche de los chicos estaba dando la vuelta. Las habían pillado.

Las chicas habían cometido un error crucial: no tuvieron en cuenta una de las habilidades más extrañas de Clayton. Cuando los chicos pasaron a su altura, este había reconocido la matrícula del coche de ellas. De alguna forma, es capaz de recordar las matrículas del coche de sus amigos tras una sola mirada.

«Es una de las cosas más extrañas», dijo Ellen.

Considerándolo todo, a Ellen no le importó el fracaso del plan. Fue otra oportunidad de ver a «mi Clayton», como a ella le gusta llamarlo.

El cariño es recíproco. Clayton siempre ha estado también enamorado de Ellen. Por ejemplo, cada vez que ella lo llama al móvil, en la pantalla aparece: «Princesa Ellen».

«Cuando él se despierta cada día, la trata justamente como tal, como su pequeña princesa Ellen», dijo Meredith. «Así es como ha sido siempre».

En 2006, los Dodgers eligieron a Clayton del instituto y lo enviaron rápidamente a su equipo filial de novatos de la Gulf Coast League en Vero Beach, Florida. Ellen se enroló en la universidad Texas A&M. La distancia fue dura para la pareja, pero Ellen dijo que esa época «fue una de las mejores de la vida de ambos».

En 2009, Ellen estaba preparada para casarse, pero para estar tranquila, se convenció de que eso podía tardar aún algún tiempo. Clayton, entretanto, estaba planeando y maquinando. Sabía que las navidades eran el período del año favorito de Ellen, no solo por las vacaciones sino también porque era uno de los pocos meses en los que ambos estaban juntos en Highland Park.

Clayton decidió ir a por todas con la proposición. Es un hombre que escucha las reprimendas de sus bien vestidos compañeros de equipo cuando llega a la sede de los Dodgers con sus pantalones cortos de camuflaje y una camiseta. Sin embargo, apareció en casa de Ellen con un traje nuevo y una limusina blanca. La pareja comió en el centro de Dallas, en el Wolfgang Puck, un restaurante en un rascacielos a ciento setenta metros de altura, que ofrece una maravillosa vista de la ciudad desde la planta cincuenta. Incluso se afeitó por primera vez en muchos años.

«Eso», dijo Ellen, «fue un motivo de discusión durante años, esa maldita perilla».

Después de la cena, Clayton llevó a Ellen a su nueva casa, que había decorado formando un paisaje invernal. La música sonaba y había pétalos de rosa esparcidos por la sala de estar. Allí, entregó a Ellen una caja con una pequeña figurita de Santa Claus que sostenía la caja de terciopelo verde con un anillo, se arrodilló e hizo su proposición de matrimonio.

Después de que el latido de ambos corazones se calmase, fueron a casa de los padres de Ellen para una fiesta de compromiso preparada con anterioridad. No está mal para aquel torpe estudiante de primer año.

Clayton y Ellen se casaron el 4 de diciembre de 2010, en la iglesia Highland Park Presbyterian. En la recepción, eligieron una maravilla para el primer baile. Nada de lentos para esta pareja. Llevaron a cabo una coreografía del éxito de Usher «DJ's Got Us Falling in Love Again». Habría que destacar que Ellen había conseguido destacar en el equipo de danza de la escuela. Clayton... bueno, se esforzó mucho.

Delante de quinientas personas, Clayton se paseó por la pista de baile llevando unas Nike de colores llamativos junto a su esmoquin, tratando de coordinarse con la novia. Los que fueron testigos de su primer baile nunca lo olvidarán.

Alguien subió el video del mismo a Youtube, y los Kershaw lo dejaron durante un tiempo para que sus conocidos que no pudieron asistir a la boda pudiesen verlo. Cuando lo eliminaron un mes más tarde, sin embargo, había atraído ya doce mil visitas.

Meredith dijo: «Ellen fue bailarina en el instituto, y lo bordó. Clayton estaba perdido».

«PODRÍA ESTAR JUNTO A ZEUS»

No es que Clayton sea alguna clase de ermitaño alérgico a la atención. Claramente, sus payasadas en el baile de su boda demuestran que no lo es. Sin embargo, nunca se ha sentido totalmente cómodo con la aclamación provocada por los talentos que el cielo le concedió. El bullicio siempre ha sido ese hermano pequeño odioso del que nunca se puede desprender.

Cuando Los Angeles eligieron a Clayton en séptima posición, la máquina del bombo publicitario entró en acción. El director de ojeadores de los Dodgers Logan White comparó a Clayton con Dave Righetti, que jugó dieciséis años en las Grandes Ligas y ganó el premio American League Rookie of the Year en 1981, jugó dos partidos de las estrellas y fue en su día el mejor cerrador del béisbol. Clayton acababa de cumplir dieciocho años.

Dos semanas más tarde, Clayton firmó oficialmente con los Dodgers por 2.3 millones de dólares (ya no rapiñaría más los macarrones con queso de los demás) y tomó rumbo a Vero Beach, donde deslumbró a entrenadores y jugadores. No obstante, aún necesitaba madurar un poco. En 2007, comenzó con el filial de clase A de los Dodgers en Midland, Michigan, los Great Lakes Loons. Bienvenidos a las catacumbas del béisbol.

Clayton vivía en un apartamento de dos unidades, cuatro jugadores en una y otros cuatro en la otra. Los muebles de su módulo consistían en dos pequeños sillones, un televisor sobre una silla plegable y una mesa también plegable con otras pocas sillas para comer. Todos dormían en colchones de aire. Los viajes por carretera eran de doce horas en autobús y en los hoteles compartía habitación con otros seis chicos.

«Le encantaba», dijo Ellen. «No tenía ninguna otra responsabilidad que salir a la cancha y jugar al béisbol».

La escenografía brillaba por su ausencia en esos años, pero la

El abridor de Los Angeles Clayton Kershaw, de veinticinco años, es uno de los lanzadores jóvenes más brillantes de las Grandes Ligas. En sus cinco primeras temporadas, ha ganado 61 partidos con un ERA de 2.79. (AP Photo/Alex Gallardo)

leyenda del florecimiento de Clayton no. Después de otra temporada muy buena, comenzó 2008 con grandes esperanzas, él y cualquier seguidor de los Dodgers en el planeta Tierra.

Durante un encuentro de preparación contra Boston, eliminó
al tres veces All-Star Sean Casey con una bola curva con 0-2 tan
endiablada que el presentador Vin Scully, miembro del Salón de la
Fama, lo proclamó «enemigo público número 1». Dos días después,
la leyenda de los Dodgers Sandy Koufax, al que algunos califican
como el lanzador zurdo más grande de todos los tiempos, vio a
Clayton en una sesión de entrenamiento específico del lanzamiento
y predijo que pronto lo llamarían para ir a Los Angeles. Los elogios
se suceden, pero estos últimos son difíciles de superar.

Después de trece partidos con Jacksonville (Florida) en la Doble
A para empezar la temporada, tenía un ERA de 1.91. El cuentarre-
voluciones de la máquina publicitaria estaba en la zona roja. Un
artículo de *Yahoo! Sports* proclamó su bola curva como «probablemente la mejor del mundo. Los Dodgers ya no podían justificar más
que estuviese en las ligas menores.

El 25 de mayo de 2008, después de solo 48 partidos en ellas,
Clayton debutó en la gran liga. El ambiente era electrizante en Chavez Ravine. Los Dodgers vencieron a St. Louis, 4-3, pero Clayton
quedó sin decisión a pesar de su soberbio esfuerzo: dos carreras
ganadas en cinco hits y una base por bolas con siete ponchados en
seis entradas.

Las crónicas fueron abrumadoramente positivas. El día siguiente, un comentario en *Yahoo! Sports* dijo que Clayton «bien podría
estar junto a Zeus por toda la mitología que le acompaña».

El muro de la contención se había roto oficialmente. Las alabanzas llegaban de todas direcciones.

«Chicos así no aparecen con frecuencia», dijo efusivamente el
entrenador de lanzamiento de los Dodgers Rick Honeycutt. «Ha ha-
bido otros que lo han conseguido a tan temprana edad, me viene a
la mente Doc Gooden».

En medio de altísimas expectativas, el resto de la temporada no transcurrió tan plácidamente. Clayton terminó 2008 con un gris registro de 5-5 y un ERA de 4.26 en 22 encuentros. El año siguiente, acabó con 8-8, aunque lanzó apreciablemente mejor, acreditando un 2.79 de ERA y 185 eliminaciones.

Los que llevaban mucho tiempo alrededor del béisbol solo veían aspectos positivos. En 2010, la máquina de los elogios funcionaba a pleno rendimiento de nuevo, produciendo hipérboles a una velocidad inusitada. «¿Techo? No hay techo», dijo Honeycutt de su protegido de veintiún años en los entrenamientos de primavera.

Sin presión, Clayton. De verdad...

Si sintió alguna presión, no lo demostró, no con 2.91 de ERA y 212 eliminaciones en su segunda temporada completa en una gran liga. Su récord de 13-10 habría impresionado más si los Dodgers, que acabaron con un mediocre 80-82, hubiesen conseguido más de 17 carreras en total en sus 10 derrotas.

El destacado año de Clayton cuando tenía 22 lo elevó al Olimpo dentro de una de las franquicias más venerables del béisbol. Para disponer de una perspectiva, consideremos cómo les fue a algunos de los más grandes de los Dodgers a esa misma edad:

- Entre los Dodgers que son miembros del Salón de la Fama, Dazzy Vance acabó 11-14 para los Superior Brickmakers en la vieja Nebraska State League (1913). En su segundo año con los Dodgers, Don Sutton acreditó un récord perdedor de 11-15 y terminó con un ERA apenas inferior a 4.00 (1967). E incluso Koufax era mortal a la edad de 22, acabando su cuarto año con los Dodgers con un porcentaje de victorias de .500 y 4.48 de ERA (1958).

- Orel Hershiser estaba aún a tres años de irrumpir en la rotación de los Dodgers con un deslucido 4.68 de ERA en San Antonio, en la Double-A (1981).

- El futuro ganador de 27 encuentros Don Newcombe seguía intentando salir de Montreal, en la Triple-A (1948).

¿Hemos mencionado que Koufax no bajó del 3.00 de ERA hasta

su octava temporada, cuando ya tenía veintiséis años? Clayton había hecho *tres* temporadas así a la edad de veintitrés.

Sin presión, Clayton. Solo estamos diciendo...

Antes de la temporada de 2011, Honeycutt fue tan lejos que comparó el entusiasmo creado alrededor de Clayton con la «Fernandomanía», la histeria que rodeaba a Fernando Valenzuela, la rolliza sensación mejicana que miraba al cielo y ganó el premio Cy Young y el de novato del año de la National League, y llevó a los Dodgers al título de las Series Mundiales en 1981, con veinte años de edad.

«Estuve presente cuando Fernando [jugó en Los Angeles]», dijo Honeycutt, compañero de Valenzuela de 1983 a 1987. «Está empezando a ser parecido a aquel despliegue publicitario. Los seguidores están poniendo sus esperanzas y sueños en que este chico [Clayton] vuelva a llevar al equipo a la grandeza y a las Series Mundiales».

En febrero de 2011, el gerente de los Dodgers Don Mattingly nombró oficialmente a Clayton abridor del equipo en el primer partido de la temporada. Así pues, con veintitrés años, sería el lanzador más joven en obtener ese privilegio desde Valenzuela en 1983.

Clayton abrió la temporada lanzando siete entradas en blanco para el rival en una victoria 2-1 sobre San Francisco, los defensores del título de campeón de las Series Mundiales. ¿El pitcher al que venció? Nada menos que Tim Lincecum, dos veces ganador del premio Cy Young.

Ojalá hubiese sido tan halagüeño el resto de la temporada. La joya de Clayton en el primer encuentro de la temporada estaba fresca aún cuando al menos dos hombres atacaron y apalearon duramente a un seguidor de los Giants, Bryan Stow, en el aparcamiento del estadio de los Dodgers, provocando que entrase en estado de coma.

Este ataque despiadado solo subrayó el caos existente en la franquicia los últimos años bajo la dirección de su dueño Frank McCourt. Los tabloides se hicieron eco de diversos temas:

•   Una reñida batalla judicial por el divorcio entre McCourt y su ex-mujer, Jamie, que tuvo lugar durante la temporada de 2011. Ambos se disputaban el control del equipo.

- La revelación de documentos judiciales que demostraban que los McCourt habían utilizado más de 100 millones de dólares de negocios relacionados con los Dodgers para financiar un estilo de vida derrochador.

- La toma del control del equipo por parte de la MLB en abril de 2011, y el subsiguiente rechazo de un nuevo contrato televisivo de miles de millones de dólares entre la FOX y los Dodgers, obligando a la franquicia a acogerse a un concurso de acreedores en agosto.

- El consentimiento de McCourt el 1 de noviembre de 2011 de vender el equipo, el estadio y los aparcamientos en colaboración con la MLB, a través de un proceso supervisado judicialmente.

Clayton estuvo magnífico en medio del caos. Ganó la «Triple Corona» de lanzamiento de la National League, con un récord de 21-5, un 2.28 de ERA, mejor marca de una gran liga, y 248 eliminaciones. Con ello, consiguió participar por primera vez en el All-Star y ganó el premio Cy Young de la NL. Hizo méritos incluso para su primer premio Gold Glove para completar el cuadro.

(Nota para el conservador del gran panteón de lanzadores de los Dodgers: es hora de ir creando otra sección. Clayton fue el primer ganador del Cy Young de la franquicia desde el cerrador Eric Gagne en 2003 y el primer abridor de los Dodgers en conseguirlo desde Hershiser en 1988).

La vigésima victoria de Clayton, que llegó con un 2-1 sobre los Giants en su penúltima apertura de 2011, hizo que fuese el primer Dodger en acabar 5-0 contra los grandes rivales, los Giants, en una temporada desde Vic Lombardo en 1946. Cuatro de estos triunfos se produjeron nada más y nada menos que contra Lincecum.

A los seguidores de los Dodgers les encanta aplastar a los Giants. También hay otra perla estadística. En la historia de los Dodgers, solo un zurdo ha conseguido más eliminaciones en una temporada: Koufax.

«No existe razón alguna para ponerle límites como hasta dónde va a llegar o cuánto más bueno llegará a ser», dijo Mattingly, «porque sigue siendo joven y trabaja terriblemente duro».

Sin presiones, Clayton... ¿A quién queremos engañar?

«PARA SU GLORIA»

¿Cómo reaccionamos cuando seguidores, medios, antiguos All-Stars y directivos entendidos se desviven por describir nuestras capacidades de la forma más apropiada? Clayton simplemente no hace caso.

«Me queda realmente mucho camino por recorrer», decía.

No es falsa modestia. Es la modestia de Clayton, inculcada por el Espíritu. Este hecho llama poderosamente la atención en Tinseltown, donde se adora religiosamente a los dioses gemelos de la fama y las riquezas.

Clayton es tan contrario a Hollywood. Las alfombras rojas, las cuerdas de terciopelo, las brillantes marquesinas, los fans gritando, los insaciables paparazzi de la que es su casa durante seis meses, todo ello es extraño para él. Es uno de los mejores lanzadores del mundo, pero él y Ellen siguen dando sus paseos turísticos por las calles llenas de palmeras, el paseo de la fama de Hollywood y las mansiones de Beverly Hills.

«Tengo mi propia versión del recorrido de las celebridades», dijo Ellen. «Podría ser una acosadora certificada si llevase allí a las personas de nuevo».

Clayton le ha dado a la lengua con Koufax, ha aprendido a batear la bola tocada con Maury Mills y ha conseguido rápidamente renombre en la idealista Loa Angeles. Sin embargo, no sabrías cuál es su ocupación cotidiana si lo vieses paseando de la mano con Ellen por Malibú. En el fondo, es solo un niño grande de Texas con un deje de Lone Star y una gran sonrisa.

Sinceramente, él no entiende a qué se debe tanto alboroto. Como la multitud de buscadores de autógrafos que inclinan por encima de la barandilla después de los partidos. O las bolsas de basura llenas de cartas de aficionados que empezaron a acumularse en 2010.

«Ni siquiera podía entenderlo», dijo Ellen.

Los más cercanos a él dicen que es la persona más humilde que conocen. C.S. Lewis dijo una vez: «La humildad no consiste en pensar menos en uno mismo, sino en pensar menos de uno mismo». Tiene que ver con una relación vertical, y Clayton parece comprenderlo.

«Clayton no miente acerca de sus habilidades», explicó el capellán de los Dodgers Brandon Cash. «Sabe lo bueno que es. Sin embargo, es consciente de que por muy buen jugador de béisbol que sea, no significará nada cuando se encuentre en la presencia de Dios».

Clayton dijo: «Debes entender para qué sirve esta plataforma».

La humildad de Clayton nunca quedó más patente que durante el periodo vacacional entre las temporadas 2010 y 2011. Menos de un mes después de casarse, mientras sus seres queridos brindaban con sus copas y cantaban *Auld Lang Syne* en los Estados Unidos, Clayton y Ellen estaban a medio mundo de distancia, trabajando en una tierra oprimida y sombría. Con sus camisetas empapadas en sudor pegándose a la espalda, llamaron cuando fue año nuevo en Zambia.

El viaje significaba la quinta visita de Ellen, y la primera de Clayton, a esta pequeña nación del África central. Ella había intentado prepararlo para lo que iban a encontrar, pero ninguna advertencia previa puede mitigar totalmente el choque cultural.

Enfermedad, indigencia, hambre, dejadez moral y sincretismo religioso son como un velo oscuro que sume al país en tinieblas. Zambia es una de las naciones más pobres del mundo. Muchas personas viven con un dólar al día. Las casas son frecuentemente lonas de plástico o tiendas con suelo de tierra. La abundancia significa que tu casa de una sola estancia está hecha de bloques o cemento y dispone de unos fogones exteriores para cocinar. Los platos y los bebés se lavan en la misma tina. El fondo de armario de un niño es lo que lleva puesto. Hay basura y aguas residuales por todas partes.

También están los huérfanos. Debido a la propagación generalizada del SIDA, casi el 47 por ciento de la población de Zambia tiene entre 0 y 14 años, y la edad media es de 16.5 años, según cifras del gobierno estadounidense. Es un lugar en el que niños crían a niños, donde las madres solteras abandonan a sus hijos, como un barco en peligro que se desprende de los desechos, para buscar una vida diferente en otra provincia.

«Es un trabajo abrumador porque no puedes llegar a cada niño», dijo Clayton. «Es duro. Algunas personas no van porque piensan: "Es una sola persona". Sin embargo, un niño al que se ayuda es una vida influenciada».

Los Kershaw influenciaron a muchos. Durante un viaje misionero de nueve días con una ONG llamada Arise Africa, Clayton, Ellen y otros cristianos visitaron diversas «instalaciones» y barriadas pobres en la periferia de Lusaka, la capital.

El grupo entregó unos mil kilos de suministros a dos escuelas que hacen también las veces de orfanatos, construyó un edificio de cuatro habitaciones para una de ellas, organizó un campamento bíblico para doscientos niños y se preocupó de algunas familias empobrecidas. Clayton también pudo conocer a veinte jóvenes chicas huérfanas de las que Ellen se ha estado ocupando espiritualmente durante varios años.

Para mantenerse en forma, Clayton corría y lanzaba cada día. Los chicos se acercaban a él y jugaban con él a atrapar bolas cada noche. Él utilizó los talentos que Dios le dio para saltar un gran abismo cultural y compartir la luz de Cristo. Era Mateo 19.14 en acción.

«Tiene un corazón de oro», dijo Alissa Hollimon, una amiga de Ellen de la universidad que inició la aventura de Arise Africa. «Se involucraba en todo lo que hacíamos. Creo que le encantaba ver a Ellen en su medio».

El viaje enseñó mucho acerca de las prioridades de Clayton. Los lanzadores de su calibre no aparecen así como así. Es necesaria una cantidad extraordinaria de trabajo, especialmente fuera de temporada. Los inviernos constituyen también un respiro fundamental para los atletas, consumidos por su profesión de febrero a septiembre.

Clayton podría simplemente haber apoyado el proyecto apasionado de Ellen desde la distancia, aportando un cheque y manteniendo relajados sus brazos de oro dentro de las fronteras americanas. En su lugar, decidió viajar a un rincón olvidado del mundo y abrirlos compasivamente a personas esclavizadas por las tinieblas, lo cual dice mucho de un hombre tan discreto como él.

Cash dijo: «La humildad lo caracteriza».

Se trata de una humildad que busca servir a los demás allá donde esté. A pesar de ser uno de los jugadores más jóvenes de la plantilla, es el representante de la Baseball Chapel en los Dodgers, el chico al que Cash recurre para conseguir asistentes a las reuniones de los domingos por la mañana y a los estudios bíblicos durante la semana. Hace obras de caridad en Los Angeles a través del equipo y realiza charlas para el grupo de comunión de atletas cristianos de su antiguo instituto fuera de temporada.

Por encima de todo, él y Ellen desean continuar su trabajo en Zambia entre temporadas. Inspirados por su viaje, la pareja comenzó El desafío de los Kershaw, cuyo propósito era levantar 70,000 dólares para construir un orfanato a las afueras de Lusaka, que se llamaría Hope's Home, en homenaje a un huérfano de once años, VIH positivo, que conocieron. Antes de la temporada de 2011, Clayton prometió donar cien dólares por cada eliminación que consiguiese durante la misma, lo que dio lugar a una aportación de 24,800 dólares, ya que consiguió el registro más alto de su carrera, 248 ponchados.

¿Estaba Dios obrando ahí?

LA PARÁBOLA DE LOS TALENTOS

Sí, los niños seguirán viniendo. Seguirán viajando por campos de indigencia y abundancia, por los barrios pobres abandonados

de África y los brillantes tornos de Chavez Ravine, para ver al tímido niño prodigio. También llegarán muchos adultos. Las personas
siempre se sienten atraídas por la grandeza, y este es el precipicio
ante el que se encuentra Clayton.

Este hecho, por supuesto, da lugar a mucho ruido. Este tímido
y desgarbado tejano sigue acostumbrándose a toda esta atención.
Para algunos, sus inmensos dones pueden ser objeto de adoración
habitual en *SportsCenter*, pero él los ve a través del prisma de la pa-
rábola de Jesús en Mateo 25.

«Yo creo que es para su gloria, para que las personas sean cons-
cientes de que no se trata de haber tenido suerte lanzando en el
béisbol», dijo Clayton. «Mateo dice que Dios da por lo menos un
talento a cada uno. Algunos lo esconden y lo devuelven, y Dios los
maldice. Él no quiere que hagamos eso; quiere que los pongamos en
práctica y lo glorifiquemos.

»Es algo muy bonito».

*Actualización de la temporada 2012: Después de ganar el premio
Cy Young de la National League en 2011, el abridor de Los Angeles
Clayton Kershaw tuvo de nuevo un rendimiento excepcional en
2012, liderando la NL con un ERA de 2.53, participando por
segunda vez consecutiva en el partido de las estrellas y acabando
segundo en la votación del Cy Young por detrás del especialista en
lanzar bolas de nudillos de los New York Mets, R. A. Dickey.*

Algún día, Clayton Kershaw disfrutará quizá de su temporada
2013 como lo que fue realmente, una de las actuaciones más domi-
nantes en la historia de las Grandes Ligas. Sin embargo, la sensación
inmediata que le quedó al acabarla fue de frustración. La histórica
temporada de Kershaw concluyó con algo poco usual en él, un mal
día (10 sencillos y 7 carreras permitidas en 4 entradas) en el sexto
partido de las series por el campeonato de la NL contra St. Louis. La
derrota por 9-0 puso punto final a la temporada de los Dodgers. Antes de eso, sin embargo, Kershaw se estableció firmemente como el
mejor lanzador de béisbol. Al ganar su segundo premio Cy Young,

el joven de veinticinco años lideró las grandes ligas en promedio ERA (1.83) por tercer año consecutivo y fue el mejor lanzador en bases por bolas más hits (o sencillos) por entrada (0.92). También lideró la NL en eliminaciones (232) y mantuvo a los bateadores contrarios en un promedio de .195, acreditando un 16-9 y participando en su tercer All-Star consecutivo.

2

BEN ZOBRIST:
EL PK AL QUE EN LA CANCHA
LLAMAN ZORRILLA

Se llama «música de entrada», un fragmento de una canción que suena con fuerza en los altavoces del estadio cuando el bateador de casa camina desde el círculo de espera hasta el plato. Los lanzadores relevistas también tienen su propia canción cuando salen de la zona de calentamiento para salvar el día a la novena local.

La elección de la música provee a los jugadores una poco habitual oportunidad de imprimir su personalidad en el juego o revelar sus gustos musicales, que varían desde el hip-hop y el rock and roll sin ambages hasta, bueno, Justin Bieber. (Durante la temporada 2011, el parador en corto de Colorado Rockies Troy Tulowitzki entraba al cajón de bateo al son de «Baby», de este cantante, embelesando al sector de las adolescentes).

La mayor parte de las ocasiones, sin embargo, la música de entrada hace una presentación poderosa y estridente. Cuando el potente bateador Mark McGwire se dirigía al plato en St. Louis, la canción «Welcome to the Jungle» de Guns N' Roses enardecía a la multitud, que se preparaba para ver al especialista en home runs ya inflado con algo más. Trevor Hoffman, el gran cerrador de San

Diego Padres, intimidaba a los equipos visitantes con el siniestro sonido del gong de su himno de entrada, «Hell's Bells», de la banda de metal AC/DC. Mariano Rivera, uno de los jugadores que aparecen en este libro, ha dicho que está cansado del deprimente «Enter Sandman» de Metallica, que suena cada vez que toma el montículo con un juego salvado, pero los seguidores de los Yankees lo abuchearían si tratase de cambiar la canción ahora.

Si usted navega por la web de la MLB (mlb.com), encontrará una lista de las canciones de entrada de cada jugador de todos los equipos, pero solo un bateador camina hacia el plato escuchando una canción cantada por su *esposa*, la segunda base de Tampa Bay Rays Ben Zobrist.

Durante la temporada 2011, la canción de entrada de Ben fue «Only You», cantada por Julianna Zobrist, que ha grabado un CD de canciones de pop electrónico y rock con temática cristiana. Influenciada por cantantes como Plumb e Imogen Heap, así como por favoritos de su infancia como los Beach Boys y Gloria Estefan, Julianna canta un emotivo *te quiero a ti, solo a ti y a nadie más que a ti* mientras Ben se dirige a batear. Él dijo: «"Only you" habla de anhelar a Dios por encima de todas las cosas en tu vida».

Ben llamó la atención por primera vez al elegir una canción de su esposa titulada «The Tree» durante las temporadas 2009 y 2010 como música de entrada. Juliana dice que este tema habla del hecho de que «merecemos la ira del Dios Todopoderoso, pero él, simplemente porque le agrada hacerlo, nos liberó cuando creíamos que nuestra "bondad" podría justificarnos delante de él».

¿No es maravilloso? Julianna Zobrist utiliza el don que Dios le dio para la música para producir un impacto en los demás, mientras su marido Ben despliega las habilidades atléticas concedidas por el Señor en el diamante del béisbol. Juntos, forman un buen equipo cada vez que él camina hacia el plato en la cancha de Tropicana. (Julianna también cantó el himno nacional en un partido de Ben en las eliminatorias de 2010).

El gran escenario en el que se ven actualmente está a años

luz de los humildes comienzos de este par de PK, las iniciales en inglés de «hijos de pastor», del interior de la nación. Ella es de Iowa City, Iowa, y Ben es natural de las tierras de labranza del centro de Illinois. Creció en Eureka, una pequeña localidad de cinco mil habitantes conocida como «la capital mundial de la calabaza» allá por los años cincuenta. También alberga el Eureka College, cuyo alumno más ilustre es el Presidente Ronald Reagan, graduado en 1932.

Zobrist es un apellido suizo. El tatarabuelo de Ben, Jakob Zobrist, emigró de las praderas alpinas de ese país en 1867, con nueve años de edad. Su familia se afincó en las verdes llanuras de Illinois para cultivar y ordeñar vacas en la zona de Morton. Jacob engendró a un hijo llamado Noah, que a su vez engendró a Alpha, que hizo lo propio con Tom, que tuvo a Ben en 1981. Este es el segundo de cinco hermanos, con una hermana mayor, una menor, y dos hermanos menores.

Tom, el padre de Ben, es un pastor cuyo amor por el béisbol heredó de su padre, Alpha, seguidor de St. Louis Cardinals. La ciudad de la Puerta hacia el Oeste está solo a tres horas de Eureka, por lo que cada verano el clan Zobrist, tías, tíos y primos, viajaba hasta St. Louis para ver un encuentro de béisbol de las Grandes Ligas.

«Esa era nuestra gran sorpresa del año, nuestro gran día de vacaciones», dijo Ben. «No viajábamos mucho excepto para ir a St. Louis una vez al año para un partido de béisbol».

Tom ha estado ministrando desde 1988 en la Liberty Bible Church, que tiene una congregación de doscientos miembros. Él y su mujer, Cindi, criaron a sus cinco hijos en una comunidad agrícola con dos semáforos, un juzgado, un pequeño centro de la ciudad, un colegio privado y muchos parques. Fue Tom quien puso en las manos de Ben un pequeño bate de béisbol amarillo de plástico cuando solo tenía tres años de edad y le lanzaba despacio una bola de plástico perforada en el salón. No pasó demasiado tiempo antes de que Tom y Ben tuviesen que trasladarse al jardín trasero para practicar el bateo.

La bola hueca era un gran acontecimiento en la familia Zobrist. Se celebraban torneos con todos los parientes los domingos por la tarde en el patio trasero, y el pequeño Ben siempre quería participar. Cuando estaba en primaria, jugaba al béisbol en ligas organizadas y en partidos improvisados en el vecindario.

«Jugué un montón de partidos improvisados mientras crecía», dijo Ben. «Se jugaba mucho al otro lado de la calle en la que vivía uno de mis amigos, y muchos niños jugábamos con un bate de metal y una pelota de tenis. Nos gustaba jugar con ellas porque volaban mucho más lejos y nos sentíamos como si bateásemos largos home runs. Durante el curso escolar, el domingo por la tarde era el gran momento porque jugábamos después de la iglesia. Simplemente íbamos al descampado y jugábamos».

Era un béisbol *desorganizado*, con Ben y sus amigos eligiendo los equipos e inventando diferentes juegos. No había árbitros, ni entrenadores, solo niños divirtiéndose moviendo un bate y golpeando una bola. Los niños del vecindario y él jugarían durante innumerables horas en verano.

Jugar en el descampado hizo que Ben, un diestro natural, aprendiese a batear con ambas manos. Como habitualmente había los chicos justos para jugar en un lado del campo, si Ben anunciaba que batearía de zurda, todos se movían al lado derecho del campo. «Me gustaba batear de zurda porque la valla estaba más cerca. Golpeaba directo hacia el patio trasero y conseguía un home run».

Había otra ventaja en jugar con una pelota de tenis. No rompíamos ventanas.

Ben jugó a otros deportes mientras crecía, fútbol americano juvenil, fútbol AYSO y baloncesto juvenil. Practicó incluso el atletismo en la escuela, e hizo un tiempo de 5:01 en la prueba de la milla cuando estaba en séptimo grado, una marca que se mantuvo como récord de la escuela durante diecisiete años.

Sin embargo, Ben procedía de una familia de béisbol y él quería que ese fuese su deporte cuando llegó al instituto. Tenía planes de jugar en el equipo del instituto en su primer año, pero había un problema, Ben era un chico pequeño. «Medía poco más de 1.60 y pesaba 50 kilogramos, pero de alguna manera jugué en el equipo el primer año», dijo. «Crecí cinco centímetros y pesé siete kilos más en mi segundo año, pero di el estirón en el tercero. Sobrepasé el 1.80, pero solo pesaba unos 70 kilos. Comía pizza congelada y compota de manzana porque siempre íbamos a toda prisa con diferentes actividades extraescolares. Teníamos todo lo relacionado con la escuela, las actividades de la iglesia y los deportes. Era una época muy ajetreada».

El verano anterior a su tercer año de instituto, Ben construyó su propio «Campo de sueños», un diamante en su patio trasero para jugar con una bola hueca. Utilizó pintura blanca en espray para las líneas de falta, delimitó el campo exterior con una pequeña valla de 60 centímetros de altura, cavó hoyos en el césped para cada base y el plato, y plantó una bandera más allá de la valla del jardín central.

El «Alpha Memorial Field», llamado así en honor a su abuelo, acogió la liga Ben Zobrist de bola hueca. Había cuatro equipos de cinco jugadores, e incluso jugaban encuentros nocturnos. Su padre le ayudó a iluminar la cancha, comprando un par de postes de seis metros de altura en los almacenes Home Depot, sobre los cuales colocó potentes focos. Todo lo que tenían que hacer era sacar un alargador desde la casa y tenían la única cancha de bola hueca en Illinois...y quizás en todo el país.

En algunas ocasiones, Ben y uno de sus mejores amigos, Jason Miller, practicaban el bateo con una pelota de esponja, que llegaba algo más lejos que las bolas huecas, pero la mayor parte del tiempo, la liga Ben Zobrist con su programación regular de encuentros. Algunos de ellos duraban hasta después de la medianoche, cuando el padre de Ben decía: «Es hora de ir a casa, chicos».

Como cualquier padre de adolescentes llenos de energía le dirá, cuando diez chicos cargados de testosterona se juntan en un pequeño patio con sus bates de plástico y sus bolas huecas, la liebre puede saltar en cualquier momento. Una tarde, Ben estaba lanzando a un amigo llamado Ryan. Una de las reglas de la liga era que no se podía lanzar fuerte hacia el plato. Ryan dio un golpe de muñeca y la bola salió por fuera de la valla del lado izquierdo.

Mientras Ryan corría las bases, empezó a reírse y sacó de quicio a Ben. Este llevaba un casco barato de plástico, como el que recibió en el «Día del casco» de los Cardinals. Ryan giró hacia él y le golpeó con la mano en el casco, detrás de la cabeza. Esta acción escoció un poco, por lo que Ben le soltó alguna que otra pulla.

Justo cuando Ryan llegaba al plato, Ben gritó: «Atrévete a cruzar esta línea».

Desafiado delante de sus amigos comunes, Ryan no podía arrugarse. Cargó contra el montículo, y lo siguiente que Ben supo fue que se encontraba en medio de una trifulca de béisbol a la antigua usanza. Ryan lo tiró al suelo, pero en la forma típica de las reyertas del béisbol, sin pegar puñetazos. Lucharon sobre el césped hasta que todos los demás se metieron de lleno. ¡Se formó una montonera enorme!

«Ryan y yo éramos los que llevábamos la liga», dijo Ben. «No afectó a nuestra amistad, pero cuando Ryan dijo que no quería jugar más, las cosas se desorganizaron un poco.

BÉISBOL DESPUÉS DEL INSTITUTO

Cuando llegó la primavera, Ben se centró de nuevo en la bola dura. Dice que quizás estaba por encima de la media como jugador de instituto, lanzador sólido, buena mano como interior y bateador con buen promedio, pero no ganó ningún premio en su conferencia hasta su último año. A pesar de jugar bien y ser considerado uno de los mejores jugadores de instituto de su región, ningún entrenador universitario lo tuvo en mente durante su última temporada de béisbol en el instituto.

Ben vio un componente espiritual en lo que estaba ocurriendo. Ciertamente, estaba nervioso por el futuro, no sabía si podría ir a la universidad y jugar al béisbol, pero sintió que el Señor quería que confiase en él, y eso fue lo que hizo. Ben se arrodilló y dijo: «Señor, mi vida es tuya, no me voy a preocupar más. Y en cuanto al béisbol, también lo pongo en tus manos».

Así fue como ocurrió. Dios tomó el control. Si el béisbol no estaba en su futuro, no pasaba nada. Si las cosas tenían que ser así, Ben sabría que sería la voluntad de Dios para su vida.

Sin estar seguro aún de dónde quería ir o de lo que quería estudiar, se inscribió en la Calvary Bible College en Kansas City, Missouri, la escuela a la que su padre asistió cuando Ben estaba en preescolar. Su hermana mayor Jessica estudiaba allí en ese momento, por lo que la familia pensó que ella le ayudaría en la transición hacia la vida universitaria.

Calvary Bible College no tenía equipo de béisbol, pero sí de baloncesto, y Ben pensó que podría jugar en el mismo. Le vendría bien. Era un atleta estacional, cuyo deporte favorito era el que se jugaba en cada momento. Conforme se acercaba la graduación, iba asumiendo que había jugado su último partido de béisbol organizado y que el deporte se había acabado para él.

Entonces, el entrenador del instituto de Brimfield, situada unos 56 kilómetros al oeste de Eureka, llamó poco después de la graduación. Dijo que una docena de entrenadores universitarios organizaban unas pruebas abiertas en Brimfield porque necesitaban cubrir algunos huecos en sus plantillas. Pensó que Ben tenía una buena oportunidad de jugar al béisbol universitario en algún lugar. «Nunca sabes lo que puede pasar», dijo el entrenador de Brimfield.

Ben pensó un instante en el asunto. «¿Tendrán medidores de velocidad?», preguntó, refiriéndose a los radares que miden la velocidad de los lanzamientos. Nunca había lanzado con medidores.

Cuando le contestaron que sí, dijo que quería ir. En su mente, era una oportunidad de saber lo rápido que podía lanzar. No obstante, había otro pequeño detalle. El entrenador de Brimfield dijo que la prueba costaba cincuenta dólares.

Cuando Ben habló a su padre acerca del asunto, Tom dijo: «No voy a pagar los cincuenta dólares. Si quieres ir, tendrás que pagarlos tú».

Tom no estaba siendo tozudo, sino realista. Para el pastor de una pequeña iglesia con cinco hijos que mantener, dos de ellos en la universidad, cincuenta dólares no eran poca cosa.

«Piensa en ello y ora», dijo a su hijo.

Ben era un adolescente que acababa de terminar el instituto y no disponía de mucho dinero. El día siguiente, después de orar un poco por el tema, Ben dijo que quería emplear el dinero del regalo de cumpleaños de sus abuelos para ir a la prueba.

Esta decisión cambió su vida. Gracias a ella pudo mostrar sus habilidades en la cancha de Brimfield, y jugar actualmente al béisbol en las Grandes Ligas.

Sin embargo, el viernes, la mañana de la prueba, estaba lloviendo. La misma se pospuso al lunes.

Este contratiempo complicaba las cosas. Había otra prueba abierta el lunes, organizada por los Atlanta Braves, que tendría lugar en Normal, Illinois, unos 40 kilómetros al sureste de Eureka. Aunque era gratuita, las posibilidades de firmar con los Braves eran extremadamente bajas.

También había otra actividad importante, el comienzo de unas conferencias bíblicas de una semana de duración en las que el grupo de jóvenes de Ben participaba. Estas empezaban el lunes por la noche y se celebraban un poco más al este de Normal.

Cuando la prueba del viernes en Brimfield se suspendió, Tom dijo: «Hijo, vas a tener que olvidarte de Brimfield, no sé cómo vas a poder compaginarlo».

Tom dijo eso porque Brimfield se encontraba unos cuarenta minutos al *oeste* de Eureka, y la conferencia bíblica, unas dos horas hacia el este.

Tom y Ben llamaron al entrenador de Brimfield y le explicaron la situación, preguntando si los cincuenta dólares admitían devolución. La respuesta fue que no.

«Sr. Zobrist, no quiero decirle lo que debe hacer», dijo el entrenador, «pero le garantizo que Ben conseguirá algo de dinero para ir a la universidad si viene».

Tom se volvió hacia su hijo.

«Me gustaría ir», dijo Ben.

Tom cedió, aunque Ben tendría que conducir mucho.

Ben llegó y vio docenas de jugadores deseando dar una buena impresión ante los ojos atentos de varios entrenadores universitarios. Después de correr las 60 yardas, cada jugador atrapaba seis bolas bateadas hacia el suelo en la posición de parador en corto, y debía lanzarlas con fuerza hacia la primera base. Después se realizaba la prueba del bateo, doce golpeos por jugador. Ben podía batear con ambas manos, por lo que realizó seis golpeos en cada lado del plato. No sacó ninguna bola del campo ni hizo una serie de home runs a lo Josh Hamilton, pero envió varias de ellas al jardín exterior.

Después, Ben finalizó con seis lanzamientos desde el montículo, que se midieron con el radar. Lanzó a más de 130 kilómetros por hora, quedando satisfecho. Ya sabía lo rápido que podía hacerlo.

Eso fue todo. Ben estaba reuniendo sus cosas y preparándose para marcharse cuando uno de los entrenadores se acercó a él.

«Hola, soy Elliot Johnson, de la Olivet Nazarene University», dijo, estrechando la mano de Ben.

«Encantado de conocerle», contestó Ben.

«He oído que eres cristiano», continuó. «Yo también lo soy, y he oído que es posible que vayas a Calvary Bible».

«Sí, ese es el plan», dijo Ben.

«Bien, somos una escuela cristiana cerca de Chicago. Disponemos de un buen programa de béisbol y solo quiero que sepas que es posible que te llame para que nos visites en alguna ocasión, pero créeme, no quiero apartarte de la voluntad de Dios para tu vida».

Y así lo dejó el entrenador Johnson.

Ben pensó que su diálogo fue interesante pero no pensó más en la conversación porque debía meterse en carretera y conducir unas horas para llegar a la conferencia bíblica. Esa noche, supo que el tema de la semana era estar abierto a lo que Dios quiere hacer en nuestra vida. «Pensé que *me gustaba esa idea*», dijo Ben.

Entretanto, el teléfono no paraba de sonar en su casa. El martes por la noche, Jessica, la hija mayor de los Zobrist, ya había atendido cinco llamadas de diferentes entrenadores universitarios que quería que Ben jugase en su equipo.

Tom y Cindi llegaron a casa uno o dos días más tarde para hacer unas cosas mientras que Ben se quedó con su grupo de jóvenes en la conferencia. El repentino interés en las habilidades de Ben como jugador les sorprendió. Cuando hablaron por teléfono con el entrenador Johnson, este les explicó que estaba buscando un lanzador más para completar su plantilla, y que él creía que Ben sería perfecto para el equipo del Olivet Nazarene. Todos coincidieron en que el siguiente paso era que Ben echase un vistazo al campus.

La semana siguiente, Ben fue con su entrenador en el instituto, Bob Gold, a la Olivet Nazarene University en Bourbonnais, Illinois, a dos horas de camino. Tom y Cindi tenían un compromiso ese día y no pudieron acompañar a su hijo. El entrenador Gold era el líder del corrillo de la Asociación de Atletas Cristianos de la Eureka High School, y siempre había animado a Ben a seguir la voluntad de Dios por medio de los deportes.

Después de su llegada, Ben escuchó al entrenador Johnson explicar que su objetivo para el equipo era traer jugadores cristianos que influenciasen a los miembros del mismo que no lo son, y que representasen bien a la escuela y a Cristo. (Aproximadamente la mitad de los jugadores no eran creyentes).

«Esta es la razón por la que queremos ofrecerte una beca completa para jugar al béisbol en Olivet Nazarene», dijo el entrenador, añadiendo que consideraba a Ben el tipo de jugador que lanzaría y jugaría en algún momento de parador en corto en su equipo. No obstante, lo estaba reclutando básicamente como lanzador.

La oferta de jugar fuera de la zona izquierda sorprendió a Ben. Esta se produjo a raíz de atrapar y devolver seis bolas bateadas contra el suelo, batear doce veces y realizar media docena de lanzamientos. No obstante, estaba igualmente contento. Lo único que le preocupaba era que pensaba que era mejor bateador y jugador posicional que lanzador… pero al menos jugaría al béisbol de nuevo.

Cuando Ben llegó a casa y habló con sus padres acerca de la oferta de beca, Tom y Cindi se llevaron una sorpresa agradable. Se habían imaginado que los días de béisbol de Ben habían acabado. Sin embargo, un entrenador cristiano ofrecía a su hijo una beca deportiva para jugar al béisbol en una universidad cristiana, algo que ciertamente ayudaría al humilde presupuesto familiar de los Zobrist. Olivet Nazarene era una buena escuela con buenas instalaciones, un buen entrenador, y una buena oferta de matrícula, habitación y comida. Aparte del asunto de jugar de lanzador, ¿había algo negativo?

Sin embargo, Tom y Cindi no estaban totalmente convencidos con la oferta de beca. Dijeron a Ben que pidiese a Dios dirección acerca de dónde quería él que fuese y se reunirían después con el entrenador para debatir la situación. Concertaron rápidamente una reunión con el entrenador Johnson en Bourbonnais.

Después de sentarse e intercambiar cumplidos, Cindi preguntó: «Entrenador Johnson, usted nunca ha visto a Ben lanzar o jugar en un encuentro. ¿Cómo sabe usted que vale tanto dinero?».

«Señora, he entrenado muchos años en este deporte», respondió el entrenador Johnson. «He visto la bola curva de Ben y sé que puede eliminar jugadores universitarios con ella. También veo el deseo de su hijo de glorificar a Dios en todo lo que hace».

Tom preguntó si la familia podía disponer de una hora para debatir la situación. Le concedieron la petición, y fueron a un restaurante Cracker Barrel cercano al campus para comer algo. Recuerde, todo esto estaba aconteciendo a finales de junio, un mes después de la graduación del instituto.

Este giro repentino de los acontecimientos alteró a Cindi. Se suponía que Ben debía ir a Calvary Bible College, y ahora esto. Entre lágrimas, dijo que la oportunidad de jugar al béisbol en Olivet Nazarene estaba produciéndose demasiado rápido para ella.

Tom escuchó y miró a su hijo. «Ben, has estado orando acerca de este asunto. Eres un hombre ya, y debes decidir lo que crees que Dios quiere que hagas. No puedo tomar esta decisión por ti».

«Haré lo que tú quieras que haga, papá», contestó Ben. «Si crees que lo mejor para mí es ir a Calvary, iré allí. Confío en tu juicio».

Al escuchar estas palabras de Ben, y viendo que estaba dispuesto a someterse a su autoridad, Tom fue consciente de que su hijo era lo suficientemente maduro para tomar su propia decisión. «Ben, tienes que decidir tú», le dijo.

Ben respiró profundamente. «Creo que aún tengo algo que decir en el béisbol. Quiero saber lo que Dios tiene guardado para mí».

Tom miró a Cindi, que asintió. «Muy bien, hagámoslo», dijo. «Estarás tan solo a dos horas de casa, lo que significa que podríamos ir a verte jugar».

La familia volvió al campus de Olivet Nazarene, donde un sonriente Ben informó al entrenador Johnson de que quería jugar para él.

Sin embargo, Olivet Nazarene no formaba parte de la NCAA. Su equipo jugaba en la NAIA, cuyos requisitos de elegibilidad eran diferentes. Cuando Ben se disponía a iniciar el torneo de otoño en su primer año, Dan Heefner, un jugador de último año que lideraba al equipo en home runs conseguidos, con un promedio de bateo de .402, tomó a Ben bajo su protección. «Era algo así como *el* chico», dijo Ben. «Era el gran MVP y líder del equipo que dirigía los estudios bíblicos. Dan me discipuló y me puso en el buen camino».

Ben necesitaba un poco de fortalecimiento porque cuando empezó la temporada, el entrenador Johnson, como había prometido, lo tuvo trabajando en ejercicios de preparación para lanzadores y no entrenó el juego interior ni el bateo. Cuando el equipo se tomó su descanso de primavera en Daytona Beach, Florida, para abrir la temporada, Ben forma parte del plantel de lanzadores, compuesto por cinco hombres. Era un artista de la bola curva que no tenía miedo de lanzar un yakker con el conteo completo.

Cuando comenzó la temporada, el parador en corto de Olivet Nazarene falló en algunas bolas de suelo que costaron un par de derrotas. Fue sustituido por otro que también sufrió en la cancha. El entrenador Johnson necesitaba tapar ese agujero enorme en el juego interior y recurrió a uno de sus lanzadores, Ben Zobrist.

Una vez en la alineación, Ben jugó como un Deter Jones más joven, atrapando y devolviendo cada bola de suelo golpeada hacia su zona. También bateó aceptablemente (un promedio de .330 en su primer año) aunque se le seguía llamando para lanzar cada cuarto o quinto encuentro.

«Allá por el final de la temporada, mi armo está a punto de caerse, pero haciendo ambas cosas, lanzar y jugar de parador en corto, el año fue muy exitoso para mí», dijo Ben.

¿Por qué jugó entonces tan bien, especialmente al principio cuando no entrenó el juego interior ni el bateo?

«Chicos como Dan Heefner me dijeron que tenía que batear *después* del entrenamiento si quería mejorar», dijo Ben. «Siempre que disponía de tiempo libre, iba a la jaula de bateo, preparaba el soporte y golpeaba la bola hasta el fondo de la red. Trabajaba en controlar mi swing porque quería estar preparado si me daban la oportunidad». También pedía a los compañeros que le bateasen bolas de suelo para practicar un poco con el guante. Siempre era el último en marcharse del campo de entrenamiento y del vestuario.

Ben aprendió otra cosa de ver a chicos como Dan Heefner, andar. «Cuando estaba en el instituto, me centraba en la pelota y no andaba mucho. Después, en la universidad, vi que los mejores bateadores andaban más. Antes de acumular dos strikes, buscaban un lanzamiento en una zona específica, y el mismo no iba allí, no realizaban el swing. Así es como empecé a aprender "la disciplina del plato" y la importancia de buscar ese lanzamiento».

Después de acabar su primer año, Ben quería jugar en verano, pero las ligas universitarias existentes en el país no daban cabida a jugadores de primer año. Al ver que no llegó ninguna oferta, Ben escuchó un ofrecimiento del entrenador Johnson para jugar al béisbol en un «viaje misionero» con Athletes in Action, un ministerio de Campus Crusade for Christ International (conocido actualmente como Cru). Durante una gira de seis semanas, el equipo de Atletas en Acción viajaría a México y Nicaragua, jugando contra conjuntos locales y compartiendo el Evangelio después de cada encuentro.

Solo había un problema. Ben tenía que conseguir el dinero para sus gastos, un par de miles de dólares. Sin embargo, con el apoyo de la iglesia de su padre y la contribución de todo el clan Zobrist, Ben lo logró y tuvo dinero suficiente para pagar el viaje.

Esa fue la primera vez que Ben salió del país, y desplazarse en autobús por la campiña mejicana y nicaragüense fue una experiencia que no olvidaría pronto. En ocasiones, llegaban a pueblecitos, donde un grupo diverso de personas de pelo gris y sus nietos estaban esperándolos. Otras veces competían en pequeñas ciudades contra equipos de estrellas locales que jugaban de forma bastante seria.

Tanto si tenían que levantar el pie del acelerador como si se veían obligados a jugar duro, cada encuentro terminaba con uno de los jugadores de AIA compartiendo su testimonio de cómo había llegado a conocer a Jesucristo como Señor y Salvador personal. Un intérprete les ayudaba en esa labor. Después, un segundo orador compartía las cuatro leyes espirituales, el mensaje cristiano de salvación contenido en la Biblia. «Definitivamente, fue más un ministerio a través del béisbol que una experiencia puramente deportiva, pero me gustó mucho», dijo Ben. «Fueron unos días increíbles».

Jugar en México y Nicaragua mejoró el juego de Ben más de lo que él creía. Su segundo año en Olivet Nazarene fue increíble, y el entrenador Johnson aligeró su carga de lanzamiento, llamándolo a lanzar solo en situaciones complicadas.

Cuando acabó su segundo año universitario, Ben no tenía equipo para jugar en la liga de verano, por lo que comenzó a trabajar en el centro cristiano, un centro de ocio multiusos con canchas de béisbol en Peoria, Illinois, a unos treinta y dos kilómetros al oeste de Eureka. Su tío, Matt Zobrist, lo contrató para cortar el césped, limpiar el cuadro interior y pintar las líneas de las canchas.

Un viejo entrenador de béisbol juvenil llamado Dave Rodgers dirigía un programa de partidos improvisados en la calle que animaba a los chicos a jugar sin padres, entrenadores o árbitros implicados. Pidió a Ben que le echase una mano también con este programa.

El entrenador Rodgers había estado involucrado en ligas infantiles e incluso entrenó al gran receptor de los New York Yankees, Joe Girardi (actualmente su entrenador) cuando crecía en East Peoria. Este longevo entrenador había visto jugar a Ben, lo sabía todo de él y estaba preocupado porque no jugase ese verano.

El entrenador Rodgers llamó por su cuenta al técnico de Twin City Stars, que participaba en la Central Illinois Collegiate League, y le dijo que necesitaba a Ben en su equipo. «Este chico es demasiado bueno», dijo el viejo entrenador. «Tiene que jugar en algún sitio».

Los Twin City Stars jugaban en Bloomington, a menos de cincuenta kilómetros de Eureka. Su entrenador se mostró reticente, diciendo que tenía suficientes chicos, pero el entrenador Rodgers siguió presionando.

«De acuerdo, le haré una prueba de una semana», dijo el técnico de Twin City.

La prueba de Ben duró una noche. Hizo 5 de 5, 3 de 3 bateando con la izquierda y 2 de 2 con la derecha. «Estás en el equipo», dijo el entrenador después del encuentro.

Ese verano, Ben se sumó a un viaje del centro cristiano para ver un partido de los Cardinals en St. Louis con docenas de niños del programa de béisbol en la calle. Su padre y su tío Matt fueron como acompañantes. El gran grupo se sentó en la tribuna alta del Busch Stadium, los asientos «Bob Uecker». Durante las entradas intermedias, Ben se colocó detrás del plato para ver más de cerca cómo se lanzaba en las Grandes Ligas.

Cuando volvió, su padre le preguntó dónde había estado.

«Analizando a los lanzadores», dijo. «Papá, creo que puedo batear a estos chicos. Creo que puedo jugar en las Grandes Ligas».

Tom no acababa de verlo claro, pero no quería desanimar a su hijo. «Ya veremos cómo van saliendo las cosas», dijo. «Quizás consigas jugar en una de las grandes algún día».

Al principio de su tercera temporada universitaria, el entrenador Johnson lo movió a la segunda base, diciendo que quería proteger su brazo de los lanzamientos largos desde dentro del campo.

Sin embargo, el cambio pareció una degradación. Sus amigos y familiares decían que pasarlo a la segunda base no tenía sentido, pero la actitud de Ben fue de respeto hacia la decisión del técnico. «Simplemente cumplí con mi trabajo», dijo. (Su disponibilidad en esa época para actuar en diversos puestos le ayudó mucho porque actualmente es uno de los jugadores más versátiles de las Grandes Ligas).

Esa actitud era típica de Ben, que también demostraba fuera de la cancha su crecimiento espiritual. Era el líder del campus Fellowship of Christian Athlete's Huddles, los estudios bíblicos semanales para los estudiantes deportistas. Compañeros de equipo y amigos estaban impresionados por cómo Ben invertía en ellos, en su vida espiritual, ayudando a que todos se fortaleciesen espiritualmente a su alrededor, «hierro con hierro se aguza».

Ben también era un líder en la cancha, donde bateo un promedio de .409, lanzó 9 veces desde el montículo, acreditando 3-0 con dos juegos salvados, y fue designado jugador del año en la Chicago-land Collegiate Athletic Conference, integrante del equipo ideal de la NAIA a nivel nacional y atleta-estudiante de la NAIA.

Ben se volvió un habilidoso jugador de béisbol en pocos años, y ahora que había llegado a casi el 1.90 de estatura y 85 kilogramos de peso los ojeadores comenzaban a fijarse en él.

Ben había visto a otros buenos jugadores de la NAIA elegidos por equipos de las Grandes Ligas, y los ojeadores le dijeron que podía verse en la misma situación. Sin embargo, no ocurrió nada en la elección de junio de 2003, celebrada poco después del final de su tercer año universitario.

Dios tenía el control, ¿no?

Era época de béisbol veraniego, y esta vez Ben decidió jugar en la Northwoods League, una asociación compuesta por dieciséis equipos de pequeños pueblos y ciudades de Wisconsin, Iowa y Minnesota. Ben se enroló en Wisconsin Woodchucks de Wasau, Wisconsin.

Su entrenador era Steve Foster, que jugó para Cincinnati Reds y trabajaba como ojeador de Florida Marlins. Este le dijo: «No tengo ni idea de por qué estás aquí. Te tendrían que haber elegido y deberías estar jugando a nivel profesional ahora».

El entrenador Foster concertó una entrevista con un ojeador para Ben ese verano, pero el interior medio nunca recibió una oferta lo suficientemente buena como para dejar la universidad, donde disfrutaba de una beca completa. No obstante, este hecho aumentó su confianza en que podía jugar al béisbol profesional de alto nivel. «Sé como son esos chicos, y tú puedes jugar», dijo el entrenador Foster.

Jugar en la Northwoods League acabó siendo una gran experiencia para Ben. «Aprender a jugar casi cada noche delante de multitudes de dos o tres mil personas era mucho para jugadores universitarios», dijo Ben, «y bueno para mis capacidades beisbolísticas».

El equipo asignó los compañeros de habitación aleatoriamente, y Ben estaba con Jeff Gilmore. Aquí es donde su historia empieza a ponerse interesante: Jeff era un buen jugador de Dallas Baptist University, que conocía muy bien a Dan Heefner.

¿Por qué?

Porque la hermana mayor de Jeff, Liz, se había casado con Dan cuando este lideraba el equipo de Olivet Nazarene.

Con eso en común, Ben y Jeff congeniaron. Se contaron sus experiencias en el béisbol universitario, y Jeff contó que Dallas Baptist pasaría a la división I de la NCAA la siguiente temporada, lo cual significaba que el equipo jugaría contra 12 grandes universidades, como Texas y Oklahoma State.

«Ah, y hay algo más», dijo Jeff. «Necesitamos un parador en corto».

¿Parador en corto? ¿Mi antigua posición?

Las ruedas comenzaron a girar en la mente de Ben. El alto nivel de competición de la primera división aumentaría sus oportunidades de jugar profesionalmente. Le quedaba un año, por lo que iba a hacer un movimiento. Era ahora o nunca.

Ben comentó el asunto al entrenador Johnson, pero a este no le agradaba mucho la idea de perder a uno de sus mejores jugadores. Sin embargo, Olivet Nazarene liberó a Ben de su beca para que pudiese formalizar el traspaso. En Dallas Baptist, Ben ocupó inmediatamente el puesto de parador en corto titular. Sus días de lanzador habían acabado.

UN RÁPIDO VIAJE A LAS GRANDES LIGAS

Ben jugó a gran nivel en su última temporada universitaria en Dallas Baptist, provocando que los ojeadores de las ligas importantes se fijasen más atentamente en él. Esta vez, los Houston Astros lo eligieron en sexta ronda del draft de 2004.

«Estaba obviamente entusiasmado por poder jugar», dijo. «Para mí, venir de Eureka, de donde ningún otro atleta había jugado a deporte profesional alguno, era algo muy grande. Era como si Dios estuviese diciendo, *Mira lo que puedes hacer si comprometes tu trabajo conmigo y simplemente me sigues allá donde quiera que vayas. Puedo hacer cosas que tú crees imposibles*».

Ben fue asignado al escalón más bajo de la escalera, el filial de clase A Tri-City Valley, que jugaba en la New York-Pennsylvania League (NYPL). La noche antes de que Ben partiese para su destino en New York, sus padres le hicieron una fiesta de despedida, llena de familiares, amigos y antiguos entrenadores. Después de que todos se marchasen, Ben y su padre se quedaron solos en la habitación de Ben.

«Papá, esto es más importante para los demás que para mí», dijo. «Para mí, soy un misionero que no tendrá que levantar fondos para su sustento. Voy a alcanzar a personas para Cristo, sean compañeros, aficionados, o lo que sea».

Su padre lo miró. «Eso es lo fundamental para mí. No me importa lo que hagas con tu vida mientras vivas para Dios».

Ben lideró la NYPL con un promedio de bateo de .339, lo que

le valió para subir a la South Atlantic League. Su juego de All-Star y su promedio de bateo de .333 desembocaron en su selección para el equipo nacional que jugó la Copa del mundo, celebrada en Holanda. La experiencia internacional fue inestimable.

Resulta sorprendente que Ben jugase tan bien porque estaba enamorado de una joven llamada Julianna. Ella estaba estudiando música en la Belmont University, de Nashville, Tennessee, y había puesto su objetivo en forjarse una carrera dentro de la música cristiana.

«Ella era simplemente esa maravillosa mujer piadosa que pongo en un pedestal», dijo Ben. «Tan solo decidí mostrarle mi interés y ver si ella reaccionaba de forma positiva».

Julianna dijo que había estado orando expresamente por la persona con la que Dios quería que se casase. «Cuando Ben había tenido esa urgencia por saber si yo sentía algo por él, me dije *De acuerdo, Señor, lo capto*. Comenzamos a vernos esa noche».

Después de más de dos años de noviazgo, los Zobrist se casaron el 17 de diciembre de 2005, la misma fecha de aniversario que los padres de Ben. (Ben y Julianna preguntaron si no les importaba, y por supuesto Tom y Cindi estaban encantados). El antiguo compañero de habitación y de equipo en Dallas Baptist, Jeff Gilmore, también estuvo en la boda, algo que pareció lógico a Ben.

Y es que Jeff era hermano de Julianna. Y Liz Heefner era su hermana mayor.

Entretanto, Ben continuó su meteórico ascenso de las ligas menores a las más importantes. Houston lo envió a su filial de Doble-A en Corpus Christi, Texas. Durante una gira que los llevó a jugar contra Springfield Cardinals en Springfield, Missouri, los padres de Ben se tomaron una semana libre para verlo jugar en la ciudad del sur del estado.

A las 8:30 de la mañana, Ben recibió una llamada telefónica de las oficinas de los Astros informándole que lo habían traspasado a Tampa Bay Rays. Su nuevo club lo enviaría a su filial de Triple-A en Carolina del norte, Durham Bulls, que lo querían allí esa misma noche si era posible.

Este traspaso impactó a Ben porque estaba jugando realmente bien para Corpus Christi. Todavía le quedaba por aprender que en el mundo del béisbol a veces se te traspasa porque eres bueno, y no por lo contrario.

El traspaso provocó un caos momentáneo. Se tomó la decisión de que Ben volase inmediatamente a Corpus Christi, donde él y Julianna empaquetarían sus pertenencias y conducirían casi cuatro horas hasta Houston. Ella dejaría a Ben en el aeropuerto Houston Bush International, a fin de que él pudiese tomar un vuelo hacia la costa este, y esperaría a su suegro que volaba desde Springfield. Cuando Tom llegase, conducirían juntos hasta Durham, un trayecto de veintiuna horas.

«Cuando se oyen noticias de traspasos, no pensamos en todo el proceso por el que debe pasar el jugador, junto a su mujer, su familia y su coche», dijo Tom. «Aún no ganan mucho dinero, por lo que no pueden contratar a personas o empresas que los ayuden con la mudanza, o lleven su coche a algún lugar».

Ben no duró demasiado en Durham porque el club principal lo reclamó el 31 de julio de 2006. Esta vez, la mudanza a Tampa Bay fue mucho más fácil, y de vuelta a casa en Eureka la familia estaba exultante. Su padre siempre había dicho: «Ben, si consigues jugar en las Grandes Ligas, allí estaré».

El día siguiente, 1 de agosto, era el duodécimo cumpleaños de hermano menor de Ben, Noah. Vaya forma de celebrarlo. Noah, su hermano Peter, Tom y Cindi compraron boletos de avión para Tampa Bay esa mañana y llegaron a tiempo para ver a Ben saltó a la cancha contra Detroit Tigers. Esa noche no conectó ningún batazo, pero estaban en las gradas dos días más tarde cuando lo hizo por primera vez en las Grandes Ligas, a lanzamiento de la estrella de Boston Red Sox Curt Schillinh. Ben terminó la temporada 2006 habiendo jugado 52 partidos, con un promedio de bateo de .224.

Las temporadas 2007 y 2008 de Ben fueron cuando menos

interesantes. Su rendimiento bajó al principio de la de 2007, lo que provocó que lo enviasen de nuevo a Durham. Se movió entre Tampa Bay y Durham durante un tiempo pero se quedó en el primer equipo en la racha mágica que llevó a los Rays a las Series Mundiales de 2008. Aunque Tampa Bay perdió ante Philadelphia Phillies, Ben jugó de inicio en dos encuentros, y sus padres estuvieron allí en persona para ver a su hijo jugar en el mejor escenario del béisbol.

Fue durante la temporada de la explosión de Ben en 2009 que se le empezó a conocer como «Zorrilla» por sus monstruosos home runs y su capacidad para jugar en cualquier posición, en cualquier momento. Ben jugó en siete puestos diferentes en esa temporada, las tres posiciones exteriores y las cuatro interiores. Figuró en todos los puestos del orden de bateo, excepto en el noveno, y su estrategia con el bate cambió, ya que el especialista en el swing Jaime Cevallos y su antiguo compañero de equipo y ahora cuñado Dan Heefner le habían ayudado a perfeccionar su golpeo fuera de temporada, haciendo algunos ajustes. Pasó de buscar bateos orientados al hueco para ganar la primera base a ser uno de los bateadores poderosos de la liga. Los 27 que acreditó, junto a un promedio de bateo de .297 (estuvo por encima de .300 gran parte de la temporada pero cayó un poco al final), 91 carreras impulsadas y un promedio de slugging de .543 levantaron expectación alrededor de la liga y le consiguieron un cuantioso contrato multianual.

¿De cuánto estamos hablando? Pasó de 438,100 dólares anuales a 4,500,000 dólares en una sola temporada. Y Tampa Bay tiene preparada una propuesta de 7 millones para la 2014 y la 2015, si Ben sigue produciendo. Afortunadamente, 2011 fue muy bien: un sólido .269 de promedio de bateo, 46 dobles (tercera marca de la liga) y 20 home runs.

Ben también formó parte de un equipo especial que consiguió el comodín de la AL en la última jornada de la temporada, remontando una desventaja de siete carreras en las últimas entradas para vencer a New York Yankees 8-7 y adelantar a Boston Red Sox en la clasificación, después de que estos desperdiciasen una ventaja de

El infielder [interior] de los Tampa Bay Rays Ben Zobrist es uno de los jugadores más versátiles del béisbol actual, capaz de jugar de exterior o en cualquier posición interior. Superó un inicio titubeante en 2012 para acabar el año con un sólido .270 y 20 home runs. (AP Photo/Tony Gutiérrez)

nueve partidos en septiembre. Después, los Rays perdieron ante Texas Rangers en la ALCS.

Seguramente, formar parte de un equipo cenicienta y ganar grandes encuentros de forma espectacular era muy divertido, pero cuando yo (Mike Yorkey) entrevisté a Ben, él me mostró cuál era su mentalidad. *¿Cómo puedo ser mejor jugador hoy que ayer?* Después, añadió rápidamente que enfocaba las cosas de la misma manera en su vida espiritual.

¿Cómo puedo crecer más cerca del Señor?

¿Cómo puedo evitar caer en la complacencia?

¿Cómo puedo unirme a personas que aman realmente a Dios y lo buscan?

Cuando se es un jugador de béisbol de una liga importante, que vive lejos de su hogar y juega seis partidos a la semana, la situación no es fácil. Él se beneficia de Baseball Chapel, una organización que celebra un servicio cristiano semanal para los jugadores, los domingos antes de los partidos, así como estudios bíblicos entre semana. Las tecnologías modernas hacen posible que Ben pueda escuchar en su computadora sermones de su pastor, Byron Yawn de la Community Bible Church en Nashville, Tennessee.

Ben y Julianna establecieron su hogar en la Ciudad de la música, a fin de que ella pudiese seguir con su carrera musical y ser al mismo tiempo madre de su hijo, Zion, que llegó a su vida el 1 de febrero de 2009, y de su hija, Kruse, nacida el 19 de septiembre de 2011. (Kruse es el apellido de soltera de una de las abuelas de Ben). Los dirigentes de Tampa Bay han dado permiso a Ben para que viaje a casa en los días libres, de forma que trata de ir cada vez que puede durante la temporada regular.

Cada vez que Ben entra por la puerta de su casa, escucha una «música de entrada» diferente, el sonido de la vida en el hogar.

Anoten otra sólida temporada para Ben Zobrist, el polivalente jugador de los Tampa Bay Rays. Su octavo año en las Grandes Ligas lo mantuvo dividiendo su tiempo entre la segunda base y el jardín derecho, aunque también jugó un poco de parador en corto. Su promedio de bateo de .275 y su porcentaje en base de .354 hicieron de él una pieza clave en un equipo modesto que alcanzó las eliminatorias por tercera vez en cuatro años. Un momento especial en lo personal fue cuando su esposa, Juliana, cantó el himno nacional y «God Bless America» durante el tercer partido de las series de división de la AL contra los Boston Red Sox. Su versión a capela de la segunda al final de la séptima entrada se emitió por televisión a nivel nacional, mientras Ben sonreía desde el banquillo. Ben bateó en segundo lugar en aquella entrada, y consiguió un hit (o sencillo) por el lado izquierdo, dando a los seguidores de los Rays otra razón para jalear.

3

ALBERT PUJOLS: UN BATEADOR ESPECIALISTA EN HOME RUNS CUYO CORAZÓN SE DESVIVE POR LOS DEMÁS

Cada vez que el primera base All-Star Albert Pujols entra en el cajón de bateo, la multitud se agita. Todos saben que *puede* ocurrir algo sorprendente.

Albert tiene un promedio de bateo superior a .325 en toda su carrera, por lo que las posibilidades de que pase algo destacable son muchas. En la historia del béisbol, ningún otro jugador ha acumulado las estadísticas que Albert ha acreditado durante sus primeros once años en este deporte.

Ni Babe Ruth.

Ni Joe DiMaggio.

Ni Ted Williams.

Ni Barry Bonds.

Nadie.

En aquella tarde otoñal de 2010, Albert estaba a punto de ofrecer algo especial a los espectadores.

El potente bateador se dirigió hacia el cajón con confianza y adoptó su posición habitual, todo un icono. Los pies muy separados.

Las manos muy arriba. Las piernas bien flexionadas como un defensor de fútbol americano preparado para realizar un placaje. Cuando la bola salió de la mano del lanzador, una cosa era segura: ese pedazo de cuero iba a ser maltratado.

Albert no golpea la bola; la castiga.

Conforme la bola se acercaba al plato, el poderoso swing de Albert ya había entrado en acción. Sus manos se movieron impetuosamente por la zona de golpeo y desencadenaron un espectacular home run que pasó muy por encima de la valla de la parte izquierda del campo.

Los espectadores dieron un salto y animaron enfervorecidos. Los compañeros de Albert salieron del banquillo. Incluso los jugadores contrarios fueron a abrazar a Albert al plato.

Después de todo, no era un encuentro de un importante ante un estadio lleno, sino una exhibición de softball en una cancha de béisbol que la fundación de la familia Pujols ayudó a construir en la ciudad natal de Albert, Santo Domingo, en la República Dominicana.

Todos estaban entusiasmados de estar allí y ver a Albert haciendo lo que hace mejor que cualquier otra persona: batear. También sabían que no habían perdido la oportunidad de ver a su héroe local en acción por muy poco, ya que un huracán había azotado al país el día anterior, dejando la cancha totalmente enfangada. Una cuadrilla de operarios había trabajado febrilmente para dejarla en condiciones, utilizando incluso gasolina para quemar los charcos. Con el agua semievaporada, el partido se jugó según lo planeado, y Albert provocó el memorable momento.

Cada año, Albert regresa a su país natal para ayudar a las personas de su antiguo *batey*, que es como se llama en la República Dominicana a los barrios de chabolas. La Fundación Pujols trabaja todo el año proveyendo atención médica, alimentos, ropa a las personas de allí, y supliendo otras necesidades. Ha dado incluso nuevos colchones a familias cuyos hijos dormían dos o tres en una cama dura y deteriorada.

De 2001 hasta 2011, Albert Pujols jugó en St. Louis, donde ayudó a los Cardinals a ganar dos campeonatos de las Series Mundiales y acreditó estadísticas del Salón de la Fama. (AP Photo/Charlie Riedel)

Las condiciones en el *batey* no son buenas, pero algunas cosas han mejorado en relación a cuando Albert crecía en la R.D en los ochenta. Por ejemplo, él no tuvo una buena cancha de béisbol para jugar entonces.

Albert desarrolló su amor por el béisbol utilizando un palo como bate, un cartón de leche como guante y un limón como bola.

En la actualidad, los niños de Batey Alemán pueden jugar en una cancha en la que el muro exterior está lleno de dibujos de Albert y de otros jugadores. Los chicos entrenan los martes y jueves, y juegan unos contra otros los sábados durante todo el día.

«Ese era yo hace veinticinco años. Era uno de esos niños pequeños sin esperanza y con un solo sueño», dijo Albert en una entrevista en *60 Minutes* en 2011 mientras miraba en su antiguo vecindario a algunos de los chicos a los que había ayudado. «No se trata de que me vean como el "Sr. Chico Bueno". Eso no me importa lo más mínimo».

Albert ayuda en la R.D por una razón: siente que Dios lo ha llamado a devolver, y él quiere honrar al Señor en cada área de su vida.

«Lo crean o no, el béisbol no es mi ambición principal en la vida», dice Albert en la página web de su fundación. «Ser un gran jugador de béisbol es importante para mí, pero no es mi prioridad porque sé que el Salón de la Fama no es mi destino definitivo. El objetivo de mi vida es glorificar a Jesús».

Eso es mucho decir, teniendo en cuenta que estas palabras vienen del mejor jugador de béisbol de la primera década del siglo XXI.

Desde el momento en que irrumpió en las Grandes Ligas con St. Louis Cardinals en 2001, ha acreditado números espectaculares y se ha reconocido su talento. Ganó el premio al novato del año en la NL en su primera temporada. Entre 2001 y 2010, ganó tres premios al mejor jugador, seis Silver Sluggers (que se conceden al mejor jugador ofensivo en cada posición en ambas ligas) y dos Gold Gloves, siendo convocado a nueve partidos de las estrellas.

Entre las temporadas 2001 y 2010, fue el único jugador en la historia de una gran liga en batear por encima de .300, y conseguir más de 30 home runs y al menos 100 carreras impulsadas durante sus diez primeros años de carrera. Ningún otro había acreditado números parecidos en sus primeros *dos* años en la liga, no digamos ya diez. Desgraciadamente, esa racha acabó en 2011 por muy poco. Le faltó un golpe con un jugador en posición de anotar para conseguir la hazaña por undécima temporada consecutiva. Consiguió un promedio de bateo de .299 y 99 carreras impulsadas junto a 37 home runs.

No importa. El bagaje de Albert sería fenomenal para cualquier jugador, pero es especialmente impresionante para alguien seleccionado en la posición número 402 del draft de la MLB.

401 MOTIVACIONES

Al terminar el instituto, Albert no se encontraba en la agenda de muchos ojeadores profesionales. Llevaba pocos años en los Estados Unidos después de que su familia emigrase de la República Dominicana en 1996.

Acabó afincándose en Independence, Missouri, porque su tío ya vivía allí. No había muchos hispanoparlantes allí, pero la ciudad tenía béisbol, y en el diamante, no existían las barreras lingüísticas que Albert no pudiese superar.

El béisbol siempre había sido una constante para Albert, incluso cuando todo lo demás había cambiado.

José Alberto Pujols Alcántara nació el 16 de enero de 1980. Sus padres se divorciaron tres meses después. Su padre, Bienvenido, había jugado al béisbol y era conocido por ser un buen lanzador. A pesar del divorcio, siguió involucrado en la vida de Albert y estaba ahí para él y su madre.

Sin embargo, nadie fue tan importante en su vida como su abuela, América (sí, ese es su nombre). Ella se ocupó en gran parte de criarlo. Sus diez tías y tíos también estaban cerca para proveer dirección y ayuda.

Según el modelo estadounidense, Albert creció en la absoluta pobreza. Sin embargo, él nunca lo vio así. Dice que nunca se sintió pobre, desayunaba, almorzaba y cenaba cada día. Muchos de los niños del barrio se podían sentir afortunados si comían *una* sola comida. En su mente, *aquellos* eran los niños pobres.

Cuando vivía en el *batey*, Albert pasaba la mayor parte de su tiempo jugando al béisbol. Antes de la adolescencia, se dio cuenta de que sus habilidades estaban por encima de las de sus amigos y de que podía llegar a jugar en ligas importantes.

«Al crecer en la República Dominicana, prácticamente todo lo que hice fue jugar al béisbol», dijo Albert. «Ese es el sueño de casi todo el mundo, jugar al béisbol profesional».

Cuando Albert se trasladó a Missouri a la edad de dieciséis años, una de las primeras cosas que hizo fue ir al instituto Fort Osage y decir, con la ayuda de un intérprete, que quería jugar al béisbol.

En su primera temporada, Albert jugó de parador en corto y ayudó a los Indians a ganar el campeonato estatal de la categoría 4A. Sus números de bateo fueron especialmente impresionantes: .471 de promedio, con 11 home runs y 32 carreras impulsadas. *USA Today* lo reconoció con «mención honorable» en sus clasificaciones nacionales de béisbol.

Albert siguió en plena forma en la liga de verano. Jugó 60 partidos con un equipo de American Legion, consiguiendo 29 home runs y 119 carreras impulsadas.

Con diecisiete años, volvió a Fort Osage en otoño y preguntó si podía repetir el tercer curso. Aunque tenía primos en la escuela que podían traducirle, tenía problemas para entender el inglés. Albert quería perfeccionar la lengua y obtener su diploma del instituto. La escuela y la Missouri State High School Activities Association estuvieron de acuerdo, concediéndole un año más de elegibilidad en el instituto.

Durante la temporada de 1998, Albert fue un pilar de los Indians, bateando un promedio de .660. El problema era que todos los equipos lo conocían y no realizaban buenos lanzamientos para evitar que golpease. Albert estableció un récord de 26 bases por bolas esa temporada, 18 de ellas intencionadas.

En verano, su importancia se incrementó aun más al romper su propio récord de home runs y dejarlo en 35, incluyendo uno que captó la atención del reportero del *Independence Examiner* Dick Puhr, que describió uno de los grand slams de Albert como «una explosión que llevó la bola más allá de la línea de la zona izquierda, que era más alta de lo habitual, volando no solo por encima de la valla, sino también de las vías del tren, y aterrizando en una morera».

Su entrenador de verano, Gary Stone, dijo: «Es el golpe de béisbol más duro y lejano que he visto jamás».

Por supuesto, Stone ya era un gran admirador de Albert. Durante un torneo celebrado el verano anterior, en el cual los jugadores debían utilizar bates de madera en lugar de aluminio, Stone destaco que Albert «batearía con mucha potencia incluso con un palillo de dientes».

Aunque los talentos de Albert en la cancha eran obvios para todos los que lo veían jugar, no provocaba los elogios de muchos ojeadores. No les gustaba su juego de pies en el puesto de parador en corto y decían que le faltaba control en sus pases.

Albert volvió para su último año en 1998 pero consiguió créditos suficientes para graduarse pronto. Se enroló en la universidad Maple Woods Community College de Kansas City en enero y comenzó a jugar para su equipo esa primavera.

Inmediatamente, Albert demostró que tenía capacidad para jugar en el siguiente nivel.

En su primer partido con los Monarchs, Albert realizó una jugada triple sin ayuda y bateó un grand slam a lanzamiento de Mark Buehrle (ahora cuatro veces All-Star que ha lanzado un no-hitter y un juego perfecto).

En esa temporada, Albert bateó .461, con 22 home runs y 80 carreras impulsadas.

Cuando se celebró el draft del béisbol, el 2 de junio de 1999, Albert aguardaba expectante. Sabía que su sueño de llegar a profesional estaba a punto de hacerse realidad.

Tampa Bay Devil Rays (ahora, solo «Rays») eligieron a Josh

Hamilton en el número uno. Josh Beckett fue el segundo, con destino a Florida Marlins. Casi todo el mundo del béisbol creía que estos dos jugadores serían elegidos enseguida. Albert imaginó que saldría en una de las primeras rondas. El *Examiner* estaba de acuerdo, y vaticinó que lo elegirían en una de las tres primeras rondas. Otros expertos lo veían entre la quinta ronda y la octava. A los ojeadores seguían sin gustarles sus movimientos de pase y les preocupaba el hecho de que ganase un poco de peso en la universidad.

El primer día del draft acabó, y el nombre de Albert seguía en la pizarra.

Tuvo que esperar hasta la mañana del 3 de junio para oír que St. Louis lo había elegido en la *decimotercera* ronda, con el puesto número 402.

Albert se sintió hundido. Su novia por aquel entonces, Deidre Corona, dijo que lloró como un niño. Incluso pensó en dejar el béisbol.

Deidre lo convenció para que no abandonase su sueño.

Cuando St. Louis le ofreció una bonificación de 10,000 dólares (a Hamilton le dieron 3.96 millones de dólares), la rechazó porque sentía que merecía más.

Para demostrar su valía, Albert jugó en la Jayhawk League, en la que jugadores en edad universitaria exhibían su talento a lo largo del verano. En 55 encuentros, lideró a su equipo en home runs y promedio de bateo. St. Louis volvió y le ofreció 60,000 dólares. Aceptó y se unió al equipo.

Sin embargo, el estigma de haber sido elegido en la decimotercera seguía ahí. Él sabía que tenía el talento y la ética de trabajo necesarios para triunfar entre los profesionales, y quería que sus detractores viesen que estaban equivocados con él.

Albert había convivido con escépticos, pero cuando los entrenadores trabajaban con él y veían su dedicación diaria, se volvían frecuentemente sus mayores admiradores.

«Es el mejor bateador que he visto o entrenado», dijo Marty Kilgore, entrenador de Albert en Maple Woods Community College.

«Sin embargo, lo que más me sorprende de él es su ética de trabajo. Muchos técnicos de la zona me dijeron que no tenía buenos hábitos de entrenamiento y que era malhumorado. Es el primero que llega al entrenamiento y el último en irse. Cuando este termina, siempre va a la jaula de bateo a practicar un poco más».

Albert desarrolló su swing durante sus años más jóvenes y continuó perfeccionándolo con innumerables repeticiones. Ahora, calcula que batea entre quince y veinte mil veces al año en la jaula de bateo. Trabaja tan duro para que su mecánica sea exactamente la correcta que no es de extrañar que lo apoden «La máquina».

Por lo que parece, fueron los ojeadores los que acertaron poco en el draft de 1999. Solo veintitrés de los cincuenta y un jugadores seleccionados en la primera ronda se quedaron en las Grandes Ligas. Carl Crawford y Justin Morneau salieron en segunda ronda. Shane Victorino fue elegido con el 194, y sorprendentemente, Jake Peavy, un futuro ganador del Cy Young lo fue *detrás* de Albert, en la posición número 472.

Ser menospreciado en el draft ha sido una fuerza motriz para Albert, incluso en la actualidad.

«Nunca me sobrepondré a ello», dijo.

Con 401 razones alimentando su determinación para triunfar, Albert jugó solo un año en las ligas menores. Durante ese tiempo, trabajó más su físico, haciendo de su cuerpo una musculosa máquina de bateo de casi 1.90 y 105 kilogramos de peso.

Albert comenzó la temporada 2000 con el filial de clase A Peoria Chiefs, en Illinois. Después de jugar de tercera base y ser nombrado jugador más valioso de la liga, tuvo una breve estancia en la Doble A, antes de dar el salto a Memphis Redbirds, de la Triple A.

Los Redbirds se estaban preparando para las eliminatorias de la Pacific Coast League. En los siete partidos de Albert, bateó un promedio de .367 con dos home runs. Después, ayudó a Memphis a doblegar a los Alburquerque Dukes, llegando a las series por el campeonato contra Salt Lake City. El 15 de septiembre de 2000, el joven de veinte años no mostró signos de nerviosismo a la hora de batear un home run que cerraba en la decimotercera entrada el cuarto partido de la serie que daba a los Redbirds su primer campeonato de la PCL. Albert ganó el premio al jugador más valioso de la liga por su rendimiento.

En 2001, Albert comenzó los entrenamientos de primavera con la esperanza de obtener un puesto en la plantilla de veinticinco hombres de los Cardinals. La mayoría de las personas cercanas al equipo imaginaban que Albert necesitaría otro año con los Redbirds para estar preparado para las grandes. Él quería demostrar que se equivocaban. Realizó más entrenamiento de campo a fin de aprender a jugar de primera base y jardinero, y siempre se le vio bien en la tercera.

Cuando se anunció la alineación del primer partido, se vio jugando en la parte izquierda del campo contra Colorado Rockies.

UN FUNDAMENTO FIRME

Conforme la carrera de Albert en el béisbol iba despegando, también empezó a hacerlo su vida personal.

El verano de 1998, el joven fue a bailar salsa a un local de Kansas City, donde conoció a una chica llamada Deidre. No fue amor a primera vista, pero pasaron a ser pareja de baile.

Después de varias semanas, Albert buscaba la valentía necesaria para pedir una cita a Deidre. Cuando salieron juntos, él admitió haberle mentido sobre su edad. Le había dicho que tenía veintiún años cuando realmente tenía dieciocho. Ella también tenía que confesarle algo: acababa de dar a luz a una niña con Síndrome de Down.

En lugar de huir de la relación, Albert quiso conocer a la hija de Deidre. Cuando vio a Isabella por primera vez, no la vio como una niña con Síndrome de Down, sino como una preciosa bebita.

Albert siguió saliendo con Deidre y haciendo de niñero ocasional de Isabella. Deidre había consagrado de nuevo su vida a Jesucristo hacía poco y animó a Albert a asistir con ella a la iglesia. También le explicó la existencia del cielo y el infierno y le dijo que el único camino hacia el primero era tener una relación personal con Jesucristo.

«Iba a la iglesia de vez en cuando de niño», dijo Albert. «En esa época, no era consciente de la importancia de asistir a las reuniones y tener una relación con Cristo».

Su abuela lo educó para que fuese una persona buena y con moralidad. No bebía, no fumaba, ni tenía tatuajes, pero tampoco conocía a Dios ni tenía una relación con su Hijo.

Albert empezó a ir a la iglesia cada semana y aprender más acerca de Jesús. Una vez que entendió la verdad del Evangelio, pasó al frente y oró entregando su vida a Cristo el 13 de noviembre de 1998.

«No diría que fue fácil y que el Señor comenzase a cambiar las cosas de inmediato», dijo Albert. «Seguían existiendo desafíos y momentos duros en mi vida, pero el Señor me estaba preparando para grandes cosas».

Eso incluía casarse y tener éxito en el béisbol.

Albert y Deidre se casaron el día de Año Nuevo, 1 de enero de 2000. Cuando lo asignaron al equipo de Peoria, Deidre e Isabella lo acompañaron.

Albert ganaba alrededor de 125 dólares a la semana por jugar al béisbol en la primavera de 2000 (en la actualidad, su salario es de más de 280,000 dólares a la semana, sin incluir extras). No era suficiente para una joven familia con una hija con necesidades especiales. La pareja apenas tenía dinero para pagar el alquiler o comprar muebles. Albert recuerda ir a Walmart a comprar una mesa y sillas plegables para poder disponer de una zona para sentarse.

Cuando Albert dio el salto a las grandes en 2001, todo aquello cambió. Su salario se disparó a 200,000 dólares al año, y tras ganar el premio al novato del año de la NL por su promedio de bateo de .329, junto a 37 home runs y 130 carreras impulsadas, su salario se triplicó a 600,000 dólares la siguiente temporada.

Conforme las estadísticas de Albert mejoraban y su consistencia se hacía más notoria, demostrando que no era un milagro de una sola temporada, los Cardinals siguieron recompensándolo con mejores contratos.

En 2005, su salario anual alcanzó ocho dígitos...11 millones de dólares para ser exactos. También fue el año en que él y Deidre decidieron poner en funcionamiento la Pujols Family Foundation.

«Había estado orando para que Dios utilizase a Albert para compartir a Jesús y quería que fuese más grande», dijo Deidre. «Todd Perry había estado llamando para presentarnos una idea [para la fundación]. Fue necesario aproximadamente un año para poner a todos de acuerdo. Nuestra misión es la fe, la familia y los demás».

La Pujols Family Foundation ayuda a familias y niños que viven con el Síndrome de Down, y también trabaja en la República Dominicana para mejorar la calidad de vida de los niños necesitados. Perry ha trabajado como director ejecutivo desde el principio. Albert y Deidre no solo firman un cheque y ayudan a recaudar fondos; se involucran personalmente con las personas a las que llega su organización.

Uno de los momentos destacados del año de Albert es la organización de un baile formal para adolescentes con Síndrome de Down. Los chicos se visten de gala con bonitos vestidos y trajes, pasan por la alfombra roja y disfrutan de una atmósfera parecida a la del baile de graduación. Y por supuesto, todas las chicas quieren bailar con Albert.

Al final de la celebración de 2010, Albert estaba sudando pero exhibía una gran sonrisa.

«Debo haber sido la atracción del año para ellos», dijo Albert al reportero de *60 Minutes* durante su entrevista.

«Y para mí también», respondió rápidamente Albert. «Cada vez que estoy con ellos, disfruto mucho y paso un rato genial».

La fundación siguió funcionando, y la familia de Albert creciendo. Isabella tuvo un hermano pequeño, Albert Jr. (conocido como A.J.), nacido dos años después de la boda. En 2005, llegó Sophia, y más recientemente, Ezra.

«Una de las cosas que he aprendido es que no se trata de mí, sino de servir al Señor Jesucristo», dijo Albert. «Su plan era más extraordinario de lo nunca hubiese pensado. Tengo una bonita familia con cuatro niños preciosos».

Albert no quiere ser únicamente un modelo para sus propios hijos; espera influenciar positivamente a otros chicos. Durante una temporada reciente, el gran bateador tuvo la oportunidad de conocer a dos jóvenes que le impactaron especialmente.

Uno de ellos era Jacob Trammel, un chico de quince años al que diagnosticaron un tumor canceroso y que tuvo que pasar por tratamientos de quimioterapia y radiación. A través de la Make-A-Wish Foundation, Jacob pudo contactar con su ídolo. Albert lo llevó a la sede de los Cardinals y entrenó el bateo con él en el Busch Stadium. ESPN lo grabó todo para su programa «My Wish» [Mi deseo].

«Es el mejor jugador de béisbol ahora», dijo Jacob, hablando de Albert. «Es un buen hombre cristiano. Es mi ejemplo a seguir porque mi padre se fue».

El adolescente, un buen jugador de béisbol por sí solo, soñaba con jugar en las Grandes Ligas y Albert le dio algunos consejos a la hora de batear. Con unos pocos ajustes de su swing, como mantener las manos arriba y realizar el bateo con un solo movimiento fluido, estaba enviando bolas rectas por todas las instalaciones de bateo cubiertas del Busch Stadium.

«Ese es el golpe que he estado buscando todo el año», bromeó Albert después de que Jacob batease una buena serie de golpeos sólidos.

Según la madre del chico, Debbie, fue el mejor momento del año para Jacob.

«Albert es un jugador tan grande», dijo. «A Jacob le gusta su moralidad y la forma en que utiliza su experiencia cristiana, dando toda la gloria a Dios. Él también es parecido».

Pocas semanas después, durante la temporada 2010, Albert consiguió su home run número 400 en las Grandes Ligas, siendo el tercer jugador más joven en lograrlo. Tan solo Alex Rodríguez y Ken Griffey Jr. alcanzaron esa marca con menos edad.

Cuatro días después de alcanzar este hito, Albert llevó el bate con el golpeó el histórico home run a Brandon Johnson, un chico de trece años que luchaba contra un tumor maligno en el cerebro en el Texas Children's Hospital. Albert no fue con una gran fanfarria o cámaras de televisión. Simplemente se escabulló discretamente después del partido contra Houston Astros, fue al hospital, oró con Brandon y permaneció con él durante una hora aproximadamente.

Fe, familia y los demás. No es solo la misión de la fundación de Albert, sino también el fundamento de su vida.

HACIENDO HISTORIA

Mientras muchos de los mejores atletas del mundo provocan titulares de prensa por sus pequeñas indiscreciones o decisiones equivocadas, Albert los produce por el bien que hace, dentro y fuera de la cancha. Con un bate en sus manos, ha acreditado números sin igual en la larga y notoria historia del béisbol.

En sus once primeros años en las Grandes Ligas, bateó más de 40 home runs y consiguió más de 120 carreras impulsadas en seis ocasiones. Ha ganado el premio al mejor jugador de la NL tres veces (2005, 2008 y 2009). Llevó tres veces a St. Louis a las Series Mundiales. Los Cardinals perdieron con Boston en 2004, pero los Redbirds volvieron dos años más tarde para ganar a Detroit. Durante la campaña 2011, Albert comandó a St. Louis para ganar su undécimo título de las Series Mundiales de la NL.

La victoria sobre Texas en siete partidos será recordada como uno de los campeonatos más inverosímiles de la historia del béisbol. St. Louis llevaba 10.5 partidos de desventaja en la carrera por el comodín de la NL al final de agosto, pero pusieron la clasificación en un puño en septiembre, con Albert bateando un .355 de promedio, con 5 home runs y 20 carreras impulsadas ese mes. St. Louis se hizo con la posición que daba derecho al comodín en la última jornada de la temporada regular.

Los Cardinals eran la cenicienta de las eliminatorias pero derrotaron al potente Philadelphia en cinco partidos en las series de

Tras firmar un contrato de 254 millones de dólares por diez años con Los Angeles Angels, Albert tuvo problemas al principio de la temporada 2012 pero resurgió para batear 30 o más home runs por duodécimo año consecutivo. (Larry Goren/ Four Seam Images)

división de la NL. Después, dieron buena cuenta de Milwaukee para jugar la final contra los Rangers.

Albert comenzó las Series Mundiales de forma discreta pero después explotó en uno de los mejores partidos de la historia consiguiendo tres home runs e impulsando seis carreras en una victoria por 16-7 en el cuarto partido. Las 14 bases totales de Albert siguen siendo un récord en las Series Mundiales, y señalaban la primera vez desde 1977 que un jugador lograba tres home runs en el clásico de otoño. Solo Reggie Jackson y Babe Ruth habían hecho lo mismo con anterioridad.

«Me alegro de que fuese él», dijo Jackson, miembro del Salón de la Fama, después de que Albert igualase su registro. «Es un magnífico representante de este deporte...le dije que admiro la forma en que se ha dedicado a su trabajo. Sé que es caritativo; sé que es un buen hombre cristiano, un chico que hace equipo. Está en el foco de la atención».

Albert estuvo en primera plana en las eliminatorias de 2011 bateando por encima de .350, con cinco home runs y 16 carreras impulsadas.

«Creo que todo empezó el último mes de la temporada», dijo Albert. «Varios chicos se estaban saliendo, consiguiendo grandes bateos, y lo mantuvimos en las eliminatorias. Y ahora, aquí estamos, campeones del mundo».

Seguidores, reporteros, adversarios, incluso su entrenador, todos se maravillan con lo que Albert consigue en el diamante.

«Disfrútalo. Respétalo. Aprécialo», dijo el que fue durante mucho tiempo entrenador de los Cardinals Tony La Russa, que se retiró después de esa victoria en las Series Mundiales de 2011. «Me basta con verlo. Y si tú estás viéndolo, hará algo que te demostrará lo grande que es».

Los seguidores de la American League tendrán ahora una oportunidad de presenciar esa grandeza. En diciembre de 2011, Albert firmó un contrato de 254 millones de dólares por diez años con Los

Angeles Angels, hecho que rompió el corazón de los hinchas de los Redbirds.

Albert fue uno de los agentes libres más premiados de la historia. Después de diez años en el deporte, había ganado seis premios Silver Slugger en tres posiciones diferentes, tercera base, jardinero y primera base. También ganó dos veces el Gold Glove (2006 y 2010) en la primera base, demostrando que su juego de campo, pase y atrape estaba también entre los mejores de la liga.

No obstante, nada expresó mejor la capacidad de Albert como una ilustración que Fox Sports puso en pantalla durante uno de los partidos de Albert en las Series Mundiales. Cuando un bateador iba hacia el plato, un gráfico mostraba en pantalla los puntos dónde podían ir las bolas de los lanzadores para eliminarlo. Cuando salió el gráfico de Albert, no había ningún punto al que pudiesen lanzar. Era capaz de batear cualquier envío en cualquier momento del conteo y penalizar a su adversario.

«Albert no tiene debilidades evidentes, y no caza muchos lanzamientos malos», dijo el miembro del Salón de la fama Tony Gwynn.

Albert no ha conseguido ser un gran bateador solo por los cientos de miles de veces que ha repetido su swing. También ha estudiado el juego y ha trabajado sus debilidades. Ha pasado muchas horas hablando con los lanzadores de los Cardinals acerca de cómo se preparan ante ciertos bateadores y varían sus lanzamientos. Esta información ayuda a Albert a meterse en la mente de un lanzador, de forma que sabe lo que puede esperar en diferentes situaciones.

Todos sus esfuerzos han valido la pena. Albert batea con buen promedio, con potencia, y se le conoce por superar momentos de crisis. Ningún Cardinal ha conseguido más grand slams que el número 5.

Al final de la temporada 2012, Albert había logrado 12 grand slams. Es casi automático cuando las bases están ocupadas; solo en 2009, fue al plato diez veces con las bases ocupadas y bateó un home run en cinco ocasiones.

Además, su bate no desaparece en las eliminatorias, cuando los lanzamientos son mejores y la presión se dispara. En la temporada 2011, ha logrado un promedio de bateo de .330 en las mismas, con 18 home runs y 52 carreras impulsadas.

«Es el rostro del béisbol», dijo el analista de béisbol de la ESPN Peter Gammons. «Cuando nos fijamos en la historia, él es un icono. Y deberíamos apreciarlo porque nunca ha hecho nada que haya manchado su reputación».

En una época en la que los bateadores más potentes se han visto involucrados en rumores relativos a la utilización de esteroides, Albert se ha mantenido por encima del fraude. A pesar de sus prolíficos números, nunca ha dado positivo en un test de drogas ni ha sido acusado de recurrir a ningún tipo de sustancia dopante para mejorar su rendimiento. Se ofende cuando algunos levantan sospechas acerca de sus estadísticas merecedoras de formar parte del Salón de la Fama.

«Nunca haría nada de eso», dijo Albert acerca de utilizar sustancias dopantes. «¿Creen que voy a destruir mi relación con Dios solo porque quiero ser mejor en este deporte? ¿Creen que voy a arruinarlo todo por los esteroides?... Quiero ser la persona que represente a Dios, a mi familia y a los Cardinals de la manera correcta».

En muchas ocasiones, Albert ha invitado al béisbol a ponerlo a prueba cada día. No tiene nada que ocultar y quiere que la gente sepa que sus hechos son acordes a sus palabras.

Albert busca formas de contarles a las personas lo que Dios ha hecho en su vida. Ha dicho a menudo que Dios no lo necesita, pero él sí necesita al Señor para vivir una vida de éxito.

Desde principios de los años 90, los Cardinals han organizado un día de la familia cristiana. En él, los jugadores comparten su testimonio con los seguidores en el Busch Stadium tras la conclusión del partido. Desde que Albert llegó al equipo, él y Deidre han asistido de forma regular a este acontecimiento y a otros parecidos por todo el país.

La organización del día de la familia cristiana también creó una tarjeta especial de testimonio para Albert y otros miembros del equipo. Parece un cromo de béisbol, pero en lugar de llevar estadísticas en la parte de atrás, aparece el testimonio personal del jugador y una oración que las personas pueden hacer para invitar a Cristo a su vida.

Albert firma las tarjetas, y tanto él como Deidre buscan oportunidades para dárselas a jóvenes seguidores.

Deidre ha dicho que en ocasiones siente como si estuviese bateando un home run cuando da la tarjeta a alguien y mira su cara. Sin embargo, cuando se trata de batear la bola en estadios de las Grandes Ligas, la antigua jugadora de softball deja eso en manos de su marido.

Incluso en 2011, cuando un bajón y un antebrazo fracturado a principios de temporada afectaron a las estadísticas de Albert, se las apañó para batear más de 30 home runs por undécimo año consecutivo.

No sorprende por tanto que ningún jugador en la historia de los Cardinals haya conseguido más partidos con más de un home run que Albert. Durante la temporada 2011, lo hizo en 42 partidos, rompiendo el récord de 37 de Stan Musial. Mark McGwire era tercero en la lista con 28 partidos. Albert tiene cinco partidos con tres home runs en su carrera (el que más de los jugadores en activo), y algunos dicen que su golpeo récord de 140 metros en el Busch Stadium en la temporada 2011 aún no ha llegado a la tierra.

Frecuentemente, los seguidores de Albert no pueden decidir qué les gusta más de los home runs de Pujols. ¿Será cuando miran boquiabiertos el vuelo de la bola hacia un destino distante tras un potente golpeo? ¿O verle deslizarse alrededor de las bases hasta que se acerca al plato y da su paso característico arrastrando los pies, mientras mira y señala hacia el cielo?

Albert no hace este último gesto para faltar al respeto a sus adversarios. Lo hace para mostrar su reverencia a su Salvador.

Muchos expertos han tratado de diseccionar el swing de Albert y averiguar el secreto de su éxito. Sin embargo, él ya sabe la respuesta.

«No creo en toda esa ciencia del bateo», dijo Albert. «Yo creo en Jesucristo, que me dio la fuerza, el poder y el talento para honrarlo. Siempre se puede tratar de buscar explicaciones científicas al mejor bateo y buscar el éxito. Yo no. Para mí, se trata de dedicación, trabajo duro, entrenamiento, y Dios».

El plan del All-Star para seguir adelante es simple: seguirá trabajando duro, bateando de la forma que le permiten las capacidades que Dios le concedió y señalando hacia el cielo.

Porque al jugar para Los Angeles Angels, Albert tiene lugares más altos adonde ir.

Actualización de la temporada 2012: Albert bateó 30 home runs, siendo el primer jugador en la historia de las Grandes Ligas que consiguió 30 home runs o más durante sus doce primeras temporadas. También lideró a los Angels en carreras impulsadas con 105.

Albert se ganó su apodo, «la máquina», por sus actuaciones sistemáticas y sin lesiones año tras año. Sin embargo, la máquina se rompió en 2013. Albert sufrió una fascitis plantar en su pie izquierdo durante los entrenamientos de primavera. La inflamación de su rodilla derecha, anteriormente operada, añadió más dificultades. Sin una base sólida para batear con potencia, solo acreditó un promedio de .258, con 17 home runs, antes de acabar su año con 99 partidos jugados. Al igual que Josh Hamilton, Albert se está esforzando al máximo para volver en plena forma con los Angels en 2014.

4

CARLOS BELTRÁN:
PASA TODO EL TRAYECTO HACIA
EL ESTADIO EN ORACIÓN

La decisión no era trascendental.

No era como si determinase el destino del alma eterna de Carlos Beltrán o algo parecido. Sin embargo, lo que ocurriese sería significativo porque diría mucho acerca de sus prioridades.

Carlos estaba en su segundo o tercer año como aclamado jardinero central de New York Mets. Joven, telegénico, extremadamente talentoso y asquerosamente rico, era el tipo de jugador de cinco estrellas que adorna el principio de la lista de deseos de cualquier equipo de una gran liga. En enero de 2005, había firmado un enorme contrato de 119 millones por siete años con los Mets. Gotham era su cancha personal.

Carlos asistía fielmente a la capilla. Un día, no fue a la reunión que se celebraba antes de los partidos en el Shea Stadium, y el capellán Cali Magallanes fue a buscarlo. Carlos estaba terminando una entrevista con un medio de comunicación de su Puerto Rico natal en la sede del club. Preguntó a Magallanes si podían orar juntos, y buscaron una habitación para estar en privado.

Justo en ese momento, Jay Horwitz, director de relaciones con los medios de los Mets dio un toquecito a Carlos en el hombro. «El gobernador de Puerto Rico está aquí», dijo Horwitz. «Le gustaría hablar contigo».

Tanto para orar, pensó Magallanes. Cuando ganas casi 21,000 dólares cada vez que vas al cajón de bateo, como pasaba con Carlos, todo el mundo quiere tu tiempo. Incluso los políticos de altas esferas.

Entonces, ocurrió lo inesperado. Sin dudarlo, Carlos dijo a Horwitz: «Dile que ahora mismo no puedo. Tengo algo más importante que hacer».

Magallanes se sorprendió gratamente.

«Su reacción me impactó», dijo Magallanes, añadiendo que le impresionó el hecho de que el jugador de los Mets no quisiese que lo distrajesen, ni siquiera el gobernador de Puerto Rico, hasta que terminase de orar.

La oración ha sido una parte vital de la vida de Carlos desde que depositó su fe en Cristo en 2001 durante un estudio bíblico con su antiguo compañero de equipo Luis Alicea después de un partido. Ora cada mañana y de camino al estadio. Durante los partidos, ora muchas veces mientras se mueve por la cancha.

«Algunas personas pueden creer que estoy loco, pero trato de hacerlo», dice.

No, Carlos no está loco. Tan solo depende saludablemente de Dios. La oración siempre viene bien, incluso para los chicos que ganan una fortuna, y en ocasiones *especialmente* para ellos.

Los comienzos humildes no presagiaban nada de la vida que disfruta ahora. Nació el 24 de abril de 1977 en Manatí, Puerto Rico, una pequeña ciudad cerca de la orilla centro-norte de la isla. Su padre, Wilfredo, trabajaba duro en un almacén farmacéutico para que su madre pudiese quedarse en casa con sus cuatro hijos.

A la edad en que podía deletrear *plátano*, Carlos ya se había enamorado del béisbol. Es algo muy fácil en su país natal. Por cada plátano que este territorio estadounidense exporta, parece producir también una estrella del béisbol.

Carlos Beltrán aceptó un contrato de dos años con St. Louis a finales de 2011. La temporada siguiente, ayudó a los Cardinals a eliminar a los Washington Nationals, que habían conseguido 98 victorias, en las series de división de la National League, alcanzando las series para el campeonato de la NL contra su antiguo equipo, San Francisco. (AP Photo/Charlie Riedel)

En 1942, Hiram Bithorn fue el primer puertorriqueño que jugó en una gran liga, y desde entonces han pasado más de doscientos por ellas, incluyendo miembros del Salón de la Fama como Roberto Alomar, Orlando Cepeda y, por supuesto, el gran Roberto Clemente.

Wilfredo animó al joven Carlos a trabajar duro en el béisbol, así como en cualquier otra cosa. «Merece la pena trabajar por cualquier cosa que merezca la pena», decía. Por tanto, Carlos entrenó a conciencia, tomando como ejemplo para su juego a otro grande de Puerto Rico, Bernie Williams, el jardinero central de New York Yankees, cinco veces All-Star.

En junio de 1995, Kansas City Royals eligieron a Carlos, que tenía dieciocho años entonces, en segunda ronda, del instituto Fernando Callejos. En 1999, la franquicia lo ungió como jardinero central titular y primer bateador. Él respondió con un promedio de bateo de .293, 22 home runs, 108 carreras impulsadas y 112 anotadas, siendo el primer novato que alcanzaba la cifra de 100 en ambas categorías desde que Fred Lynn lo lograse en 1975. Ese otoño, Carlos se casó y supo durante su luna de miel que había ganado el premio al novato del año en la AL. No fue un mal año, ¿no?

En ese momento, Vegas estaba probablemente otorgando a Carlos muchas posibilidades de llegar al Salón de la Fama. Era un Picasso puertorriqueño y el diamante del béisbol su lienzo.

Sin embargo, ahora, al final de su carrera, ¿qué podemos decir de su rendimiento? Entretanto, han pasado muchas cosas que nublan la perspectiva. Fue una estrella en Kansas City, una leyenda de las eliminatorias en Houston, un héroe o un fracaso en New York (dependiendo de con quién se hable), y una adquisición de relleno para San Francisco al límite del final del período de traspasos en 2011.

Una cosa es obvia: muchos jugadores envidiarían la carrera de Carlos. Hasta 2011, jugó el All-Star en seis ocasiones, ganó tres Gold Gloves y dos Silver Slugger. Había llegado a las 100 carreras impulsadas ocho veces y dejado atrás la marca de 300 home runs. Robó 42 bases en 2004 y bateó 41 home runs en 2006. No obstante, su trayectoria siempre estará perseguida por una pregunta muy presente en el mundo del deporte: *¿Qué hubiese pasado si...?*

Cuando New York Mets firmó a Carlos antes de la temporada 2005, era uno de los agentes más libres y más apetecibles del mercado, después de una de las mayores eliminatorias de la historia. El otoño anterior, después de un traspaso a mitad de temporada de Kansas City a Houston, ayudó a los Astros a quedarse a una victoria de alcanzar las Series Mundiales, bateando un promedio de .435, con 8 home runs, 14 carreras impulsadas, 21 carreras y 6 bases robadas en 12 partidos.

El mega-contrato de Carlos con los Mets hizo que fuese en ese momento el décimo jugador de las Grandes ligas que llegaba a los 100 millones de dólares en un contrato. Es una tonelada de dinero...y una tonelada de expectativas. Carlos lo trasladaba todo al terreno espiritual.

«Es muy bueno tener una casa grande y un buen coche, pero es mejor cuando tienes a Jesucristo en tu corazón», dijo. «Él es más importante que cualquier otra cosa».

Los neoyorquinos, sin embargo, son exigentes. La llegada de Carlos, junto a la del as del lanzamiento Pedro Martínez, provocó que los seguidores del equipo pensasen que el primer campeonato de las Series Mundiales para la franquicia desde 1986 estaba a punto de llegar. Sin embargo, las grandiosas visiones del equipo dominando el Este en la NL se transformaron rápidamente en una mediocridad irritante. Los Mets acabaron con un promedio de victorias superior al .500 en cuatro de las seis temporadas de Carlos en sus filas, pero solo se clasificaron una vez para disputar las eliminatorias (2006).

En cambio, Carlos brilló la mayor parte del tiempo que jugó. En seis años y medio en New York, acumuló 149 home runs, 208 dobles, 100 bases robadas y 559 carreras impulsadas.

El problema era poder mantenerlo en la cancha. De 2003 a 2010, es decir, desde los veintiséis años de edad hasta los treinta y tres, los principales de su carrera, Carlos se perdió una media de

32 partidos por temporada. Se lesionó los oblicuos en 2003 y 2007, chocó gravemente en el campo con su compañero Mike Cameron en 2005 (fractura facial y conmoción), y multitud de problemas que debilitaban sus rodillas. Sus articulaciones artríticas solo le permitieron jugar 81 partidos en 2009 y 64 en 2010.

Justa o injustamente, quizás el recuerdo más indeleble para los fans de los Mets de la época de Carlos Beltrán en su equipo se produjo en el séptimo partido de las series por el campeonato de la NL contra St. Louis. Perdiendo 3-1 con dos eliminados en la parte baja de la novena entrada, Carlos llegó al plato con las bases cargadas. Un sencillo igualaría el resultado. Un home run lo ganaría y sumiría a la Gran Manzana en el delirio y a los Mets en las Series Mundiales. Sin embargo, el cerrador de los Cardinals Adam Wainwright dejó helado a Carlos con una bola curva con 0-2 en el conteo. Fin del juego.

En 2011, durante el último año de contrato de Carlos, unos Mets en apuros lo traspasan a San Francisco en el último momento. Al terminar la temporada con los Giants, pasa a ser agente libre. Firmó un contrato de dos años y 26 millones de dólares con St. Louis Cardinals, que habían perdido a Albert Pujols, fichado por Los Angeles Angels.

¿Cómo reacciona Carlos ante los grandes cambios de la vida? Se arrodilla en oración.

«Oro cada día cuando me despierto y mientras conduzco hacia el estadio», dice. «Antes de salir a jugar, trato de leer la Biblia y memorizarla, y pienso en ello durante todo el partido».

Si consideramos el conjunto de las cosas, los altos han superado de lejos a los bajos en la carrera de Carlos. Será recordado como uno de los mejores jugadores completos en la historia de los Mets. En 2011, sin problemas de salud por primera vez en tres años, jugó 142 partidos entre New York y San Francisco bateando un .300 con 22 home runs.

Carlos ve las huellas de Dios en todo lo que ocurre en su vida, y por supuesto, ora por ello.

«Él te va a poner en diferentes situaciones para ver cómo reaccionas y qué camino vas a seguir», dice Carlos. «Yo oro por cada decisión a tomar en mi vida. Puedo verlo todo hasta cierto punto, pero Dios ve más allá. Yo sé que cada decisión que él toma es perfecta. Yo no soy perfecto, él sí».

Actualización de la temporada 2012: A la edad de treinta y cinco años, y con un historial de problemas de rodilla, Carlos Beltrán sigue siendo capaz de batear bien, algo que ha quedado claro en 2012. La estrella puertorriqueña ha logrado 32 home runs y 97 carreras impulsadas en su primera temporada con St. Louis. Ayudó en la transición del ataque de los Cardinals después de la era de Albert Pujols y consiguió su séptima nominación para el All-Star. Además, como es típico en él, jugó a nivel fenomenal en las eliminatorias. En las 42 ocasiones que compareció al bate a lo largo de tres series, conectó 15 golpes (un promedio de .357), incluyendo seis dobles, tres home runs y seis carreras impulsadas.

El jardinero de los St. Louis Cardinals, Carlos Beltrán, protagonizó una temporada para recordar en 2013 y puso la guinda a su currículo siendo un maestro al bate cuando su equipo tenía hombres en base o iba por detrás en el marcador en las eliminatorias. Participó por primera vez en las Series Mundiales en su decimosexta temporada en las Grandes Ligas. Antes del tercer partido, la MLB le entregó el premio Roberto Clemente 2013 al jugador «que mejor representa al deporte del béisbol por sus contribuciones positivas dentro y fuera de la cancha, incluidas la deportividad y la implicación con la comunidad». El miembro del Salón de la Fama que da nombre al premio habría disfrutado con el año de Carlos al bate: un promedio de .296, con 30 dobles, 24 home runs y 84 carreras impulsadas. Hay que destacar también que ambos hombres son puertorriqueños.

5

ADRIÁN GONZÁLEZ:
GONZO PARA DIOS

Entusiasmados, los niños dispersaron los cromos de béisbol por el suelo de su habitación sin pensar en su valor futuro en el mercado de intercambio.

¿Marcas de arrugas? ¿Esquinas dobladas? ¡A quién le importa! No era momento de preocuparse de tener una colección en perfecto estado. Había que hacer las alineaciones para un partido de béisbol en la habitación, ¡por el amor del cielo!

Había muchos jugadores disponibles sobre la alfombra. No había nadie mejor que Pete Rose, el rey del bateo de todos los tiempos, pero el joven Adrián González siempre elegía a otro antes: Tony Gwynn. Como nativo de San Diego y zurdo, Adrián adoraba a Gwynn, otro zurdo cuyo promedio de bateo de .338 en toda su carrera con los Padres grabó su nombre en el corazón de Cooperstown y de Adrián.

Habitualmente, seleccionaba a Will Clark después. Will the Thrill (la emoción) golpeaba con dulzura. Después, otro zurdo: Darryl Strawberry. Con su bamboleo del bate antes del lanzamiento, su pisotón exagerado y su poderoso swing curvado, Straw Man siempre era un favorito.

Así siguieron hasta que Adrián y sus dos hermanos mayores,

David Jr. y Edgar, terminaron sus alineaciones. Cada equipo debía tener ocupadas las nueve posiciones defensivas. (Completar el equipo con Mike Schmidt y Wade Boggs, dos terceras bases, era simplemente tabú).

Apareció el bate de plástico. Después, la bola, habitualmente hecha de esparadrapo o calcetines. Finalmente, las bases...

Veamos. ¿Qué pasa con la cama, la puerta del armario y este montón de ropa sucia? ¿Y el plato? Venga, empecemos. Tira cualquier cosa al suelo.

¡A batear!

Una vez que empezaba el béisbol del dormitorio, los chicos trataban de imitar el swing de cada jugador en la vida real. Cada centímetro cuadrado de la habitación delimitaba el tipo de golpe conseguido. La parte alta del muro más lejano era un home run, el cual se producía muchas veces.

Las batallas entre Adrian y Edgar, en particular, eran épicas.

«Cuando yo volvía de la escuela, ellos ya estaban jugando», recordaba David Jr., que es ocho años mayor que Adrián y cuatro mayor que Edgar. «Ganase quien ganase, eran los campeones del mundo. Cuando lo hacía Adrián, lo gritaba por toda la casa. Edgar se enfadaba y quería jugar de nuevo. Pasaba lo mismo al revés».

Adrián ha hecho mucho camino desde aquellos días felices de su niñez, bañados en béisbol, ingenuidad y el sol del sur de California. Ahora es la superestrella de nuevo cuño de Boston Red Sox, un potente bateador de 154 millones de dólares que está grabando rápidamente su nombre en la historia de la franquicia con su soberbio swing. Después de la magnífica temporada que hizo en 2011, con un promedio de bateo de .338, el segundo mejor de las Grandes Ligas y 213 golpeos que lo igualaron con Michael Young de Texas en lo más alto de las mismas, Adrián es aclamado de forma general como uno de los grandes bateadores de esta generación.

No esperen que nada de esto lo desconcierte. Todo el barullo de Hub City provoca poco más que un encogimiento de hombros en este bateador de veintinueve años de edad que está en la cúspide de su carrera. Sin embargo, no dejen que esta despreocupación les confunda. La perspectiva equilibrada de Adrián tiene mucho que ver con su profunda fe cristiana, así como con su personalidad apacible. Mezcla como nadie en el deporte actual sus capacidades destacadas por *SportsCenter* con una humildad auténtica que trata de imitar a la de Cristo. Para Adrián, la dicotomía encaja como un guante bien engrasado.

«No quiero que se me recuerde en el béisbol», dijo. «Quiero serlo como un buen testigo de Cristo».

En este momento, Adrián está destinado a ambas cosas.

TODO EN LA FAMILIA

Nacido el 8 de mayo de 1982 en San Diego, Adrián siempre soñó a lo grande. Si no imitaba el swing de su héroe del béisbol favorito, imaginaba ser una estrella de la música. En una fotografía familiar clásica, aparecía con una cresta engominada y una raqueta de tenis agarrada como si fuese la Stratocaster de Jimi Hendrix. (Los miembros de la familia aún se preguntan para qué eran los guantes y las botas de esquí.)

Lamentablemente, el estrellato musical nunca dio resultado para Adrián. Sin embargo, el chico cantaba como los ángeles en el diamante.

El amor de Adrián por el béisbol le viene de su padre, David Sr., que creció en la extrema pobreza en Ciudad Obregón, una gran ciudad de la región desértica mejicana de Sonora, donde vendía paletas y helados a cualquiera que estuviese sediento y tuviese unos pocos *pesos*. Cuando creció y su familia le pidió que ayudase en el sustento de la misma, David Sr. dejó el instituto y comenzó a trabajar en una empresa de aire acondicionado. Siempre fue muy manitas.

También podía jugar al béisbol. Era una primera base grande y fuerte, con fuertes muñecas que le obligaban a comprar relojes a medida. Quizás eso es lo que ocurra cuando se acarrean arriba y abajo máquinas de aire acondicionado durante todo el día.

Esos antebrazos de Popeye producían mucha potencia, pero él

también se movía furtivamente rápido entre las bases, lo suficiente como para ganarse el apodo de «el correcaminos».

Las habilidades de David Sr. forman parte de la tradición de la familia González. En los días anteriores a la temporada inaugural de San Diego Padres en una gran liga en 1969, cuenta la historia que un ojeador de los Padres vio al clan González jugando al béisbol durante una reunión familiar en el área de San Diego y organizó un partido de entrenamiento. Después de que el equipo González venciese a la escuadra profesional, Los Padres ofrecieron a David Sr. y a su primo, Robert Guerra, la posibilidad de realizar una prueba con ellos. El primero declinó la proposición por razones económicas, pero su pasión por este deporte nunca menguó.

Jugó en el equipo nacional mejicano a finales de los 60 y principio de los 70, y recibió más ofertas profesionales. Sin embargo, por entonces su negocio le reportaba más beneficios de lo que el béisbol mejicano pagaba.

La familia emigró a Chula Vista, un suburbio de San Diego situado pocos kilómetros al norte de la frontera, antes del nacimiento de Adrián, y se trasladó a Tijuana cuando este tenía un año. El negocio del aire acondicionado iba tan bien que los González podían permitirse mantener una casa en ambas ciudades. La familia pasaba frecuentemente los fines de semana en Tijuana ya que Adrián jugaba en ligas de elite en México siendo niño. Los domingos por la noche volvían a Chula Vista porque los niños tenían que ir el colegio por la mañana. Cruzar constantemente la frontera contribuyó a mejorar las capacidades beisbolísticas y bilingües de Adrián.

Conforme llegaba cada hijo, David Sr. lo bautizaba en el béisbol. Adrián recuerda cómo desde muy pequeño lanzaba una pelota de tenis contra el muro de su casa, guante en mano, esperando ansiosamente que sus hermanos volviesen del colegio para jugar con él.

David Sr. llevaba a menudo a sus hijos a una cancha cercana para entrenar el juego en el cuadro interior. David Jr. de parador en corto, Edgar de segunda base y Adrián de primera. Aunque era muy pequeño, este no se rendía ante bolas que le pasaban muy alto.

«¡Puedo atraparla!», gritaba quejándose.

«No puedes», le respondían sus hermanos riéndose.

Sin embargo, el pequeño Adrián mostraba sin duda una habilidad innata para atrapar bolas, por alto y por el suelo.

«Siempre quería estar con nosotros», recordó David Jr. «Siempre estaba por encima de su grupo de edad. No lo tratábamos como un niño pequeño».

Cuando el negocio de David Sr. despegó, él pudo proveer a sus hijos oportunidades que nunca tuvo mientras crecía. Construyó una enorme jaula de bateo en el patio trasero de su casa en Chula Vista. Era algo fantástico hasta que un día...¡*crash!* Los chicos habían practicado tanto el bateo que se hizo un agujero en la red protectora. La pobre ventana del vecino no pudo esquivar la bola.

Por el bien de todas las casas cercanas, los hermanos comenzaron a batear con bolas huecas. Sin embargo, no se trataba de ningún juego informal. Cuando se hablaba de competición, los hermanos González no entendían de relajación. No existían las restricciones.

En un principio, Edgar parecía tener ventaja. Por tanto, Adrián compró un libro acerca de cómo lanzar con una bola hueca. Sí, es correcto; adquirió un libro diseñado específicamente para mejorar el arsenal de lanzamiento y desarrolló una curva maléfica que Edgar no podía contrarrestar.

«Siempre busca una ventaja para ganar», dijo Edgar.

El béisbol era como el oxígeno para los hermanos González. Cuando no estaban practicando el swing en el dormitorio o en la jaula de bateo, jugaban al béisbol en la consola Atari o Nintendo. En los períodos vacacionales, la familia llevaba bates, bolas y guantes para que los niños pudiesen practicar en la cancha o playa más cercana.

Incluso la religión estaba en segundo plano detrás del béisbol. Los González eran católicos practicantes, pero los torneos de fin de semana sustituían con frecuencia a la misa. «Dios nos perdonará si no vamos a la iglesia», decía David Sr. a sus hijos, «siempre que sea para jugar al béisbol». Una teología dudosa, sí, pero se entiende su sentido.

Cada hermano fue una estrella por mérito propio. David Jr. era lo suficientemente bueno como para despertar el interés de dos universidades, University of California Riverside y San Diego State. Además, recibió una oferta de Montreal Expos para firmar como agente libre no elegido en el draft. Acabó finalmente en Point Loma Nazarene University, un programa de la NAIA en San Diego, donde lideró el equipo en carreras anotadas (38) en su tercer año en 1996, jugó en todas las posiciones en un partido en su último año y se graduó en ingeniería.

Edgar, entretanto, brilló en San Diego State antes de que Tampa Bay lo eligiese en la trigésima ronda en 2000. En 2011, completó su duodécima temporada como profesional con Fresno Grizzlies, filial de la Triple-A de San Francisco Giants, donde acreditó un .315 de promedio de bateo, con mejores registros en su carrera en home runs (14) y carreras impulsadas (82). Aunque nunca volviese a las Grandes Ligas, Edgar puede decir que jugó junto a Adrián en Petco Park, actuando en 193 partidos con Los Padres entre 2008 y 2009.

Sin embargo, el mejor del clan González, era el hermano pequeño. Jugaba en primera base y era un potente bateador. Como estrella del instituto, destruía a los lanzadores rivales, con un promedio de bateo de .559 en sus dos últimas temporadas en el Eastlake High School de Chula Vista. En su último año, su promedio subió al .645, con 13 home runs, siendo designado jugador del año por la California Interscholastic Federation y por el periódico *San Diego Union-Tribune*.

Más adelante ese mismo año, Florida Marlins lo eligió en primer lugar del draft, siendo el primer jugador interior de instituto elegido con el número uno desde Alex Rodríguez, en 1993. Antes de Adrián, el único otro primera base escogido en lo más alto del draft desde que este se puso en marcha en 1965 fue Ron Blomberg (Yankees) en 1967.

Al día siguiente de ser elegido, tan solo veintinueve días después de su decimoctavo cumpleaños, Adrián firmó con Florida por 3 millones de dólares. Se compró un Cadillac Escalade, pero seguía siendo un chico sensato e invirtió el resto de su dinero.

El estrellato parecía inevitable, pero no llegó plácidamente.

DESTINADO A SER GRANDE

Las cosas comenzaron bastante bien. Los Marlins enviaron rápidamente a Adrián a su filial de novatos de la Gulf Coast League, con sede en Melbourne, Florida. Allí, su promedio de bateo fue de .295 en 53 partidos y demostró un profundo deseo de mejorar.

Por la noche, el niño del salario millonario de los Marlins iba a la ciudad a practicar el bateo en una jaula local, echando monedas en las máquinas como un ilusionado chaval de una liga infantil. Cuando el entrenador Kevin Boles lo supo se lo prohibió terminantemente. Ningún sobreesfuerzo para esta futura estrella, gracias.

«Sigo conservando mis informes de aquella época sobre él», dijo Boles. «Puse: "Jugador franquicia en primera base. Poderío ofensivo. Múltiple ganador del premio Gold Glove"».

Llamen clarividente a Boles. En 2001, Adrián explotó, bateando un .312 con 17 home runs y 103 carreras impulsadas en 127 partidos con el filial de Clase A Kane County Cougars de Geneva, Illinois. Fue considerado mejor jugador de la Midwest League y ganó el premio Marlins' Organizational Player of the Year. Continuó con su poderosa explosión en 2002 con 17 home runs y 96 carreras impulsadas en el filial de Doble-A en Portland (Maine). Sin embargo, en agosto de ese año sufrió una lesión de muñeca que exigió una intervención quirúrgica al acabar la temporada y debilitó su golpeo en la siguiente, en la que promedió tan solo .269 al bate, con cinco home runs y 51 carreras impulsadas en dos niveles diferentes de las ligas menores.

Preocupados por el futuro de Adrián y desesperados por realizar una buena segunda parte de la temporada que les permitiese jugar las eliminatorias, los Marlins lo traspasaron a Texas Rangers en julio de 2003 a cambio del relevista Ugueth Urbina. Este contribuyó finalmente a que Florida, que consiguió clasificarse por el comodín, sorprendiese a New York Yankees, con 101 victorias esa temporada, en las Series Mundiales ese otoño.

De repente, Adrián se había convertido en moneda de cambio, un producto aún valioso envuelto en un papel burbuja de dudas. Fue un año terriblemente frustrante para el veinteañero.

«Hubo muchos momentos de dudas y de preguntarme qué iba a pasar», dijo.

Irónicamente, mientras la carrera de Adrián entró súbitamente en una etapa de rápidos en aguas bravas, su vida amorosa iba viento en popa. Se casó en enero de 2003 con Betsy Pérez, su novia de la adolescencia. Adrián y Betsy se habían conocido en la Bonita Vista Middle School de Chula Vista, pero ciertamente no se produjo un amor a primera vista. «Al principio, Adrián andaba siempre intentando salir con ella», recordó Edgar González. «Ella tenía novio y se mostraba distante».

Finalmente, el encanto González triunfó. Adrián y Betsy se volvieron inseparables aunque asistían a institutos distintos. Para la graduación de ella, él gastó algo de su bonificación contractual para alquilar una avioneta que sobrevoló el lugar con el mensaje: «Te quiero Betsy...Enhorabuena».

«Fue muy romántico», dijo Edgar.

Al principio de la temporada 2003, recién casado y enfrentándose a una crisis profesional luchando en Alburquerque, de la Triple-A, Adrián sintió un incómodo vacío en su corazón. Había estado asistiendo a las reuniones de Baseball Chapel por un tiempo, pero la fe en Jesucristo aún no había germinado en su corazón.

Sin embargo, Betsy era creyente, y el deseo de la pareja de edificar su matrimonio sobre un fundamento espiritual espoleó a Adrián. Empezaron a asistir a estudios bíblicos fuera del estadio. Los sermones de la Baseball Chapel comenzaron a penetrar en su alma. En abril de 2003, se arrepintió y volvió hacia Cristo.

«Ha sido una bendición desde entonces», dijo.

El nuevo nacimiento espiritual de Adrián no resolvió

inmediatamente sus problemas en el béisbol. Debutó en una gran liga el 18 de abril de 2004 con los Rangers, pero con Mark Teixeira firmemente agarrado al puesto de primera base, Adrián tuvo que realizar tres veces el trayecto entre el primer equipo y sus filiales antes de que Texas lo enviase a sus amados Padres en enero de 2006, en un traspaso en el que se intercambiaron seis jugadores.

Adrián tuvo su gran oportunidad más adelante ese año cuando Ryan Klesko, primera base titular de San Diego, se lesionó el hombro a principios de temporada. Adrián aprovechó la circunstancia, promediando .304 de bateo, con 24 home runs y 82 carreras impulsadas en su primera temporada regular completa. Los Padres llegaron a las eliminatorias en 2006, y los fulminantes golpeos de Adrián desconcertaron a los lanzadores de St. Louis, con una efectividad de .357 en una derrota en cuatro partidos en las Series de división de la NL. Justo así, los Padres descubrieron un héroe local.

«Ahora, al mirar atrás, estoy agradecido por todo lo que ocurrió porque me hizo una persona más fuerte y pude comprender que es necesario dejarlo todo en manos de Cristo y esperar el camino que tiene preparado para ti», explicó Adrián. «Si todo hubiese sido un camino de rosas, pasando con éxito por las ligas menores hasta llegar a las grandes, no habría sido consciente de mi necesidad de Dios. Las circunstancias me permitieron realmente ver que, pase lo pase, debemos centrarnos en él».

A toro pasado, el intercambio que envió a Adrián de Texas a San Diego demuestra ser uno de los mejores en la historia de Los Padres. Con 161 home runs, 501 carreras impulsadas, tres apariciones en el All-Star y dos premios Gold Glove en cinco temporadas, se puede decir que pasó a ser uno de los tres mejores jugadores de posición en la historia de la franquicia, junto a los miembros del Salón de la Fama Tony Gwynn y Dave Winfield.

Además de sus hazañas beisbolísticas, Adrián era de oro publicitariamente hablando. Un latino respetado, jugando en una metrópoli diversa justo al lado de la frontera con México.

«Era muy popular», recordó el que fue durante muchos años

capellán de Los Padres, Donald Sutherland. «Siendo hispano y estando [el equipo] cerca de la frontera, ejercía una gran influencia entre los latinos. Todos tenían una camiseta de González. La comunidad tenía un altísimo concepto de él.

Una de las emociones más grandes de la carrera de Adrián fue jugar en el mismo equipo que Edgar. «Fue muy divertido», dijo acerca de competir con su hermano. «Jugar en San Diego fue un sueño hecho realidad».

Inevitablemente, el sueño tenía que acabar. La economía del béisbol no se adapta a equipos de poco mercado como San Diego, que frecuentemente no pueden retener a sus jóvenes estrellas cuando pasan a ser agentes libres. Por tanto, en lugar de verlo marcharse después de la temporada 2011 sin recibir contraprestación alguna, Los Padres lo traspasaron a Boston a cambio de tres promesas muy bien consideradas.

«No haces un intercambio como ese sin saber muy bien lo que vas a conseguir», dijo el antiguo entrenador de Boston Terry Francona. «Perdimos varios jugadores buenos a cambio de uno realmente fantástico, pero hay que verlo en persona. Lees todos los informes de los ojeadores y ciertamente conoces mucho de él, pero cuando lo ves cada día, es verdaderamente fascinante».

Bienvenido a la ciudad de las alubias, Adrián.

LA FAMA, LA FORTUNA Y EL ESCAPARATE

El viejo y soberbio edificio del número 4 de Yawkey Way, en el centro de Boston, no es exactamente tierra santa. Sin embargo, para los locos del béisbol puede serlo también. Allí es donde van los peregrinos.

Atestado de pintura verde y vivos recuerdos, Fenway Park abrió sus puertas el 20 de abril de 1912, cinco días después de que se hundiese el *Titanic*. El venerado santuario del béisbol destila historia como un tazón rebosante de crema de almejas. Aquí es donde el Sultán del bate, Babe Ruth, envió a la luna sus primeras bolas, donde Lefty Grove agrandó su leyenda de victorias lanzando, y donde la combinación de doble juego formada por Joe Cronin y Bobby Doerr era mágica en el centro. Allí es donde Ted Williams, apodado *The Splendid Splinter* acreditó un promedio de bateo de .406 en 1941, donde Carl Yastrzemski ganó la triple corona en 1967 y donde Carlton Fisk gritó y gesticuló a la bola en 1975 mientras esta volaba por el aire para que saliese fuera de los límites.

Las historias que esta decrépita catedral de Nueva Inglaterra ha generado han andado de puntillas entre la realidad y la mitología durante generaciones. Desde Bridgeport a Bangor, jóvenes y ancianos cuentan sus leyendas en los bares, muelles de pesca y salas de estar. El venerable Fenway, el estadio más antiguo de las Grandes Ligas, es el centro neurálgico de la nación Red Sox.

Y ahora es la cancha personal de Adrián.

Jugar en Boston no tiene nada que ver con nada a lo que Adrián estuviese acostumbrado anteriormente. A pesar de su etapa sublime en San Diego, nunca consiguió un primerísimo lugar en la marquesina de la MLB. Ni siquiera el gran Tony Gwynn, su ídolo de la infancia, pudo hacerlo. Una historia mediocre como franquicia, un presupuesto de mercado pequeño, y demasiado surf y arena se unen para mantener a Los Padres en un motel de carretera secundaria en el béisbol.

Boston, sin embargo, disfruta de una suite presidencial. Gracias a la New England Sports Network, una compañía regional de televisión por cable que pertenece parcialmente a los Res Sox y llega a cuatro millones de hogares en los seis estados que ocupa el área de Nueva Inglaterra, el equipo anda bien de dinero. Consideremos que en 2011, la nómina de Los Padres estaba ligeramente por debajo de 46 millones de dólares. La de Boston era de 161 millones.

El 15 de abril de 2011, Adrián accedió oficialmente a esas riquezas, firmando una enorme ampliación de contrato de siete años que le reportaría 21 millones de dólares anuales a partir de 2012. Eso son muchas alubias, incluso para la ciudad de las mismas.

Después de que el acuerdo se firmase, Edgar dijo a su hermano

Adrián González, zurdo de bateo elegante y cuatro veces All-Star, fue la pieza principal en el exitoso traspaso entre los Red Sox y los Dodgers en agosto de 2012. (AP Photo/Lenny Ignelzi)

pequeño: «Recuerda que el dinero no es tuyo. Es de Dios. Él te lo ha dado. Es una plataforma más alta aún para glorificarle».

«Sí, lo sé», dijo Adrián. Su tono no era arrogante. Simplemente reflejaba que ya estaba preparado para tanta abundancia».

«Al final del viaje, no te llevas nada de eso contigo», reconoció Adrián. «Cuando mueras, Dios no te va a decir: "Oh, qué gran contrato has conseguido". Él te dirá: "Gracias a mí, tuviste ese contrato, ¿qué hiciste con él?". Todo lo que he obtenido o hecho ha sido gracias a Cristo».

Sin embargo, todo ese dinero crea expectativas enormes. En el relajado San Diego, el béisbol es frecuentemente secundario. En Boston, el fanatismo por los Red Sox es casi patológico. Después de todo, es un lugar en el que se echaba la culpa de los ochenta y seis años de sequía de títulos a una supuesta maldición de un bateador de pecho fuerte y piernas delgadas apodado «el Bambino».

Cuando la nación Red Sox paga tanto dinero a una superestrella, espera resultados. Todo lo relativo al «nuevo gran fenómeno» se analizará como nunca antes. Justamente o no, se esperaba que Adrián derrotase a los Yankees por sí solo y garantizase el tercer desfile de la victoria desde 2004, pero oye, sin presión, ¿vale?

«*No* hay presión», dijo Adrián, imperturbable. «He dicho anteriormente que las personas hablan de la presión, pero, ¿a quién estás tratando de satisfacer? Si quieres contentar a los reporteros, los directivos o ciertas personas, entonces presiónate tú. Para mí, la presión es ser bueno para Cristo, por lo que mis estadísticas no importan».

Eso está muy bien, pero importan a todos los demás en Boston.

Al comienzo de la temporada 2011, la ciudad era un hervidero de comentarios acerca de lo que Adrián podía hacer en los acogedores rincones de Fenway: *Si logró números impresionantes en el cavernoso Petco Park, ¿hasta dónde llegará en el monstruo verde?*

¿Acaso se les puede culpar? Adrián es una maravilla bateadora de 1.85 de altura y algo más de 100 kilogramos de peso que utiliza su encantador golpeo para enviar la bola a todas partes.

Los nuevos compañeros de equipo de Adrián también sentían gran curiosidad. Al principio de la temporada, se detenían con frecuencia para mirar a la novedad y belleza de sus swings de calentamiento antes de los partidos.

«Es tan bonito de ver», exclamó el receptor Jarrod Saltalamacchia. «Es tan suave. Es simplemente un swing hermoso. Obviamente, el número uno sigue siendo Griffey», dijo, refiriéndose a Ken Griffey Jr. «El swing de Griffey era el más bonito que nunca se ha hecho, pero el de Gonzo está muy cerca, chico».

No obstante, considerando el hecho de que Adrián se vio obligado a pasar por el quirófano por su hombro derecho en octubre de 2010, solo los extremadamente optimistas hubiesen predicho lo que aconteció realmente en octubre de 2010. Al llegar al paréntesis del All-Star, era incuestionablemente el mejor bateador del béisbol, encabezando las Grandes Ligas con un promedio de bateo de .354, 77 carreras impulsadas, 29 dobles y 214 bases totales. Sus 128 golpeos en ese punto eran un récord histórico de los Red Sox. Ningún otro jugador había llegado a semejante registro: Jimmie Fox, Nomar Garciaparra, Manny Ramírez, Jim Rice, Carl Yastrzemski, ni siquiera el gran Ted Williams.

«Puede arruinarte el día realmente rápido», dijo el relevista de San Francisco Jeremy Affeldt, que se enfrentó a Adrián cuando era jugador de San Diego.

Aunque González siempre ha sido potente, fue su promedio de bateo de la primera mitad de la temporada el que producía pavor. Este era 70 puntos más alto que la media de su carrera y 50 más que su mejor registro en una temporada, .304 en 2006.

Este hecho se puede atribuir a un «estadio más pequeño» como Fenway, como dice modestamente Adrián. También se podría decir que se benefició de batear en una alineación en la que aparecían nombres como Ellsbury, Ortiz, Pedroia y Youkilis. Sin embargo, la realidad es que Adrián está madurando como bateador también, y los grandes hacen sus mejores actuaciones en los mejores escenarios. No lo llaman «el Titán» por nada.

«Utiliza toda la cancha», dijo Francona. «Muchos bateadores potentes, como David Ortiz [bateador designado de Boston], van a renunciar a una parte del campo. Está bien porque esa es la forma en que [David] batea. Gonzo sabe manejar el bate, algo que no se ve demasiado en los bateadores de potencia. Es capaz de lanzar la bola a la zona izquierda. En ocasiones parece que esté golpeando de derecha, lo cual es impresionante».

Los fuegos artificiales continuaron en el partido de las estrellas en Phoenix, el cuarto consecutivo de Adrián. En el Home Run Derby, lanzó 30 bombas y acabó segundo tras el jugador de los Yankees Robinson Cano. En el partido en sí, su golpeo hacia el centro-derecha a lanzamiento de la estrella de los Phillies Cliff Lee fue el responsable de la única carrera anotada por la AL, en una derrota 5-1.

Adrián decayó un poco en la segunda mitad de la temporada, perdiendo el título de bateo en la última semana de la temporada con Miguel Cabrera. Acabó 2011 con un promedio de .338, a pesar de ser uno de los pocos zurdos en el juego actual que garantizan un cambio defensivo del equipo contrario. Aunque los Red Sox se desvanecieron en septiembre y perdieron una ventaja de nueve partidos en la carrera por el comodín de la AL para Tampa Bay, el acuerdo multianual de Adrián da esperanzas a los seguidores de Boston Red Sox de poder luchar de nuevo contra los Yankees.

«Todo el mundo enloquecía con él en Boston», dijo Dennis Eckersley, el cerrador miembro del Salón de la Fama que ahora era analista de la televisión de los Red Sox en New England Sports Network.

Mientras la fama y la fortuna habían echado abajo la puerta principal de la casa de Adrián, su fe cristiana lo mantuvo firme. Él se desafía a sí mismo leyendo a C.S. Lewis y lucha contra la soberbia estudiando el libro de C.J. Mahaney, *Humildad: grandeza verdadera*.

«La fama no le impresiona en absoluto», dijo Doug Sutherland, capellán de los Padres. «Se asusta de ella. No le gusta hablar de ella.

Si tratas de hablar de algo relacionado, cambiará de tema. Sabe de dónde viene».

Adrián conoce las Escrituras e incluso incluye recordatorios bíblicos para cuando se dispone a batear. Con mucha frecuencia, sale del cajón de bateo y mira su bate, una pieza de madera de 35 pulgadas y 32.5 onzas, de la Trinity Bat Company. Es algo más que una rutina entre lanzamientos. Su bate tiene una inscripción, «PS27:1», una referencia a su versículo favorito de la Biblia, Salmos 27.1: *El Señor es mi luz y mi salvación; ¿de quién temeré? El Señor es la fortaleza de mi vida; ¿de quién he de atemorizarme?*

Adrián es la antítesis del estereotipo de la superestrella actual. Es tranquilo y modesto. Te mira a los ojos cuando te habla. Es una persona hogareña y la vida nocturna no va con él. Tanto a él como a Betsy les gusta «pasar el rato en casa, con nuestros perros, y quizás cocinar una comida», dijo.

«Es una persona muy llevadera, un personaje cautivador», comentó el capellán de los Red Sox Bland Mason. «Esperas encontrarte con esa personalidad gigante, con sus habilidades, pero es muy relajado».

UNA LUZ EN BOSTON

«Mira esto».

Los ojos de Adrián bailaban con picardía. Es julio de 2011 y Boston está en Baltimore para una serie de tres partidos en un fin de semana contra su enemigo del este en la AL. Faltan aún tres horas para el encuentro, se encuentran en la sede del club y Adrián quiere llevar a cabo un pequeño ritual divertido que tiene.

«¡Jacoby!», grita.

Su compañero de equipo, el jardinero central All-Star Jacoby Ellsbury, no responde. Está hablando con un asistente de relaciones públicas del equipo.

Adrián lo intenta de nuevo: «¡Jake!».

Ellsbury mira.

«Dilo alto y con orgullo», dice Adrián ruidosamente. «¿Quién es el hombre?».

«¡Je-SÚS!», grita Jacoby.

Adrián sonríe, satisfecho. Explica que Miles McPherson, su pastor en San Diego Rock Church, cerca de su casa de fuera de temporada en la Jolla, hace lo mismo con la congregación durante los sermones.

«Se lo enseñé a Jacoby, y le encanta», dice Adrián. «Ahora, yo se lo grito a él, y él a mí».

La sede de un equipo de béisbol no es exactamente el salón del coro de la iglesia. Palabras malsonantes, humor obsceno y música indecente constituyen frecuentemente el día a día de un vestuario. Adrián hace que brille de forma encantadora la luz de Jesús en este entorno sombrío.

Sus compañeros, según cuentan, han respondido en cada ocasión. En San Diego, utilizó una vez sus capacidades bilingües para animar a uno de ellos, hispanoparlante, a asistir a las reuniones de la capilla («Si Adrián no lo hubiese traído, no creo que hubiese venido», dijo Sutherland). También ayudó a salvar el matrimonio a otro de ellos recomendándole el consejo de Sutherland.

«Desde entonces, esta pareja se convirtió y anda con el Señor», dijo Sutherland. «Este es el tipo de influencia que Adrián ejerce. Está atento. Conseguirá que algunos chicos asistan a la capilla y reciban consejo, y los animará. Él influencia de esta forma. No es agresivo hasta el punto de que las personas se sientan incómodas con el cristianismo. Las personas lo escuchan por su éxito, pero también por su carácter».

Cuando Adrián conoció a Mason durante su primer entrenamiento de primavera con los Red Sox en 2011, preguntó inmediatamente al capellán de Boston cuál era su visión espiritual para el equipo y se ofreció a dirigir estudios bíblicos en los desplazamientos. Durante la primera mitad de la temporada, dirigió a sus nuevos compañeros cristianos en el estudio de un libro de Mahaney, *Sexo, romance y la gloria de Dios.* (El año anterior en San Diego, lo hizo con uno de Jerry Bridges, *En pos de la santidad.*)

Durante la temporada 2011, ayudó también a organizar la primera noche de la fe en Boston en al menos treinta años. Adrián, Saltalamacchia, el exterior J.D. Drew y el relevista Daniel Bard compartieron su testimonio con la multitud después de un partido.

La presencia de Adrián ha sido «un gran estímulo», dijo Saltalamacchia. «Ahí es donde fallábamos como equipo [antes]. Habíamos tenido algunos chicos que andaban en la fe, pero solo iban dos o tres a los estudios bíblicos. Cuando él llegó, hablamos de ello y...se ocupó de todo. Dirige estudios bíblicos en los desplazamientos y en casa, promueve la noche de la fe en Boston. Es diferente, chico, diferente de cualquier otra persona».

«Ha hecho más cosas que ningún otro jugador del que he estado cerca», añadió Mason. «Se ha ganado inmediatamente una credibilidad, y es simplemente un chico coherente. No mete a Cristo a la fuerza en la vida de nadie, pero quiere compartirlo con todos sus compañeros. Es un líder en el equipo, como jugador y como cristiano».

Adrián también es activo en la comunidad. En agosto de 2008, puso en marcha la Adrián & Betsy González Foundation, que ayuda a la juventud desfavorecida. En 2011, donó mil dólares a Habitat for Humanity por cada home run que consiguiese. Se ha involucrado con otras muchas organizaciones benéficas del área de San Diego, y está planeando extender su generosidad a Nueva Inglaterra.

UN EJEMPLO A SEGUIR

Quién sabe... ahora mismo, en algún lugar de Boston, tres hermanos que se quieren podrían estar jugando al béisbol de dormitorio con los cromos de Adrián. Si es así, aquí tienen un consejo: no se preocupen si doblan sus esquinas. Tan solo imiten a este hombre, tanto en su swing como en su fe. Dios lo bendice grandemente y él hace lo mismo con los demás.

«Dios me ha puesto en una situación en la que dispongo de una gran plataforma para confesar a Cristo a las personas. Por tanto, tengo que aprovecharlo», dijo Adrián. «Me ha dado capacidades para jugar a este deporte y estoy agradecido por ello. Lo hago lo mejor que puedo con ellas, y trato de devolverle lo que ha hecho por mí intentando ser para él el mejor discípulo que puedo ser».

Actualización de la temporada 2012: Adrián González espera resurgir después de un año que, según su elevado listón, fue decepcionante. González, que comenzó el año en Boston tras firmar un inmenso contrato de 154 millones de dólares por siete años en abril de 2011, consiguió un promedio de bateo de .299 y 108 carreras. Sin embargo, se resintió en los apartados de potencia (18 home runs, .463 de promedio de slugging) después del intercambio masivo que se produjo en agosto y tras el que acabó en Los Angeles Dodgers. González también estuvo ausente del partido de las estrellas por primera vez desde 2007. No obstante, se le considera un primera base de la élite del béisbol y debería recuperar su juego cuando dispute una temporada completa en la elogiada alineación de los Dodgers.

En su segunda temporada completa como Dodger, después de que Los Ángeles lo adquiriesen de Boston, en un sorprendente megatraspaso en agosto de 2012, Adrián González realizó otra gran temporada. El zurdo de elegante bateo acreditó un promedio de .293, con 22 home runs y 100 carreras impulsadas, su cuarto año consecutivo con esa marca como mínimo en esta última categoría estadística. Adrián ayudó a los Dodgers en una tremenda remontada. A mediados de junio, los Dodgers tenían un registro de 30-42 y estaban a 9.5 partidos del primer puesto. Sin embargo, tuvieron un promedio de victorias de .689 el resto de la temporada (62-28) y ganaron el Oeste de la NL por 11 partidos de ventaja, con 92-70. En 10 partidos de las eliminatorias, González promedió .316 al bate, con tres home runs. Finalmente, Los Ángeles perdió con St. Louis por 4-2 en las Series por el campeonato de la NL.

6

JOSH HAMILTON:
EL BAT MAN (HOMBRE DEL BATE)
REGRESA DEL ABISMO

El Yankee Stadium de la ciudad de Nueva York ha sido testigo de algunos acontecimientos históricos.

Babe Ruth logró el primer home run en este estadio en la primera jornada de 1923. Lou Gehrig, después de haber disputado 2,130 partidos consecutivos y habiéndosele diagnosticado una enfermedad mortal, dio allí su discurso del «hombre más feliz sobre la faz de la tierra» en 1939. El lanzador Don Larsen realizó un partido perfecto durante las Series Mundiales de 1956. Roger Maris consiguió su sexagesimoprimer home run para romper el récord de Ruth de los conseguidos en una temporada. El lanzador Jim Abbott, discapacitado en su mano derecha, lanzó un partido sin hit en estos legendarios confines en 1993.

Sin embargo, ninguna actuación produjo quizás más asombro que la del potente bateador Josh Hamilton, cuando entró al cajón de bateo para el Home Run Derby de 2008. En el escenario más grande del béisbol, el primera vez All-Star se hizo grande. No, mejor diga inmenso.

Desde su primer swing, los presentes en el estadio sabían que estaban siendo testigos de algo especial.

«¿Estás grabando esto?», preguntó un seguidor a su amigo, que estaba siguiendo la acción con su celular.

«Sí», contestó el amigo. «Es un gran momento».

Las reglas del Home Run Derby son simples. El jugador no tiene por qué batear cada lanzamiento, pero si lo hace la bola debe salir de la cancha. Todo swing que no produzca un home run cuenta como una eliminación. La ronda termina cuando se suman diez de ellas.

Algunos de los bateadores más potentes del béisbol han salido del cajón con un cero. No fue el caso de Josh.

Flexionando sus rodillas un par de veces y respirando profundamente para relajarse, Josh envió la bola hacia el cielo oscuro de Nueva York.

Uno, dos.

Su compañero de equipo Ian Kinsler corrió para secar el sudor de su cara después de conseguir su segundo home run al mandar la bola a más de 150 metros. Los dos rieron antes de que Josh volviese a la tarea.

Tres, cuatro, cinco, seis, siete, ocho.

Casi de inmediato, la caprichosa pero inteligente hinchada de Nueva York comenzó a corear su nombre.

«¡Ha-mil-ton, Ha-mil-ton, Ha-mil-ton!».

El bate se veía borroso en sus manos. *Nueve, diez, once.*

Con cada movimiento de sus brazos y cada giro de sus muñecas, Josh ponía otra bola en la estratosfera. Lanzamiento bajo. *Bum.* Magnífico home run al segundo anfiteatro del lado derecho. *Número doce.* Lanzamiento alto. *Crac.* Home run recto que pasa como un rayo por encima de la valla hasta llegar al guante de un aficionado. *Número trece.*

Josh sonreía a su lanzador. Ser All-Star y batear en el Yankee Stadium podía ser nuevo para él, pero el septuagenario Clay Council era un rostro familiar. Council lanzaba frecuentemente bolas a Josh para que este practicase el bateo durante el béisbol veraniego cuando era un adolescente en Carolina del Norte. Ahora estaba presenciando como aquella promesa que vio en el joven años atrás se estaba cumpliendo.

Catorce, quince, dieciséis. Enseguida, los rivales de Josh se volvieron sus animadores. David «Big Papi» Ortiz se reía y señalaba otra bola que volaba por encima de la valla. *Diecisiete, dieciocho, diecinueve.*

Increíble. Como misiles guiados, cada bola encontraba su objetivo en las gradas de la parte derecha. Pronto, Josh empezó a reírse. Nadie había bateado así antes. *Veinte, veintiuno, veintidós.*

«¿Cuál es el récord?», dijo un espectador.

«No tengo ni idea», contestó su amigo.

La respuesta era 24. Bobby Abreu estableció esta marca en la primera ronda del Home Run Derby de 2005 en el Comerica Park de Detroit.

No obstante, lo sorprendente no era solo el total de Josh, sino la magnitud de sus golpes. Tres de sus home runs sobrepasaron los 150 metros, el más largo de los cuales se estimó en algo más de 155 metros.

El Yankee Stadium empezó a sentir que estaba de fiesta. Los espectadores sentían que se estaba haciendo historia. Los competidores sacudían su cabeza y sonreían. ¿Acabaría alguna vez? En un momento dado, Josh consiguió trece home runs seguidos. *Veintitrés, veinticuatro, ¡veinticinco!*

Su compañero en los Rangers Milton Bradley corrió y dio al bateador un pequeño masaje en la espalda. Josh estaba lanzado. Increíblemente lanzado. Los espectadores se inclinaban mirándolo como si estuviesen adorándolo.

Aún le quedaban dos eliminaciones. *Veintiséis, veintisiete, veintiocho.* Finalmente, sus dos últimos golpes no llegaron a la valla. Su compañero en el All-Star Michael Young dio un abrazo a Josh. Los reporteros empezaron a decir que los seguidores acababan de ser testigos de veinte de los minutos más fascinantes de la historia del béisbol.

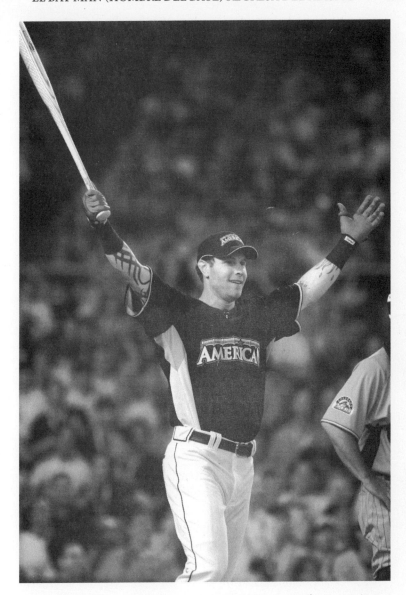

Los 28 home runs de Josh Hamilton en la primera ronda del All-Star Home Run Derby permanecen como récord de una Gran Liga. (AP Photo/Kathy Willens)

Antes de este episodio en el Yankee Stadium el 14 de julio de 2008, Josh era un relativamente desconocido jardinero central de los Rangers que jugaba su primera temporada completa en una gran liga. Al salir del cajón de bateo, Josh hizo efectiva su presentación ante el mundo del béisbol. Realmente, quizás sea mejor decir que se *presentó de nuevo* ante el béisbol.

Una larga batalla contra la adicción al alcohol y las drogas estuvo a punto de borrar a Josh de la memoria de este deporte. Josh anunció su vuelta con veintiocho batazos.

Sin embargo, para Josh hubo algo más importante que la atención de los medios, la oportunidad de hablar acerca de la diferencia que Jesucristo había marcado en su vida. Antes, solo vivía para el béisbol. Ahora, se centraba en Jesucristo.

UNA META

Justo nueve años antes de esta histórica noche, el mundo del béisbol no dejaba de hablar de Josh. Con 1.90 de altura y algo más de 90 kilogramos de peso, este estudiante de último año del Athens Drive High School de Carolina del Norte era un proyecto de futuro seguro. Un jugador cinco estrellas.

Podía jugar en los jardines, en primera base o lanzar. Buscaba batear con potencia y seguía teniendo un asombroso promedio de bateo. Su brazo en la zona exterior hacía que los entrenadores contrarios se lo pensasen dos veces antes de intentar anotar una carrera desde la segunda base.

Durante su año senior, Josh promedió .529, con 13 home runs y 35 carreras impulsadas en 25 partidos. Fue eliminado únicamente en siete ocasiones en todo el año, mientras que consiguió 26 bases por bolas. Su velocidad en los jardines le permitía atrapar bolas que podían dar lugar a bases en los intervalos. También robó 20 bases.

¿Y lanzar? Su bola rápida de 152 km/h desconcertaba a los bateadores y asombraba a los ojeadores profesionales. Josh acreditó un récord de 7-1 en su último año, con 91 eliminaciones en solo 56 entradas.

En algunos partidos, se reunían más de cincuenta ojeadores para ver al dos veces jugador del año en Carolina del Norte mostrar sus talentos en el diamante.

Josh no era un arrogante. Sabía que era el mejor jugador en la cancha cada vez que sus grandes zapatos pisaban el césped, pero seguía siendo humilde y no se burlaba del equipo rival.

La humildad de Josh fue lo que más impresionó a Dan Jennings, director de ojeadores de Tampa Bay Devil Rays. Esa primavera, Jennings viajó a Raleigh para ver jugar a Josh en un partido de local con Athens Drive. Casi sesenta ojeadores vieron asombrados cómo el joven hizo un home run que envió la bola más allá de 120 metros.

«Sin embargo, eso no fue lo más sorprendente», dijo Jennings. «Después de volver [Hamilton] al banquillo, sale de nuevo y hace de portabates para sus compañeros. Allí estaba ese chico con una discapacidad psíquica, y Josh lo trataba como su mejor amigo».

Josh y Ashley Pittman eran amigos. Pittman tenía Síndrome de Down. En principio, una estrella del béisbol del instituto y un estudiante de educación especial serían una pareja improbable, pero ambos compartían una cosa: el amor por el béisbol. Pittman trabajaba como portabates del equipo, y a Josh le impresionaba su dedicación. Raramente faltaba a un entrenamiento, nunca a un partido, y siempre lucía un aspecto profesional con el uniforme del equipo.

Comían juntos con frecuencia. Pittman llamaba a Josh por su apodo, «hueso de jamón», y este se refería a su amigo como «gran fresno».

Gran fresno quedó destrozado cuando Athens Drive perdió en las semifinales estatales en el último año de Josh, pero el entrenador de los Jaguars tenía una sorpresa para el banquete de fin de año. Se instauraba un premio especial que honraría al jugador que mejor representase las cualidades de la compasión y la deportividad.

El primer ganador del premio Ashley Pittman fue...por supuesto, Josh Hamilton.

«He conseguido muchos trofeos a lo largo de los años, pero el Ashley Pittman Memorial Award es especial para mí», escribió Josh en su autobiografía, *Beyond belief.* «Sigue expuesto en un lugar prominente en casa de mis padres. Es más importante que cualquier otro trofeo o recorte de periódico, porque me recuerda quién era yo y cómo vivía en ese momento de mi vida».

Talento, estadísticas, tamaño, carácter. No es de extrañar que Tampa Bay eligiese a Josh con el número uno en el draft de 1999.

Más de cincuenta familiares, amigos y reporteros estaban reunidos en casa de los Hamilton el 2 de junio cuando Josh recibió la llamada de Jennings. Fue el primer jugador de instituto seleccionado como número uno desde Alex Rodríguez en 1993.

«Hemos estado observándolo durante mucho tiempo», dijo el manager general de Tampa Bay Chuck LaMar. «Josh Hamilton superó cada prueba que le pusimos, tanto en su rendimiento en la cancha como en las preguntas que le hicimos… creemos que es el mejor jugador de este draft».

Josh también lo creía. No era soberbia. Había trabajado duro para sacar el máximo rendimiento a las habilidades que Dios le dio. Ahora, estaba preparado para dejar su huella en las Grandes Ligas.

Cuando supo que era la primera elección, abrazó a sus padres. Su padre, Tony, lo había entrenado desde antes de ir a la escuela. Raramente habían faltado a un partido, conduciendo frecuentemente cientos de kilómetros para llegar al primer lanzamiento.

Después, el aturdido adolescente de 18 años se dirigió a su patio delantero para su primera conferencia de prensa. Cuando le preguntaron cómo imaginaba su carrera, Josh contestó: «Creo que estaré unos tres años en ligas menores y unos quince en las grandes». Hizo una pausa momentánea antes de añadir: «después tendré que esperar cinco años para entrar en el Salón de la Fama».

Todos rieron, pero Josh no estaba bromeando. Siempre se había sentido especial en una cancha de béisbol. Siempre tuvo una meta, ser una estrella de este deporte.

La gente reconocía el talento de Josh desde muy pequeño. Solo tenía seis años cuando un ojeador fue a verlo por primera vez. Vale, quizás la palabra *ojeador* no sea la adecuada.

Josh estaba entrenando con el equipo de su hermano Jason, de la categoría de once y doce años. A pesar de tener la mitad de años que los demás, Josh los igualaba y superaba con frecuencia con sus habilidades beisbolísticas. El presidente de la Tar Heel League debía decidir qué hacer con el precoz estudiante de primaria que jugaba como los alumnos de intermedia.

Jugar con niños de su edad no era un reto. Josh podía batear más lejos y lanzar más rápido que cualquiera de sus compañeros. Era tan bueno que algunos padres pidieron que Josh pasase al equipo superior porque les preocupaba que alguno de sus golpeos o lanzamientos pudiese hacer daño a sus hijos.

«Sus miedos se hicieron realidad en nuestro primer partido», escribió Josh en *Beyond Belief*. «Atrapé una bola en corto y la lancé tan fuerte como pude por el cuadro interior para eliminar al corredor. Hubo un problema. El primera base no vio la bola o no pudo reaccionar a tiempo para atraparla. Se quedó parado con su guante mal colocado y la bola le impactó en el pecho. Se cayó como si un francotirador le hubiese alcanzado… me sentí muy mal».

Poco después, subieron a Josh al equipo de su hermano. Cumplió siete años el 21 de mayo, lo que le hacía cinco años más pequeño que sus rivales.

Sin embargo, su talento equilibraba esa diferencia. Bateando en novena posición, Josh se hizo notar en la Hamilton Machine Little League consiguiendo su primer home run real. Tan solo dos semanas después de cumplir los siete, un lanzador de doce años aprendió una importante lección: no lances a Josh una bola rápida sobre el plato. El niño la envió por encima de la valla del jardín central izquierdo.

Fue el primero de los muchos home runs que llegarían.

EN EL CAMINO CORRECTO

Cuando Josh batea, el sonido al golpear la bola es diferente. La velocidad de su swing junto al impacto del bate produce *oohs* y *ahs* entre los espectadores.

Después de la celebración de Josh por el draft, subió al coche con Jason y fue al instituto a batear unas bolas.

Una familia con dos niños pequeños vivía en una casa más allá del jardín central. A menudo veían a Josh jugar o practicar su bateo. Esa noche, el padre y sus dos hijos se acercaron hasta la valla.

«No esperaba verte aquí esta noche», dijo el padre. «Siempre sé cuando estás bateando. Simplemente suena diferente dentro de mi casa cuando tu bate golpea la bola. En el primer bateo de hoy, mis hijos dijeron: "Josh está practicando"».

El golpeo de Josh también impresionó a los Devil Rays. Le ofrecieron un contrato que incluía una bonificación de 3.96 millones de dólares por firmar, un récord en ese momento para una primera elección del draft. A pesar de que su bola rápida casi alcanzaba los tres dígitos, Tampa Bay quería que jugase en la zona exterior para que pudiese batear cada día.

Con la temporada de la gran liga casi en marcha, Tampa Bay asignó a Josh a su equipo filial de la liga de novatos Clase A en Princeton, West Virginia.

Josh acababa de cumplir dieciocho, por lo que se metió en el coche con sus padres y se fueron a Princeton. En su primer partido, el 19 de junio de 1999, Josh consiguió su primer home run profesional.

Con su madre asegurándose de que no le faltase ropa limpia y se alimentase bien, y su padre aconsejándolo en todo tipo de situaciones, Josh se centraba exclusivamente en el béisbol.

Seguramente, los demás novatos no tenían a sus padres viajando con ellos. Es posible que no estuviesen tan cerca de su familia y que no dispusiesen de los medios (es decir, casi 4 millones de dólares) que les permitiesen hacerlo.

Josh estuvo a la altura de las expectativas en Princeton. En 56 partidos, promedió .347 al bate, con 10 home runs, 48 carreras impulsadas y 49 carreras anotadas.

Tampa Bay subió a Josh en agosto a Hudson Valley, New York,

de Clase A. En lugar de jugar contra novatos, ahora se enfrentaría a profesionales de segundo y tercer año.

Hudson Valley se encontraba inmerso en la lucha por las eliminatorias, y colocaron a Josh en el medio de su alineación. Después de pasar por dificultades al principio, dio la vuelta a la situación y ayudó a los Renegades a ganar el campeonato de la New York-Penn League bateando un promedio de .429 con dos home runs y ocho carreras impulsadas en las eliminatorias.

Su año de novato había sido un éxito. Sin embargo, durante la temporada y de vuelta en casa, sentía que faltaba algo en su vida. Había asistido a la iglesia ocasionalmente con sus tíos de pequeño, por lo que conocía algo de Dios. Cuando regresó a Carolina del Norte, visitó a estos para debatir algunos asuntos espirituales con los que estaba luchando. Terminó orando para aceptar a Jesucristo en su vida.

«Fui salvo con dieciocho años», dijo Josh. «Acepté a Cristo en la sala de estar de la casa de mis tíos. Sin embargo, no sabía cómo crecer espiritualmente. No sabía cómo sumergirme en la Palabra. No sabía orar como necesitaba. No sabía cómo tener comunión con otras personas. Les digo a las personas que Satanás te persigue con más dureza cuando eres un hijo de Dios».

Todo parecía transcurrir según el plan de Josh en lo profesional cuando volvió a Tampa Bay para los entrenamientos de primavera de 2000. Estuvo muy bien y lo enviaron al equipo de Clase A Charleston RiverDogs, de la South Atlantic League. Muchos de sus jugadores eran más experimentados, con tres o cuatro años de ligas menores de béisbol a sus espaldas.

De nuevo, los padres de Josh fueron con él. Iban a cada partido como locales, llegando incluso antes para ver el calentamiento de los bateadores. Viajaban con el equipo en los partidos como visitantes, permaneciendo en el hotel del equipo. Josh siguió mejorando. Rodeado de sus personas queridas y jugando al deporte que amaba, fue nombrado co-MVP de la South Atlantic League. También fue designado jugador del año en el béisbol de Clase A, y los Devil Rays lo nombraron su jugador del año en las ligas menores. Vean sus estadísticas: .301 de promedio de bateo, 13 home runs, 61 carreras impulsadas y 62 carreras anotadas.

Al entrar en la campaña 2001, Josh parecía estar preparado para dar el salto al Gran Espectáculo. Puede que no lo hiciese desde el inicio de la temporada, pero estaba destinado a unirse pronto a los Devil Rays. De pronto, en una fracción de segundo, todo cambió.

ACCIDENTES Y MALAS DECISIONES

El 3 de marzo de 2001, Josh y sus padres viajaban por carretera hacia su casa en Bradenton, Florida, después de un partido de exhibición. Su madre, Linda, iba al volante del Chevy Silverado familiar, mientras Josh dormitaba en el asiento del copiloto y su padre estaba detrás. En el momento en que la familia pasaba por la intersección la Victory Road y la U.S. 301, un camión de basura se saltó un semáforo y embistió a la ranchera por el lado del conductor.

Josh vio lo que iba a pasar y pudo tirar de su madre hacia él. El impacto envió a los Hamilton a unos 30 metros dando vueltas en su coche.

Llevaron rápidamente a la familia al Memorial Hospital. Linda tenía dolor en el cuello. Tony, una fractura craneal. A Josh le dolía la espalda pero no le hicieron nada y volvió a los entrenamientos de primavera la mañana siguiente.

No obstante, el dolor aumentó en los días siguientes. Los doctores estaban desconcertados. Le hicieron una resonancia magnética y un TAC para diagnosticar el problema. Los analgésicos prescritos tampoco ayudaron demasiado. Físicamente, todo parecía estar bien, pero Josh no lo estaba.

Con sus padres recuperándose en Carolina del Norte y sin poder jugar al béisbol, Josh comenzó a frecuentar un salón de tatuajes.

Había aparecido con seis tatuajes esa primavera. El primero de ellos fue su apodo «Hueso de jamón» en mayúsculas alrededor de su bíceps derecho. Pronto, la palabra «Martillo» adornaba su otro brazo. No tenía muchos amigos en Florida, y sin béisbol no tenía otra cosa que hacer, por lo que pronto Kevin y Bill, del salón de tatuajes, pasaron a ser sus «amigos».

Josh iba allí y pasaba horas en la silla, haciéndose a veces dos o tres tatuajes en un día.

El joven de diecinueve años tenía seis tatuajes cuando sus padres se fueron a Carolina del Norte. Tenía veintiuno cuando volvieron a las pocas semanas.

Josh se sentía presionado por jugar, ya que los doctores no encontraban una causa para su dolor. Lo enviaron a Orlando, de Doble-A, para que empezase la temporada pero no le fue bien. En 23 partidos, sus estadísticas fueron las peores de su carrera profesional. Solo promedió .180, sin home runs y solo cuatro carreras impulsadas.

Para empeorar las cosas, se lesionó la parte de atrás del muslo corriendo a primera base en el primer mes de la temporada y lo enviaron a Charleston a realizar la rehabilitación.

La pierna de Josh se curó, pero su espalda nunca se sintió bien, por lo que Tampa decidió que fuese a un especialista en California. Después de realizar una resonancia magnética, el doctor señaló a un punto blanco cerca de la espina dorsal. Era una bolsa de líquido que empujaba contra un nervio. El doctor puso a Josh una inyección de cortisona en el punto exacto.

«Introdujo la aguja en mi columna hasta que sentí como si estuviese moliendo el hueso», dijo Josh. «Pero tan pronto como la sacó, el dolor desapareció. Nunca he dado tantas veces las gracias a un hombre en mi vida».

Con una espalda sana y optimismo renovado, Josh se dispuso a afrontar la temporada 2002 con algo que demostrar. Según su propio cronograma, este era el año en que se suponía que estaría en las grandes. Poco después de Navidad, fue a Florida para empezar a entrenar. Sabía que tenía que sobreponerse a su decepcionante año en 2001.

Sin embargo, una tarde se lesionó la espalda entrenando. La mañana siguiente apenas podía levantarse de la cama. Faltaban menos de dos semanas para los entrenamientos de primavera. Deprimido y decepcionado, volvió a la comodidad del salón de tatuaje.

Su colección de tinta siguió creciendo. Rápidamente ascendió a un total de veintiséis tatuajes. Un día, después de pasar la tarde allí, Kevin y Bill le preguntaron si quería salir a dar una vuelta cuando cerrasen la tienda. Sin pensarlo, dijo que sí inmediatamente.

Lo llevaron a un club nocturno y le pidieron una cerveza. Josh seguía siendo demasiado joven para beber legalmente y nunca había consumido alcohol antes, pero se tomó esa y algunas más. Más tarde, el trío fue a casa de Kevin, donde ofrecieron algo de cocaína a Josh.

Estaba un poco bebido y no pensaba con claridad. Inhaló la droga.

«Fue "la primera vez" en muchas cosas esa noche», dijo Josh. «La cocaína me dio el subidón de adrenalina que no estaba consiguiendo jugando al béisbol».

Al principio, cuando jugaba al béisbol, Josh no tomaba drogas. Sin embargo, como en muchos otros casos, estas tuvieron pronto su protagonismo. Durante los siguientes tres años y medio, las drogas y el alcohol dominaron la vida de Josh.

A pesar de encontrarse sumergido en una oscuridad personal, la luz de su talento brillaba en algunas ocasiones.

Jugando en Clase A en 2002 con Bakersfield, California, Josh llevó a cabo alguna que otra actuación destacada que ha perdurado como leyenda. Una noche, consiguió un home run frontal en Sam Lynn Ballpark, y la bola golpeó tan fuerte en un marcador digital que este dejó de funcionar, algo parecido a lo que ocurre en la película *The Natural*. Años más tarde, ese marcador no se había reparado aún y se cubrió con publicidad de la página web del equipo.

Josh también describió un home run enorme que envió la bola a casi 165 metros, cayendo en el río Kern. En otra ocasión, Josh demostró que su brazo aún era un arma, cuando atrapó una bola muy alta cerca del muro, lanzándola al plato y eliminando a un corredor que estaba en la tercera y trataba de anotar.

No obstante, Bakersfield también fue el primer lugar donde Josh utilizó drogas durante la temporada. Después de 56 partidos, sus números no eran malos. Promedió .301 al bate, con nueve home runs, 44 carreras impulsadas y 23 anotadas. Una lesión en el codo le obligó a acabar la temporada antes de tiempo. La cirugía en Alabama y el reposo en Carolina del Norte curaron el codo, pero no el problema con las drogas.

Josh estaba esnifando cocaína casi cada día mientras rehabilitaba su lesión con Durham Bulls, de Triple-A. Sabía que existían posibilidades de tener que pasar un control de drogas aleatorio, pero incluso cuando tuvo que hacerlo, siguió negándolo todo. La prueba dio positivo y Josh fue suspendido por primera vez para jugar al béisbol.

Más controles fallidos provocaron suspensiones más largas hasta que el 19 de marzo de 2004, Josh recibió una sanción de un año sin poder jugar al béisbol por no cumplir con la política sobre drogas de la MLB. En agosto, un nuevo control positivo le acarreó castigos adicionales.

En total, Josh estuvo sin jugar al béisbol profesional desde el fin de la temporada 2002 hasta casi todo 2006. En su lugar, se hundió aun más en las tinieblas de la drogadicción.

No todo era sombrío en su vida. En sus períodos de sobriedad, fue entablando una relación con su antigua compañera de clase en el instituto Katie Chadwick.

«Todo el mundo sabía quién era Josh en el instituto», dijo Katie. «Todo el mundo lo respetaba mucho porque nunca hacía nada incorrecto».

Tres años después de graduarse en el instituto, Josh estaba haciendo muchas cosas indebidas, pero la llamó inesperadamente. Ella le dejó ir a su casa y estuvieron saliendo durante tres meses. Rompieron pero volvieron a estar juntos en julio de 2004. Cinco meses más tarde, se casaron.

Josh estaba asistiendo a reuniones de Alcohólicos Anónimos y tanto él como Katie estaban convencidos de que sus adicciones habían quedado atrás. Volvió a caer en enero, pero después, en su vigesimocuarto cumpleaños, se emborrachó, lo que le llevó a una serie de recaídas.

Josh se recompuso cuando nació la primera hija de la pareja, Sierra, el 22 de agosto de 2005. (Katie tenía otra hija de una relación anterior). Sin embargo, tres días más tarde, fue a Walgreens a que le diesen la prescripción de su mujer y acabó en un bar en su lugar.

En las seis semanas siguientes, gastó más de 100,000 dólares en drogas.

En esa época, Josh había cambiado al crack para conseguir el subidón que le daba en el pasado la cocaína en polvo, pero mientras los subidones eran más intensos, los bajones eran peores.

En numerosas ocasiones, Josh sentía que se podía morir, como si su corazón quisiese salírsele del pecho. Nunca fue violento con Katie, pero su comportamiento errático provocó que ella pidiese una orden de alejamiento contra él. Los viajes a urgencias eran habituales. Casi toda su bonificación de casi 4 millones de dólares había desaparecido.

Su vida siguió decayendo hasta que una noche se encontró colocado, sin gasolina en el coche y caminando por una carretera de dos carriles.

«Era un despojo humano, un ser sin alma», dijo Josh. «Deje de respetarme y perdí mi capacidad de sentir amor, esperanza, gozo o incluso dolor».

El 1 de octubre de 2005, Josh se presentó en la casa de su abuela Mary Holt...cerca de las dos de la madrugada. Pesaba poco más de 80 kilos y estaba casi irreconocible.

«Estaba destrozado, sucio, nervioso. Apenas era coherente», dijo Josh. La casa de la abuela siempre había sido un lugar de refugio para él. Siempre daba un beso en la mejilla a su abuelita, como él la llamaba cariñosamente, antes de cada partido de béisbol cuando era niño. Ahora, cuando no tenía a quien acudir, fue a verla. Ella le dio de comer y lo metió en la cama.

Pasados dos días, Josh estaba utilizando crack de nuevo, esta vez en casa de su abuela. Después de cinco días bajo su techo, la señora de setenta y dos años de edad había visto suficiente. Lo abordó en el vestíbulo.

Por supuesto, Josh lo había visto y oído todo. Había estado en ocho centros de rehabilitación, escuchado a consejeros y hablado durante horas con su padre, su madre y su esposa. Sin embargo, había algo en la forma en que abuelita lo miraba, una mezcla de dolor y enfado que punzaba el corazón de Josh.

«Volví a la habitación en la que acababa de utilizar las drogas, agarré una Biblia, y el primer versículo que leí fue Santiago 4.7», dijo Josh, refiriéndose al versículo que dice: «Someteos, pues, a Dios; resistid al diablo, y huirá de vosotros».

En ese momento, Josh adquirió un nuevo compromiso con Cristo. A diferencia de la primera vez en la que oró para aceptar a Cristo, en esta ocasión cumplió con hechos. Su vida comenzó a cambiar cuando empezó a leer su Biblia, a orar y asistir a la iglesia con sus tíos. Entonces, unas pocas semanas después, siguiendo el consejo de su pastor, Katie llamó a Josh y le dijo que lo perdonaba.

SER EL SEGUNDO

Después de más de veinticuatro años poniéndose el primero en su vida, ahora había alguien nuevo en el trono: Jesucristo.

Josh empezó a vivir y a comer de la forma adecuada. Dios fue restaurando todo lo que él había estado a punto de destruir completamente. Josh recuperó rápidamente los más de veinte kilos de músculo que había perdido. Su familia hizo piña a su lado. Se reconcilió con su esposa. Comenzó a trabajar con su hermano, en un trabajo bueno y honrado talando árboles.

Entonces, el 20 de junio de 2006, Josh recibió la llamada que lo readmitía en la MLB.

Sorprendentemente, sus habilidades no decrecieron después de haber abusado de su cuerpo durante años. Jugó 15 partidos con Hudson Valley ese verano, el mismo equipo de Clase-A con el que jugó en 1999, con sólidos resultados. Bateó un promedio de .260 y logró siete home runs.

Un día de ese mes de diciembre, cuando estaba podando árboles para su hermano, Josh supo que los Cincinnati Reds lo habían adquirido por medio del Rule 5 draft.

En lugar de languidecer en las ligas menores como probablemente hubiese ocurrido con los Rays, las pautas del Rule 5 draft exigían que los Reds le diesen la oportunidad de jugar en su equipo de la gran liga. Josh no iba a desperdiciar esta segunda oportunidad.

Pasó a ser uno de los mejores bateadores de los Reds en los entrenamientos de primavera. Promedió .403 al bate y fue el cuarto jardinero en la plantilla de Cincinnati detrás de Adam Dunn, Ken Griffey Jr. y Ryan Freel.

En la jornada inaugural, Josh recibió una ovación casi tan grande como Griffey. Tanto él como su historia de superación de las adicciones atrajeron enseguida el cariño de los seguidores. Él ha dicho muchas veces que pisar de nuevo una cancha de béisbol, con su familia, sus padres y la familia de su mujer en las gradas, y todo el mundo en pie, casi provoca que rompiese a llorar.

Luchó contra el nudo en su garganta porque quería ser profesional. Como dijo Tom Hanks en la película *A League of Their Own*, «En el béisbol no se llora».

A la semana de empezar la temporada, Josh jugó su primer partido como titular y recompensó a los Reds con su primer home run en una gran liga. Al final del mes, lo nombraron novato del mes de la NL.

«El béisbol es lo tercero en mi vida ahora mismo, después de mi relación con Dios y mi familia», dijo Josh entonces. «Sin los dos primeros, ni siquiera estaría en este deporte. Créanme, lo sé».

El novato de veintiséis años de edad promedió casi .300 de bateo en su primera temporada. Pasó dos veces por la lista de lesionados durante el año, una por un problema estomacal y la otra por un esguince de muñeca. Jugó once partidos con Louisville, de Triple-A, pero se mantuvo limpio todo el tiempo, gracias en gran parte a Johnny, hermano de Jerry Narron, entrenador de Cincinnati.

Johnny había entrenado a Josh cuando este era un adolescente

Josh Hamilton comenzó su carrera en las Grandes Ligas en Cincinnati en 2007. Después de trasladarse a Texas en 2008, acreditó números de All-Star, incluyendo un bateo de .285 con 43 home runs y 128 carreras impulsadas durante la temporada de 2012. (AP Photo/Charles Rex Arbogast)

en Carolina del Norte. Los Reds contrataron a este fiel hombre de Dios como coordinador de vídeo y le dieron la responsabilidad adicional de ocuparse de que Josh fuese responsable día a día.

Josh demostró que podía jugar al nivel de una gran liga, acabando la temporada 2007 con un promedio de bateo de .290, 19 home runs, 47 carreras impulsadas y 25 anotadas.

Sin embargo, después de esa temporada Cincinnati traspasó a Josh a Texas. Los Rangers necesitaban reforzar los jardines, y Cincinnati estaba corto de lanzadores. Johnny Narron también se fue, como entrenador ayudante de bateo.

Los seguidores de Texas y sus nuevos compañeros arroparon inmediatamente a Josh. Él respondió con números extraordinarios. Bateaba en tercer lugar, justo antes de Milton Bradley, y llevaba 95 carreras impulsadas cuando llegó el parón del All-Star en 2008.

En su primera temporada completa en una gran liga, fue votado para entrar en el equipo All-Star e hizo historia en el Home Run Derby.

Antes del concurso de bateo, Katie pidió a Dios que Josh lograse al menos un home run. Lo hizo mucho mejor. Muchas personas oraron esa noche, incluyendo Josh y Council, que se arrodilló y pidió al Señor que estuviese con él desde que pisase la cancha para la primera ronda.

Dios contestó a lo grande. Todo lo que la gente recuerda de aquella noche de Julio en el Yankee Stadium son las 28 bombas de Josh en la primera ronda. No recuerdan que Justin Morneau le ganó 5-3 en la final. A Josh no le importó perder, pues ya había ganado. Su historia se contó en las pantallas de televisión de todo el mundo.

«Dios me ha dado una plataforma excepcional para compartir lo que él ha hecho en mi vida», dijo Josh. Cuando se encontraba en una parte oscura de su vida, controlada por las drogas, dijo: «Mi mujer me estaba diciendo que Dios me permitiría volver al béisbol. No obstante, la cuestión principal no iba a ser el béisbol, sino compartir cómo me él me sacó de la tormenta».

Josh se mantuvo sano toda la temporada, consiguiendo algunas estadísticas impresionantes. Promedió .304 al bate, con 32 home runs, 130 carreras impulsadas y 98 anotadas.

Durante las vacaciones, Josh quiso prepararse para estar aun mejor en 2009. Fue a entrenar a Arizona un mes antes de las prácticas de primavera, pero el 21 de enero de 2009 cayó en los viejos hábitos. Fue a un bar restaurante y pidió una copa.

«Estuve ahí fuera durante tres semanas y dejé de orar, de hacer mis devocionales, de leer la Palabra, de tener comunión con la persona que me supervisaba», dijo Josh. «Dejé de hacer todas las cosas que me habían sacado del pozo. Pensé que podía beber una copa, pero ese pensamiento no funciona demasiado bien conmigo. Una lleva a unas veinte, y no recuerdo ni la mitad de lo que hago…Inmediatamente, el haberlo hecho me dolió en el corazón, y ello se debe a que saqué a Dios de la primera posición».

Josh se despertó la mañana siguiente y llamó inmediatamente a su esposa, contándole lo sucedido. Llamó a los Texas Rangers. Llamó a la MLB.

Las noticias de la escapada de Josh no salieron a la luz hasta siete meses después, pero cuando lo hicieron, las revelaciones incluyeron varias fotografías subidas de tono con tres jóvenes mujeres en el bar. Josh no huyó de la controversia de ser un cristiano sincero que aparecía en algunas fotos comprometedoras. Lidió el asunto de frente.

«Estoy avergonzado de esto por mi mujer, Katie, por mis hijos y por la organización», escribió Josh en una nota de prensa. «No soy perfecto. Es una lucha continua, y es real. Es increíble cómo estas cosas pueden volver a hacernos caer, pero soy humano, y tengo luchas».

Josh voló a casa justo después del incidente de enero para arreglar las cosas con su esposa y con Dios. Por su parte, Katie supo que todo iría bien en el momento que Josh llegase al hogar.

«Cuando entró por la puerta, vi lo quebrantado y arrepentido que estaba, y lo mal que se sentía consigo mismo por el pecado y por hacerme daño, me animé porque estaba viendo a un hombre transformado», dijo ella. «Fue simplemente muy fácil extenderle esa gracia de nuevo».

En el pasado, cuando Josh había recaído, su actitud fue: *Oh, bien, podría también seguir haciéndolo*. Sin embargo, ahora era diferente. Estaba comprometido con Dios, con su familia y con permanecer limpio.

Redobló sus esfuerzos para mantener a Cristo el primero en su vida por medio de un sistema de apoyo multinivel que el periódico *The Dallas Morning News* describió como «arraigado en sus creencias cristianas y sus rigurosos devocionales diarios. Sus principales componentes son su esposa, sus padres y una multitud de personas que lo "supervisan", y que incluyen al entrenador de Texas Rangers, pastores de tres iglesias, su agente deportivo cristiano y su suegro».

Josh sabía que era débil cuando se apoyaba en su propia fuerza, pero encontró en el Espíritu Santo el poder para vivir según los mandatos de Dios.

Para Josh, la temporada 2009 fue para olvidar, aunque los Rangers mejoraron con un registro de 87-75. Las lesiones solo le permitieron jugar 89 encuentros y sus estadísticas sufrieron en consecuencia. Su promedio de bateo cayó a .260 y solo logró 10 home runs y 45 carreras.

A pesar de este año deficiente, Josh tuvo un período de fuera de temporada All-Star. Él y Katie dieron charlas por medio de su fundación, Triple Play Ministries, en más de treinta lugares de todo el país, hablando de la redención y el perdón. Su ministerio también organizaba campamentos cristianos de deportes, daba testimonio en la comunidad y ayudaba en el sostenimiento de un orfanato en Uganda.

Al principio de la temporada 2010, era obvio que los Rangers y Josh iban a tener un año especial. En junio, el equipo obtuvo un registro de 21-6, su mejor mes en los cincuenta años de historia de la franquicia.

En agosto, Josh se había distinguido como la opción definitiva para el premio al mejor jugador de la AL. Lideró la liga en promedio de bateo con .362, promedio de slugging (.634) y bateos, con 161. Tom Verducci señaló en SI.com que los últimos tres jugadores en batear por encima de .360 con un promedio de slugging de más de .600 jugando en el jardín central fueron Mickey Mantle, Stan Musial y Joe DiMaggio. No es mala compañía.

Verducci describió de esta forma una actuación de Josh a mediados de agosto: «Otra noche más en la vida del mejor jugador de béisbol en la que ha golpeado cuatro bolas por toda la cancha; un sencillo hacia izquierda, una bomba de 130 metros hacia el centro, un sencillo y un doble hacia la derecha; ha anotado desde la tercera base con una bola alta hacia el parador en corto; ha anotado desde la segunda base con una bola por tierra hacia la segunda; ha atrapado una bola lanzándose al suelo cerca del muro y otra saltando contra el muro central; ha provocado que el entrenador de la tercera base detenga a un corredor desde la segunda con un sencillo al centro del campo que normalmente ocasionaría la anotación de una carrera».

Ser llamado el «mejor jugador de béisbol» sentaba ciertamente mejor que ser catalogado como uno de los números uno del draft más decepcionantes de todos los tiempos. Josh estaba demostrando por fin su potencial.

A pesar de perderse casi todo el último mes de la temporada regular por una fractura de costillas, Josh ayudó a Texas a alcanzar las eliminatorias con un registro de 90-72. Sus llamativas estadísticas de 2010 fueron las siguientes: .359 de promedio de bateo, con 32 home runs y 100 carreras impulsadas.

Las cosas iban bien para Josh y los Rangers. Sin embargo, más adelante en la temporada, en una de las mejores noches en la historia del equipo, Josh estaba notablemente ausente. Era el 25 de septiembre de 2010, y Texas acababa de conseguir su primer título del Oeste en la AL en más de una década, con una victoria 4-3 sobre Oakland. En lugar de celebrar con sus compañeros, Josh quiso estar solo.

En el béisbol, existe una antigua tradición cuando un equipo se clasifica para las eliminatorias. Los jugadores se rocían unos a otros con champán. Josh no quería participar en ningún acto en que el alcohol estuviese presente. Ni siquiera quería que tocase su piel. Había causado mucho dolor en su vida.

Pocas semanas después, el 12 de octubre, después de que Texas derrotase 5-1 a Tampa, pasando de esta forma a las Series por el campeonato de la AL, los compañeros de Josh se aseguraron de que él tomase parte en las celebraciones. Lo agarraron, le dieron unas gafas protectoras y lo metieron en el vestuario.

«Todos gritaron "¡Gaseosa!" y me empaparon de ella», dijo Josh. «Fue genial que mis compañeros entendiesen por qué no puedo participar en la celebración. El hecho de que la adaptasen para que yo pudiese estar con ellos dice mucho de mis compañeros».

Los Rangers se enfrentaron a los Yankees en la siguiente ronda para obtener el derecho a jugar las Series Mundiales. Josh demostró inmediatamente a los Yankees que las cosas serían diferentes esta vez. Conectó un home run de tres carreras para abrir la serie.

Cuando Texas ganó el segundo partido 7-2, rompió una racha negativa de diez derrotas seguidas contra New York en las eliminatorias. Los Rangers vencieron finalmente a los Yankees en la serie, 4-2, para pasar a las Series Mundiales por primera vez en la historia.

En el clásico de otoño, el juego ofensivo de Texas tuvo problemas con los lanzadores de San Francisco, y los Giants consiguieron el título en cinco partidos.

Alrededor de un mes después, Josh ganó el premio al mejor jugador de la AL. 22 especialistas lo votaron en primer lugar, y sus 258 puntos distanciaron sobradamente a Miguel Cabrera, de Detroit, con 262 puntos.

En febrero de 2011, Josh fue recompensado con un contrato de dos años y 24 millones de dólares que incluía una bonificación de 3 millones al firmar. Él lo corroboró con un promedio de bateo de .298, 25 home runs y anotando 94 carreras durante la temporada 2011, en la que los Rangers llegaron a las Series Mundiales por segundo año consecutivo.

Josh casi acaba siendo el héroe del clásico de otoño cuando su home run de dos carreras en la décima entrada del sexto partido dejaba a Texas a tan solo tres eliminaciones de ganar su primer campeonato del mundo. Sin embargo, St. Louis Cardinals fue capaz de empatar el partido en la décima y ganarlo en la undécima con un espectacular home run que finiquitaba el encuentro. Aunque los Redbirds acabasen ganando el título en siete partidos, los Rangers demostraron estar entre la élite del béisbol.

De una forma parecida, Josh ha conseguido llegar a la cima de las Grandes Ligas. Su camino no ha sido recto. Como los israelitas que tuvieron que vagar por el desierto, necesitó un tiempo para poder encontrar la tierra prometida. Sin embargo, Josh ha dicho muchas veces que no cambiaría su pasado.

«¿Habría podido llegar a las personas siendo ese chico limpio y correcto que salía del instituto?», preguntó Josh de forma retórica en una entrevista. «Probablemente no. ¿Cuántas personas más puedo alcanzar teniendo tatuajes, y un problema de adicciones? He pasado por eso...y he vuelto».

Su regreso ha inspirado a innumerables personas que están luchando contra sus propios demonios para poder entregar su vida a Dios. El mensaje de Josh para ellos es simple: *Poner a Dios en el primer lugar.*

«Alguien sin quien me sería imposible vivir es, obviamente, Jesús», dijo Josh. «Cuando no lo pongo a él el primero, mis decisiones no tienen buenas consecuencias para mí».

El Salón de la Fama puede bien llegar en un futuro, pero con Jesús ocupando el primer lugar y con sus prioridades firmemente establecidas, Josh Hamilton está definitivamente de camino a él.

Actualización de la temporada 2012: Josh tuvo un gran comienzo. A mediados de mayo, estaba bateando un .402, consiguiendo incluso cuatro home runs y un doble el 8 de mayo en un partido contra Baltimore. Después, su promedio descendió a .285, pero aun así logró 43 home runs en la temporada. El 13 de diciembre de 2012, Josh copó los titulares de la prensa al firmar un contrato

de cinco años y 125 millones de dólares con Los Angeles Angels,
coincidiendo con Albert Pujols.

Después de firmar un lucrativo contrato y trasladarse de Texas
al sur de California al final de la temporada 2012, Josh se unió a Los
Angeles Angels con expectativas muy altas. Con una plantilla que
incluía a Albert Pujols, Mike Trout y Mark Trumbo, los Angels eran
uno de los favoritos para disputar las Series Mundiales. Solo Trout
rindió a su nivel y los Halos sufrieron durante todo el año, acabando
terceros en el Oeste de la AL con un registro de 78-84. Los totales de
Josh en la temporada fueron los más bajos de toda su carrera en las
grandes, bateando .250 con 21 home runs y 79 carreras impulsadas.
Sin embargo, Josh dio razones para tener esperanza a los seguidores
del los Angels en la parte final del año. En los últimos 45 partidos,
bateó .329 con cinco home runs y 28 carreras impulsadas. Él espera
añadir a su físico otros ocho kilos de músculo para volver a dar lo
mejor de sí mismo en 2014.

7

STEPHEN DREW:
LAS COSAS BUENAS LLEGAN
DE TRES EN TRES

Innumerables niños de toda América sueñan con ser estrellas de las Grandes Ligas algún día, pero no muchos sienten realmente *presión* por serlo.

Bienvenidos al mundo de Stephen Drew.

Cuando eres una estrella en el instituto cuyos dos hermanos mayores fueron elegidos en primera ronda, la presión por llegar al Espectáculo es inevitable. Stephen, parador en corto de Arizona Diamondbacks, tenía catorce años cuando Cleveland eligió del instituto a su hermano intermedio, Tim, con el número 28 en 1997. Un año después, St. Louis escogió al mayor, J.D., de Florida State, con el número 5.

«Siempre me comparan», dijo Stephen.

Stephen nació el 16 de marzo de 1983, cuatro años y medio después de Tim y siete y medio después de J.D., en Hahira, Georgia, un rincón anodino a un lado de la I-75 cerca de la frontera con Florida. ¿Nunca han oído de él? Bien, busque en el mapa pueblos vecinos como Adel, Barney y Cecil, y lo encontrará. De verdad.

Con una población de apenas 1,600 habitantes durante la

juventud de Stephen, Hahira tenía un semáforo, una calle principal y un ayuntamiento antiguo. Es el típico lugar donde el barbero sabe tu nombre, los festivales de la abeja atraen a una gran multitud, y el ruido colectivo de las conversaciones suena como guitarras de acero compitiendo entre sí.

«Está creciendo un poco», dijo Stephen con su lenta forma de hablar sureña. «Ahora tenemos algunos restaurantes para comer, ya sabes, esas cantinas que parecen un pequeño agujero en la pared».

Como la mayoría de los tríos de hermanos varones, los chicos Drew eran un grupo de brutos. Los deportes y las heridas en las rodillas regían sus días. Les gustaba el béisbol, el baloncesto, el fútbol americano, cazar y pescar. Siempre que la actividad se desarrollase al aire libre, les valía.

No obstante, el béisbol era el rey. J.D., el hermano tranquilo, un zurdo de casi 1.85 de altura, era un magnífico bateador de potencia que fue elegido dos veces por unanimidad All-American y jugador nacional del año en 1997 en Florida State University. Tim, el que no tenía pelos en la lengua, era diestro y tenía la misma estatura que su hermano. Su fantástica bola rápida acabó dando lugar a un contrato profesional sin haber puesto un pie en la universidad.

Stephen no podía pedir mucho más, teniendo en cuenta cómo les fue a sus mentores en el béisbol.

«Tim podía lanzar fuego con la bola», dijo Stephen, cuya personalidad es una mezcla de la de sus hermanos. «Siempre fue un lanzador, lo cual nos ayudó. Siempre lanzaba más fuerte de lo que yo podía golpear. J.D. fue quien me enseño a batear de izquierdas».

Stephen siguió a J.D. a Florida State, donde fue la estrella durante tres años después de rechazar una oferta de 1 millón de dólares de Pittsburgh cuando acabó el instituto. Consiguió el premio de *Baseball America* al mejor jugador universitario de primer año en 2002 y fue escogido para el segundo equipo All-America de *Collegiate Baseball* en 2004. Cuando Arizona lo eligió con el número 15 en 2004, los Drew fueron el primer trío de hermanos seleccionados en primera ronda en la historia de las Grandes Ligas.

«Stephen vio todo eso con nosotros y siguió trabajando duro», dijo Tim. «Él nunca se veía sobrepasado por nada porque lo afrontaba todo. Eso es algo bueno. Dios lo preparó para algo especial».

Dios había estado preparando el corazón de Stephen durante mucho tiempo. Sus padres, David y Libby, criaron a sus hijos en la Bethany Baptist Church, a una milla de la propiedad de cinco acres de los Drew, por un camino de tierra. La familia iba a la iglesia cada domingo por la mañana y cada miércoles por la noche.

A la edad de nueve años, Stephen comenzó a darse cuenta de que una buena moralidad y la fe de su familia no eran suficientes para satisfacer a un Dios santo. Una noche en la cama, estaba despierto mirando al techo y todas esas lecciones de la escuela dominical y preguntas trascendentales empezaron a aflorar:

¿Creó Dios realmente el universo?

¿Por qué estoy aquí?

¿Son reales el cielo y el infierno?

¿Fue Jesús realmente quien decía ser?

«Dios habla de distintas maneras», dijo Stephen, «y así fue como me habló».

Su fe le fue bastante útil después de ser elegido. Con el duro negociador Scott Boras como agente, Stephen estuvo inactivo durante las conversaciones relativas a su contrato, que duraron todo un año. En abril de 2005, ansioso por jugar en algún lugar, *en cualquier sitio*, Stephen firmó con Camden (Nueva Jersey) Riversharks de la independiente Atlantic League.

Seis semanas más tarde, justo minutos antes de que acabase el plazo para firmar, lo cual lo hubiese incluido en el siguiente draft, llegó finalmente a un acuerdo con Arizona. Boras lo anunció como el nuevo Alex Rodríguez. Hablamos de presión.

Sin embargo, si Stephen sentía alguna, no lo demostraba. Pasó el año siguiente deleitándose lanzando en una liga menor antes de que una lesión del parador en corto titular de Arizona, Craig Counsell, precipitase su llamada a la gran liga en julio de 2006. El resto de

Stephen Drew, elección en primera ronda en 2004 de la pequeña Hahira, Georgia, es uno de los tres hermanos que han jugado en las Grandes Ligas. Sus hermanos mayores, J.D. y Tim, también fueron elegidos en primera ronda. (AP Photo/Matt York)

la temporada, Stephen pareció un experimentado veterano, promediando .316 al bate en 59 partidos. Había nacido una estrella.

«En cuanto a calidad, es el más talentoso [de los hermanos Drew]», dijo Tim en 2006.

Sin embargo, el béisbol, como la vida en general, puede ser un camino lleno de baches. Después de pasar por una intervención de cirugía LASIK ese noviembre, Stephen sufrió un bajón en su segunda temporada como profesional en 2007 (.238 de promedio de bateo en 150 partidos) antes de explotar en las eliminatorias (.387), en las que los Diamondbacks alcanzaron las Series por el campeonato de la NL. Se recuperó en 2008 para batear un .291 de promedio, con 21 home runs y 67 carreras impulsadas en 152 partidos, pero no ha podido alcanzar ese mismo nivel desde entonces.

La temporada 2011 pareció ser finalmente el año que todos esperaban para el más joven de los Drew. A finales de abril, estaba promediando .321 al bate y tenía posibilidades de participar en su primer All-Star, pero decayó estrepitosamente en los siguientes dos meses y medio.

Entonces se produjo el desastre.

En un partido contra Milwaukee el 20 de julio, Stephen sufrió una terrible fractura en el tobillo que terminó con su temporada. Al resbalar hacia el receptor de los Brewers Jonathan Lucroy en el plato, el pie derecho de Stephen quedó encajado debajo de este y se dobló de forma violenta, torciéndose a unos 100 grados de su posición normal. Las repeticiones de la lesión horrorizarían hasta a un muñeco de goma.

Operaron a Stephen al día siguiente. Mientras él acababa el año con un frío .252 de promedio, Arizona entró en racha y ganó la corona del oeste en la NL. Estas vacaciones no deseadas a mitad de temporada, en cambio, le permitieron estar al lado de su mujer, Laura, durante el nacimiento de su segundo hijo, Nolan.

«Stephen está decepcionado por no poder estar ayudando al equipo a llegar a las eliminatorias, pero al mismo tiempo comprende que el Señor es quien dirige sus pasos, como dice Proverbios

16.9», dijo el capellán de los Diamondbacks Brian Hommel después de la lesión. «Stephen no sabe por qué se ha lesionado, pero lo ha asumido porque ha puesto a prueba su fe, y no se puede confiar en una fe que no se pone a prueba».

En general, la carrera de Stephen no ha sido espectacular, pero sí sólida. Si se le juzga en comparación a sus hermanos, actualmente estaría por delante de Tim y por detrás de J.D. en la escala del éxito en las Grandes Ligas.

Tim jugó profesionalmente once temporadas en total, incluyendo partes de cinco en las Grandes Ligas, acumulando un feo 7.02 ERA en 35 partidos con Cleveland, Montreal y Atlanta de 2000 a 2004. Pasó por el quirófano por un desgarro del anillo cartilaginoso de su hombro derecho en enero de 2006 y se retiró a la edad de veintinueve años después de un intento fallido de regresar con dos equipos de la liga independiente en las temporadas 2007 y 2008.

J.D., entretanto, no ha podido cumplir con todas las expectativas depositadas en una elección entre los cinco primeros puestos del draft. Aun así, este jardinero frecuentemente lesionado ha disfrutado de una carrera envidiable. Hasta 2011, había jugado catorce temporadas en las Grandes Ligas, con cuatro equipos, bateando 242 home runs. Terminó sexto en la votación para elegir al mejor jugador de la NL en 2004, participó en el All-Star de 2008 y ha jugado las eliminatorias en ocho ocasiones. En 2007, su grand slam en la primera entrada del sexto partido de las series por el campeonato de la AL contra Cleveland fue un momento crucial en el camino de Boston hacia su segundo título de las Series Mundiales en cuatro años.

A Stephen le gustaría vivir la euforia de las eliminatorias como su hermano, pero pase lo que pase en su carrera, él encuentra un gran alivio en su fe.

«Los acontecimientos no siempre se producen como nosotros queremos», dijo. «Las personas tienen a veces una perspectiva errónea de los cristianos, como si todo fuese siempre fácil [para nosotros]. Puede ser todo lo contrario, pero Jesús está sentado a nuestro lado y puede sostener nuestra mano en cada situación. Está ahí con nosotros. Puede que no seamos capaces de verlo ahora, pero podemos mirar atrás y ver que su mano está sobre nosotros todo el tiempo. Él está conmigo cada día».

Actualización de la temporada 2012: Stephen Drew comenzó la temporada 2012 donde terminó la 2011, viendo el juego desde la banda. Drew, el parador corto de Arizona Diamonbacks en aquel momento, sufrió una lesión de tobillo que acabó con su temporada el 20 de julio de 2011 mientras se deslizaba hacia el plato contra Milwaukee. No regresó a la alineación hasta el 27 de junio de 2012. Durante los dos meses siguientes lo pasó muy mal, bateando un promedio de .193 antes de que Arizona enviase a su elección en primera ronda del draft de 2004 a Oakland, a cambio de un jugador de una liga menor, el 20 de agosto. El nuevo escenario pareció ayudar a Drew, que subió a un promedio de .250 en 39 partidos, ayudando a Oakland a ganar su primer título de la división oeste de la AL desde 2006. Stephen acreditó .211 al bate en la derrota en cinco partidos ante Detroit en las Series de división de la AL.

Se podría decir que Stephen Drew estaba en el lugar adecuado en el momento adecuado. El parador en corto de 30 años de edad firmó un contrato de un año con Boston Red Sox en 2013, la temporada de «Boston Strong» que culminó con los barbudos jugadores de los Red Sox ganando las Series Mundiales frente a su hinchada en Fenway Park, algo que no había ocurrido desde 1918. Stephen solo bateó .253 durante la temporada y se desplomó en las eliminatorias, pero fue su guante terrorífico el que lo mantuvo en la alineación. Todo se olvidó cuando Stephen logró un home run en el sexto partido y los Red Sox consiguieron el título frente a St. Louis Cardinals.

8

JEREMY AFFELDT:
SOLUS CHRISTUS, SOLO CRISTO

Sentado en su oficina, David Batstone miró con incredulidad la pantalla de su computadora.

Es una broma, pensó. *Alguno de mis empleados me está tomando el pelo. Es imposible que un jugador de las Grandes Ligas me envíe un correo electrónico no solicitado.*

¿Y si...? Batstone, un gran seguidor de San Francisco Giants, no pudo evitar el entusiasmo desbordado que le produjo la lectura del mensaje. Eran los últimos días de noviembre de 2008, y habían pasado veintiún meses desde que participase en la fundación de Not For Sale (NFS), una ONG del área de la bahía de San Francisco que lucha fuertemente contra el tráfico de seres humanos y la esclavitud en todo el mundo. La conciencia pública de su proyecto crecía lentamente, pero su cruda temática no atraía exactamente al jugador medio de las Grandes Ligas con alma caritativa.

Sin embargo, Jeremy Affeldt no es, en ningún sentido, un jugador medio de las Grandes Ligas. Así que allí estaba, un correo electrónico de Jeremy, o quienquiera que estuviese haciéndose pasar por él, en la bandeja de entrada de Batstone solo días después de que el veterano relevista firmase un contrato de dos años y 8 millones de dólares con los Giants. El correo expresaba su interés en reunirse con Batstone en persona y conocer más acerca de NFS.

Siendo como era profesor de negocio en la University of San Francisco y un hombre racional, Batstone examinó de nuevo el correo, analizando el mensaje en busca de cualquier indicio de engaño. Después, comprobó su plantilla en NFS: *Bien, veamos quién es el bromista.*

No era una broma. El correo era real.

Los dos hombres se reunieron en San Francisco poco después. Antes de marcharse, Jeremy extendió un cheque de 10,000 dólares para una clínica/refugio que NFS creó en Tailandia para cuidar a antiguos niños esclavos. También prometió entregar a NFS cien dólares por cada ponchado que consiguiese durante la temporada 2009. (Acabó con 55).

Así de fácil, Batstone consiguió el apoyo de una celebridad, algo que la mayor parte de organizaciones caritativas solo puede soñar.

«Me impactó que, de alguna forma, fuese consciente de lo que hacemos», dijo Batstone.

Jeremy es único en esta era actual de atletas profesionales ricos que actúan como divos. A simple vista, puede parecerse a cualquier otra estrella moderna. Bloguea y tuitea. Tiene tatuajes, pelo escarchado a lo surfero, patillas por debajo del lóbulo de la oreja, y una larga y sofisticada línea vertical de pelo en la barbilla.

Sin embargo, existe mucho contenido en su estilo. Si hubiese lanzado hace setenta u ochenta años, en el período de la Gran Depresión, podríamos imaginarnos a jóvenes repartidores de periódicos anunciando su llamativa peculiaridad por las esquinas de ajetreadas calles:

«*¡Extra! ¡Extra! Toda la información: ¡Atleta profesional con perilla, tatuajes y sin educación universitaria es una fuerza inteligente, elocuente, versada y con fundamentos teológicos que lucha por la proclamación del Evangelio y la reforma social en el mundo!*».

La etiqueta del «deportista tonto» no se erradica fácilmente, pero Jeremy rompe, o mejor dicho, pulveriza los estereotipos con el mazo de la fe en acción. El cruza ese abismo, a veces tan grande, que separa el deporte de élite de la teología firme y el activismo cristiano, con una combinación de gracia, conocimiento y visión.

Los ministerios públicos que prefiere también son reveladores. Muchos atletas profesionales son caritativos, pero muy pocos se sumergen en lo más inmundo de la humanidad para hacer brillar la luz de Cristo como hace Jeremy.

Digámoslo de otra forma: ¿Cuántos atletas profesionales más trabajan celosamente para detener los trabajos forzados a los que se ven sometidos los niños en Perú? ¿O el negocio de la esclavitud sexual infantil en Asia? ¿O la utilización de personas con discapacidad psíquica en la pornografía en Rumania?

¿Cuántas celebridades de los deportes sufragan los gastos de construcción de orfanatos en Uganda? ¿O se emocionan cuando oyen el sonido del agua de ese pozo africano que ayudaron a construir? ¿O buscan encender la llama humanitaria de toda una próxima generación? Jeremy es una encarnación andante y parlante de Santiago 1.27 y 2.26, que hablan de las buenas obras producidas por la fe que los cristianos deben abrazar.

Además, también es un lanzador extremadamente bueno.

«Dios me está mostrando que la justicia es muy importante para él», dijo Jeremy. «Él es todo justicia y juicio. Jesús dijo que vino a liberar a los cautivos».

REBELDÍA Y TRANSFORMACIÓN

Así pues, ¿cómo se vuelve uno exactamente un Jeremy Affeldt? ¿Hubo algún momento como el del «camino de Damasco»? ¿Alguna visión angelical o voces celestiales en el desierto?

Realmente no. Solo hubo mucha confusión espiritual, una mala película apocalíptica y un entrenador de baloncesto con discernimiento.

De acuerdo, quizás haya generalizado demasiado. Rebobinemos un poco y completemos los huecos.

Jeremy nació el 6 de junio de 1979. Era el más joven de dos hermanos en una familia militar. David Affeldt, padre de Jeremy, era un capitán de la fuerza aérea que tuvo a la familia moviéndose por Arizona, Minnesota, diversas partes de California y Guam antes de afincarse definitivamente en Spokane, Washington, durante los años de instituto de Jeremy.

Tantos traslados provocaron que los Affeldt pasasen por muchas iglesias diferentes, bautistas, evangélicas libres, sin denominación, por nombrar algunas. La madre de Jeremy, Charlotte, creció en una bautista del sur, y David lo hizo en una luterana. Parecía un potaje religioso difícil de digerir para un chico joven.

Jeremy hizo la oración del pecador con cinco años de edad pero admite que no comprendió lo que estaba haciendo. Con doce años, se preocupó de nuevo por el asunto tras ser conmovido espiritualmente por una película de los años 70 sobre los últimos tiempos.

«Había una guillotina», recuerda Jeremy. «Trataba de asustarte con la muerte, [como si la religión fuese] una póliza de seguros contra el fuego». Sus aguas teológicas se estaban enfangando.

En su último año en Northwest Christian School en Colbert, Washington, Jeremy era un chico confundido, en un momento de rebeldía.

Un día, estando en tercer año, comenzó a molestar a una chica antes de la clase de inglés. Otra compañera de clase, Larisa Walker, una muchacha de pelo rubio particularmente guapa, estaba cansada ya de las payasadas de Jeremy. Se puso de pie delante de todos y gritó: «¡Nunca me casaré con un chico como tú!»

(Insertar el sonido de grillos en una estancia de otro modo extrañamente silenciosa).

La mala actitud de Jeremy empeoró. Durante la temporada de baloncesto, su entrenador no le permitió jugar un torneo de Navidad al haber recibido una técnica por gritar a un árbitro. Una más, le dijo su entrenador, y lo expulsaría del equipo.

Mientras Jeremy veía el siguiente partido vestido de calle, un ayudante del entrenador, Jim Orr, se sentó a su lado. «Tenemos que hablar», dijo Orr.

El entrenador Orr dio a Jeremy algunos libros y se reunía frecuentemente con él, ayudándolo a controlar su ira y atar los cabos espirituales.

Inicialmente, lo que motivó a Jeremy a crecer personalmente fue simplemente mantenerse en el equipo. No obstante, el Espíritu de Dios estaba obrando. Pronto, Jeremy llegó a tener una verdadera conciencia del Evangelio y de su necesidad de un Salvador. Se arrepintió y puso su fe en Cristo. Su comprensión de Dios y del cristianismo cambió. Su vida también.

El fruto espiritual empezó a florecer. Jeremy pidió perdón a las chicas de la escuela a las que había ofendido. Esos ruidos que se escuchaban por los pasillos de Northwest Christian eran las mandíbulas de los boquiabiertos compañeros golpeando contra el suelo.

Una chica que se dio cuenta del cambio fue Larisa Walker. Sí, *aquella* Larisa Walker. A primera vista, Jeremy no la había cautivado, pero ahora él era diferente. Donde antes veía soberbia, ira y sarcasmo, ahora había humildad, bondad y simpatía.

Un día, Jeremy y Larisa pasaban por el gimnasio de la escuela al mismo tiempo. Era día de reunión en la capilla, por lo que ambos iban bien arreglados. No había nadie más alrededor.

«Estás muy guapa hoy», dijo Jeremy.

Larisa se sorprendió. «Oh», tartamudeó, «tú también».

Viendo un rayo de luz, Jeremy se lanzó: «Deberíamos salir juntos alguna vez», dijo. Ella rechazó la proposición entre risas, pero él estaba decidido. Siguió intentándolo hasta que ella aceptó, a pesar del consejo de una de sus amigas que, como Ananías con el recién convertido apóstol Pablo en Hechos 9, era escéptica de la autenticidad de la transformación de Jeremy.

En su primera cita, Jeremy y Larisa fueron a un parque local, se sentaron sobre una sábana y hablaron durante horas. Cuando llegaron al último año, mantenían grandes conversaciones, especialmente acerca de religión. La familia de él, a pesar de haber saltado de iglesia en iglesia, era conservadora. Larisa, entretanto, provenía de un entorno carismático.

«Teníamos diecisiete años y debatíamos sobre teología», recuerda ella. «No sé si él habría hecho esas preguntas si no hubiésemos empezado a salir juntos. Nos ayudó a crecer en esos años».

Conforme Jeremy maduraba espiritualmente, dominaba atléticamente. Le gustaba el baloncesto, pero su futuro se encontraba claramente en el béisbol. Sus rivales no podían hacer nada contra las cosas que era capaz de hacer en el montículo de lanzamiento. Así pues, en 1997, tres días antes de su decimoctavo cumpleaños, Kansas City Royals lo eligió del instituto en la tercera ronda.

Los Royals enviaron de inmediato a Jeremy a su equipo de novatos en Fort Myers, Florida, que participaba en la Gulf Coast League. Casi no tenía edad para votar, era un creyente relativamente nuevo y lo dejaron a casi 5,000 kilómetros de su hogar, en un entorno muy mundano. Era una receta para el desastre espiritual.

Sin embargo, Dios protegió a Jeremy. Encontró una buena iglesia, comenzó a leer un capítulo de la Biblia cada día y se maravilló por cómo Dios se revelaba poderosamente. En cierto sentido, reflejaba el viaje de Pablo a Arabia después de su conversión (Gálatas 1), un tiempo de fortalecimiento espiritual entes de afrontar el ministerio público.

«Es increíble cómo el Señor pasó a ser un Dios vivo en mi vida», dijo Jeremy. «Decidí ser un deportista profesional, y él ordenó mis pasos».

EL MATRIMONIO Y LAS LIGAS MENORES

La distancia, esa exigente prueba de la solidez de toda relación romántica, fortaleció aun más el vínculo entre Jeremy y Larisa. Mientras él luchaba en las ligas menores, ella completaba un curso de dos años de diseño interior en dos universidades comunitarias en Washington, pero él la echaba de menos, y ella a él. Cuando él volvió a casa después al finalizar la temporada, todo el tiempo que pasaban juntos parecía poco.

En febrero de 1999, Jeremy llevó a Larisa a un partido de baloncesto en su alma mater. El gimnasio de Northwest Christian estaba atestado de seguidores. El hecho de que muchos miembros de la familia y los amigos más cercanos de la pareja estuviesen allí no llamó la atención de ella.

En el descanso del partido, se instó por megafonía a los asistentes a permanecer en sus asientos para un concurso de triples con los ojos vendados. El ganador, dijo, se llevaría a casa un televisor de pantalla grande. Llamaron a cuatro participantes. Larisa era la última.

Cuando terminó de lanzar y se quitó la venda, Jeremy estaba delante de ella, rodilla a tierra, sujetando un anillo y un gran cartel que decía: «Larisa, ¿quieres casarte conmigo?». La chica atrevida que un día dijo que nunca se casaría con él estaba ahora gritando «¡sí!» delante de cientos de espectadores. Nueve meses más tarde, contrajeron matrimonio.

«Siempre bromea con que aquello fue un desafío, y que se había asegurado de hacerme pagar lo que le había hecho», dijo Larisa de aquel día en la clase de inglés.

La primavera siguiente, la realidad impactó con la felicidad de los recién casados. Al inicio de su cuarta temporada como profesional, sacaron a Jeremy de los entrenamientos de primavera para enviarlo al filial de Clase A de los Royals en Wilmington, Carolina del Norte. Fue una temporada dura para alguien de quien se espera esté jugando en una liga mayor. Jeremy tuvo un registro de 5-15 en el montículo. El salario era pequeño en la liga menor, por lo que Larisa consiguió un trabajo como directora de un campamento ecuestre para niños. La pareja compartía un apartamento de tres habitaciones con otros dos jugadores.

«Eso fue interesante», recordó Larisa.

A pesar de sus pobres estadísticas, Jeremy fue asignado al filial de Doble-A de los Royals en Wichita, Kansas, para ver qué podía hacer en la temporada 2001. Esta vez, él y Larisa pudieron alquilar su propio apartamento, pero el sitio era un vertedero. Larisa lloró cuando lo vio la primera vez. Como mobiliario, tenían una cama, un sofá y algunos muebles de plástico. Veían la televisión en una pantalla de nueve pulgadas.

Para poder subsistir, ambos trabajaron después de la temporada en una cadena de tiendas de muebles del padre de Larisa en la zona de Spokane. Ciertamente, no era el estilo de vida lujoso de un profesional del béisbol, pero la pareja disfrutaba de su vida en común. «Es divertido», se decían frecuentemente el uno al otro, para darse ánimos. «Estamos tú y yo solos. Es una aventura».

Las aventuras están bien y pueden ser buenas, durante un tiempo.

La realidad es que la fe de Jeremy estaba pasando por pruebas muy fuertes. En 2002, seguía siendo solo una promesa de jugador medio. Sus primeras cinco temporadas en ligas menores habían sido tan insulsas que la de 2001 en Wichita (récord de 10-6, 3.90 ERA en 25 inicios) fue su mejor año. Hizo duras preguntas a Dios y luchaba por su fe.

Entonces, como el maná del cielo, el éxito llovió sobre él. En esos entrenamientos de primavera, Jeremy tuvo una fantástica actuación en un partido en Brandenton, Florida. Los jefazos de los Royals tomaron nota, así como el columnista del *Kansas City Star* Joe Posnanski, ahora redactor principal de *Sports Illustrated*.

Posnanski comenzó a ondear inmediatamente la bandera de Affeldt en sus artículos para el *Kansas City Star*. Así es como Posnanski lo describió años más tarde, en una historia del *Sports Illustrated* del 24 de octubre de 2010, un día después de que Jeremy y los Giants conquistasen la NL en Philadelphia:

> *Jeremy Affeldt.*
> *Miramos hacia atrás.*
> *Volvemos a un día en Brandenton, Florida. Debía ser el año 2002, en un aburrido partido de entrenamiento de primavera.*

No pasaba nada, cuando de repente Kansas City Royals pone en cancha a este chico, esta promesa mediocre llamada Jeremy Affeldt.

Nadie sabía nada de él. Solo acreditó números decentes en Doble A. Los ojeadores bostezaban, yo bostezaba. Y entonces... comenzó a lanzar. Nos quedamos boquiabiertos. Bola rápida de más de 150 km/h. Bola curva eléctrica a lo Barry Zito. ¿Qué diablos era eso?

De repente, los ojeadores se pusieron de pie. El director general de los Royals en esa época, Allard Baird, comenzó a inclinarse hacia delante, y un poco más, hasta que casi se encontraba sobre el hombro de la persona de quien tenía delante. Affeldt lanzó dos entradas y ponchó a 5 bateadores. El otro fue eliminado por faltas.

Como dijo un ojeador: el chico no es Koufax, pero con solo dos innings lanzados en Brandenton, Koufax no podría haberlo hecho mejor.

Así que me quedé enganchado. Me volví el seguidor más grande de Jeremy Affeldt. Él está convencido de que mis columnas en el Kansas City Star le consiguieron su trabajo en las Grandes Ligas, y por eso me considera el artífice de su carrera.

Jeremy dijo: «En 2002, ni siquiera se suponía que fuese a jugar en las Grandes Ligas. Joe Posnanski escribió una historia que alborotó a toda la ciudad de Kansas City. Cada vez que yo lanzaba, él escribía una gran historia [sobre mí]. Incluso mi esposa decía: "Me gusta leer lo que escribe sobre ti". Esos relatos de los entrenamientos de primavera presionaban cada vez más a los directivos. Siempre le estaré agradecido».

Jeremy estaba en la plantilla de los Royals el día que se inauguraba la temporada 2002, y debutó el 6 de abril. Con cinco temporadas en la granja que le parecieron diez, el zurdo de 1.90 de altura y 105 kilos de peso solo tenía veintidós años de edad.

Había llegado finalmente a las Grandes Ligas, desde la nada.

UN ALIVIO IMPORTANTE

Los cuatro años y medio de Jeremy en Kansas City tuvieron el mismo interés que un retraso por lluvia. Los Royals estuvieron mayoritariamente atroces durante ese tiempo, acabando con al menos 100 derrotas en 2002, 2004 y 2006, delimitando así su peor período de cinco años desde que la franquicia debutó en 1969. Solo en 2005, el equipo tuvo tres entrenadores, Tony Pena (despedido tras empezar la temporada con un registro de 8-25), Bob Schaefer (sustituido 17 partidos después) y Buddy Bell.

En lo personal, Jeremy luchó contra una serie de lesiones y nunca se estableció como abridor o cerrador en KC. En el límite del cierre del mercado de traspasos de 200/, los Royals lo enviaron junto a su ERA de 4.77 a Colorado en un intercambio que involucró a cuatro jugadores. Era un soplo de aire fresco de las Montañas Rocosas.

«En Kansas City, pedía a Dios todos los días que me traspasasen», admitió. «No es que lo odiase, pero necesitaba un cambio».

Los Rockies convirtieron a Jeremy en relevista a tiempo completo y trabajaron con él para corregir varios defectos en la mecánica de su lanzamiento. En 2007, disfrutó del mejor año de su carrera hasta ese momento, acreditando un ERA de 3.51, incluyendo un minúsculo 1.74 ERA en Coors Field, más favorable a los bateadores. No obstante, lo mejor estaba por llegar.

El 15 de septiembre, en la recta final de la temporada 2007, los Rockies tenían un registro de 76-72 y se encontraban a seis partidos y medio del líder del oeste en la NL, Arizona. Las oportunidades de llegar a las eliminatorias parecían esfumarse. Entonces, consiguieron una de las rachas victoriosas más increíbles de la historia, ganando 21 de los siguientes 22 partidos, consiguiendo el comodín de la NL, barriendo a Philadelphia y Arizona en las eliminatorias y alcanzando las Series Mundiales por primera vez en la historia de la franquicia.

Jeremy fue fundamental para el éxito de Colorado. Después de permitir un home run del potente bateador Ryan Howard en el segundo partido de las Series de división de la NL, asentó su juego

Jeremy Affeldt comenzó su carrera en las Grandes Ligas en 2002 como abridor en Kansas City, pero su mayor éxito llegó después de reinventarse como relevista de medio juego. Desde entonces, ha ganado dos anillos de las Series Mundiales con San Francisco en las últimas tres temporadas. (AP Photo/Tom DiPace)

y terminó las eliminatorias con seis actuaciones sin dejar anotar. Desafortunadamente, el poderoso equipo de Boston barrió a Colorado en cuatro partidos en las Series Mundiales. Aun así, quedó en la memoria para siempre como una historia del débil que consigue algo grande.

«Éramos un equipo cenicienta, fue una de esas situaciones que piensas que nunca volverán a ocurrir», dijo Jeremy.

Como consecuencia de su éxito, Jeremy firmó un contrato de 3 millones de dólares por un año con Cincinnati, donde su papel lo frustraba y nunca se adaptó a la ciudad. No obstante, Dios continuó bendiciéndolo. Lanzó multitud de entradas (78), estableció una nueva mejor marca personal con un 3.33 de ERA, y captó la atención de los Giants, que le ofrecieron un atractivo contrato de dos años al finalizar la temporada.

El año 2009 fue el mejor en la carrera de Jeremy, ganando el premio Setup Man of the Year de MLB.com con 1.73 de ERA en 74 partidos. Él atribuye gran parte de su éxito a su antiguo compañero de equipo David Weathers, que le ayudó a cambiar su lanzamiento de cuatro costuras por uno de dos, enseñándole a lanzar un sinker endiablado.

«Me saca de muchos apuros», dijo Jeremy. «Si vine a Cincinnati únicamente para aprender este lanzamiento, ha valido la pena. Ahora soy lanzador de bolas bajas, y he sido bastante efectivo desde entonces».

Sin embargo, la temporada 2010 fue dura para él. Jeremy se perdió 23 partidos por una lesión en el oblicuo izquierdo, batalló con un molesto problema en la parte posterior del muslo y estuvo en desacuerdo con su entrenador Bruce Bochy por su papel como relevista. Su ERA se infló hasta llegar a 4.14 y acreditó el registro más alto de su carrera desde 2006 en WHIP (bases por bolas más bateos por entradas lanzadas), con 1.60.

Sin embargo, el 3 de noviembre, cuando las serpentinas caían sobre Jeremy y sus compañeros mientras desfilaban por el centro de San Francisco como campeones de las Series Mundiales de 2010, todo aquello parecía historia antigua. Gracias a un colapso de San Diego en la recta final de la temporada, los Giants y su bien llamado ataque de «tortura» remontaron una desventaja de seis partidos y medio a finales de agosto para ganar el título del oeste de la NL.

En el sexto partido de las series por el campeonato de la NL contra Philadelphia, Jeremy se encontraba ante la actuación más grande de su carrera. San Francisco ganaba las series por 3-2. Jeremy relevó al abridor Jonathan Sánchez en la tercera entrada con dos bases ocupadas y ninguna eliminación en un partido empatado a dos en ese momento. ¿Alguien tiene una pastilla de antiácido?

No para Jeremy, gracias. Se sacó de encima una temporada llena de dificultades bloqueando a los Phillies durante dos entradas para conseguir el 3-2 en las series. Nueve días después, los Giants ganaron su primer campeonato de las Series Mundiales desde 1954, venciendo a Texas en cinco partidos.

«Fue increíble», dijo Jeremy sonriendo.

Los Giants de 2011 no pudieron clasificarse para las eliminatorias, pero Jeremy tuvo mucho éxito a nivel personal. Acreditó 1.15 de WHIP (el más bajo de su carrera) y 2.63 de ERA (el segundo más bajo de su carrera), manteniendo a sus rivales en un promedio de bateo de .207. Su ERA después del parón del All-Star (1.21) solo podía calificarse de sublime.

Sin embargo, los buenos tiempos duraron poco. El 8 de septiembre de 2011, un jueves que tenía libre, Jeremy estaba en el patio trasero con la parrilla, junto a su mujer Larisa y sus dos niños pequeños, cuando se hizo un mal corte en su mano derecha (con la que no lanzaba) con un cuchillo, tratando de separar unas hamburguesas congeladas. Su dedo meñique sufrió una lesión nerviosa que exigió cirugía, con lo que no pudo acabar la temporada.

Jeremy pudo haberse sumido en la amargura o la autocompasión. En su lugar, decidió celebrar la bondad y la protección de Dios, especialmente el hecho de que el cuchillo no dañase ningún tendón ni su mano de lanzamiento.

No obstante, el nervio afectado se encontraba justo debajo de una arteria principal. Era casi como si la arteria se hubiese apartado milagrosamente de la trayectoria del cuchillo. El cirujano que le operó dijo que nunca había visto algo parecido.

«No sé en lo que crees», dijo el doctor a Jeremy, «pero sigue creyendo en ello».

En los días siguientes, Jeremy hizo hincapié expresamente en el aspecto espiritual para ver lo que Dios quería enseñarle por medio de esta prueba.

«Dios ve y sabe», dijo Jeremy poco después del accidente. «Nosotros elegimos nuestro camino, pero él ordena mis pasos. Él ya ha visto el final de mi vida. Ya lo conoce. Él sabe cómo curar mi cuerpo.

«Ahora se trata de: *¿Qué quieres de mí ahora? ¿Quieres que sea más un hombre de familia? ¿Quieres que pase más tiempo con mis compañeros en un escenario diferente?* Estoy constantemente preguntando, aprendiendo y creyendo. Cuando estas cosas ocurren, ¿confías suficientemente en Dios Todopoderoso, creyendo que él sabe por qué acontecen? ¿En qué aspectos creces? ¿Cómo se incrementa tu madurez en Cristo por medio de estas cosas?».

«ESTE ES MI CAMINO»

En Lucas 4, leemos la historia de Jesús cuando entró en una sinagoga de Nazaret, su ciudad, en el día de reposo. Delante de una audiencia embelesada de judíos devotos, abrió un rollo sagrado del Antiguo Testamento y leyó un pasaje del libro de Isaías:

> *«El Espíritu del Señor está sobre mí, por cuanto me ha ungido para dar buenas nuevas a los pobres; me ha enviado a sanar a los quebrantados de corazón; a pregonar libertad a los cautivos, y vista a los ciegos; a poner en libertad a los oprimidos».*
> —LUCAS 4.18

Estas palabras resuenan con Jeremy, quizás más profundamente que con la mayoría de la gente. ¿Por qué?

¿Por qué late el corazón de Jeremy con tanta urgencia por las víctimas del tráfico sexual y la esclavitud infantil en rincones remotos del globo donde nunca ha estado? Existen multitud de organizaciones benéficas que se ocupan de problemas menos deprimentes, pero ahí está él, sumergiéndose en las cloacas de un mundo manchado por el pecado con un salvador de vidas, esperando rescatar almas maltratadas de las oscuras aguas de la desesperación.

«Para empezar, tiene relación con su espiritualidad y fe en Jesús», dijo David Batstone de Not For Sale. «Él lo ve como parte de la vida de Jesús, no como un añadido a la historia. Así era exactamente Jesús. No es un evangelio social diferente de la fe personal. Está realmente vinculado en una forma que es teológicamente profunda».

O, como lo resume Jeremy: «Simplemente, Dios me ha mostrado que este es mi camino». Así de simple.

Mientras más lee Jeremy las Escrituras, más ve cómo el corazón del Salvador se quebrantó por los perdidos, los oprimidos y los desamparados. Jesús comió con marginados y se hizo amigo de traidores. Tocó a leprosos y perdonó a prostitutas. El Hijo de Dios amó a lo peor del mundo.

Este hecho influencia a Jeremy. Lo aparta del egocentrismo. Sus luchas compasivas son algo más que una filantropía para sentirse bien o una casilla que rellenar en la «lista de relaciones públicas de un atleta multimillonario».

Su motivación está conectada intrínsecamente a una profunda comprensión del Evangelio. En su conversación, él emplea en muchas ocasiones palabras como *redención* y *restauración*. La doctrina de la expiación indirecta lo impulsa a entrar en acción. La misericordia y la gracia han cambiado su vida, y quiere que otros sean liberados también.

Por supuesto, todo esto proviene de un amplio conocimiento de las Escrituras. Él cita la Biblia como frases de películas bien conocidas. Sus estanterías de libros incluyen títulos de Tim Keller y de otros autores cristianos reformados y con mentalidad social.

«Siempre está leyendo un nuevo libro», dijo Larisa maravillada. «No es alguien que vaya a quedarse estancado en la vida. Siempre va a seguir leyendo, aprendiendo y poniendo en práctica. No sé si he conocido alguna vez a alguien tan dispuesto a mejorar».

Compruebe la presencia de Jeremy en internet. Su blog, titulado «Estimular un movimiento: Justicia social cristiana» incluye pequeños tratados acerca de tópicos como el abolicionismo actual, la paternidad guiada por la fe, y el libertinaje frente al legalismo. Ya sabe, lo típico en un blog.

Su página de Twitter también queda lejos de las tonterías habituales. No encontrará entradas como «*En un embotellamiento de tráfico... escuchando a Rihanna*». Tuitea constantemente breves citas de gente como C.S. Lewis, Napoleón Bonaparte, Benjamin Franklin, el general George S. Patton y Winston Churchill. Incluso salpicó un poco a Steve Jobs antes de su muerte.

Podríamos describir a Jeremy como un hombre del Renacimiento viviendo en la actualidad, aunque ello sería probablemente menospreciarlo ya que la teología de la iglesia estaba bastante deteriorada en el período renacentista. ¿Hemos mencionado que Jeremy es también un estudiante de historia de la iglesia? Puede defenderse perfectamente en conversaciones acerca de Lutero y Calvino.

Para demostrarlo, compruebe lo que tiene en su antebrazo izquierdo. En mayo de 2011, se hizo un tatuaje que dice *Solus Christus*, una frase en latín que significa «solo por Cristo» y representa una de las cinco solas de la Reforma protestante del siglo XVI. Poco después, escribió en su blog una serie de cuatro partes, con un total de 2,086 palabras, donde explicaba el significado de su primer tatuaje. En la vida de Jeremy, nada se hace sin un por qué, ni siquiera el arte corporal. «Es como un blasón para mí, en Cristo puedo hacer lo imposible», dijo de la frase en su antebrazo. «Bajo ese blasón, pongo a mi familia, a mis hijos, y compito, lo hago todo. Tenía tanto sentido».

Con NFS, que está activa en cinco continentes, Jeremy encontró un vehículo en el que merecía la pena derramar su intelecto y sus pasiones alimentados por la fe. Supo de NFS a través de Mike King, presidente de Youthfront, un amplio ministerio cristiano entre jóvenes en la zona de Kansas City, durante su época con los Royals. Alarmado por la existencia del tráfico de personas y la esclavitud en los Estados Unidos, Jeremy quería involucrarse. Por esta razón, aprovechó la oportunidad de reunirse con Batstone cuando firmó con los Giants.

Los dos hombres pasaron a ser soldados en una dura batalla espiritual. En febrero de 2011, Batstone incluyó a Jeremy en su «Montara Circle» inaugural, un ambicioso grupo de reflexión que se reunía durante dos días en Montara, California. Estaba compuesto por cincuenta y tres líderes académicos, del mundo de los negocios y sin ánimo de lucro, que trataban asuntos globales como la pobreza, el VIH/SIDA, la escasez de agua y el tráfico de personas. La lista de invitados estaba llena de personas influyentes y con gran poder, incluyendo tres multimillonarios. La invitación hablaba mucho de Jeremy.

El segundo día, los asistentes se dividieron en pequeños grupos y buscaron soluciones a la explotación humana en la selva amazónica peruana, donde NFS tiene un refugio para niños. Después, los participantes votaban a la mejor idea.

La idea ganadora fue crear una compañía de té frío, Smart Tea, cuyos ingredientes únicos procederían de una planta autóctona de esa castigada zona. De esta forma, se crearían empleos a los residentes y se evitaría que estos se vendiesen (o a sus hijos) como esclavos. Los beneficios de las ventas se inyectarían de nuevo en la región para estimular la economía y las infraestructuras.

En el otoño de 2011, el grupo de inversión Smart Tea, su consejo de dirección y su plan de negocio estaban preparados. ¿Saben quién ayudó a eclosionar a la idea ganadora? Correcto… Jeremy.

«Él juega la carta de "Solo soy un simple jugador de béisbol aquí", pero está totalmente comprometido con los líderes mundiales», dijo Batstone.

Jeremy también habla con su cartera. En 2010, donó más de 20,000 dólares en total a NFS. En 2011, incrementó la cuantía prometida por cada eliminación conseguida, de 100 a 250 dólares, incluyendo otros 250 por cada ventaja que mantuviese. También consiguió que el potente bateador de los Cardinals Matt Holliday, antiguo compañero suyo en Colorado, donase 500 dólares cada vez que hiciese un home run en 2011.

Eso no es todo. Gracias a la influencia de Jeremy, en el partido como local de los Giants contra Minnesota el 21 de junio de 2011, aparecieron en el marcador del estadio AT&T Park dos anuncios de servicio público de NFS protagonizados por él. También aboga por NFS fuera de temporada en su iglesia local en Spokane y en los colegios de la zona. Asimismo, es el portavoz principal de la iniciativa de NFS Free2Play, que insta a los aficionados a los deportes a hacer donativos para la organización relacionados con su equipo favorito.

«Incluso durante la temporada, me escribe preguntando qué está ocurriendo en Rumanía», dijo Batstone. «Es más que un típico jugador de béisbol. Es consciente de que tiene recursos económicos y una fama que hacen más efectivo a nuestro trabajo. Mientras más me he entrevistado con medios importantes, más me dicen: "¿Te das cuenta de los asombroso que es este chico que tienes contigo?"».

El embajador oficioso en el béisbol de la justicia social está luchando ciertamente la buena batalla, pero sabe que la próxima generación es infinitamente más influyente que un hombre. Así pues, creó la Jeremy Affeldt Foundation y Generation Alive. Su fundación busca extender el Evangelio entre los jóvenes por medio de campamentos y viajes misioneros. Entretanto, Generation Alive es un movimiento diseñado con el fin de inspirar a los jóvenes adultos para que cambien el mundo de formas tangibles.

Solo en 2011, Generation Alive se unió en varias ocasiones con la campaña de Youthfront «Algo que comer», organizando eventos de fin de semana donde jóvenes voluntarios prepararon más de trescientos mil paquetes de alimentos para enviar a África. Jeremy lo considera una gran forma práctica de obedecer el llamamiento de Mateo 25.34-40, inspirando al mismo tiempo a la acción de la próxima generación.

«No quiero un programa», dice Jeremy. «No quiero una concentración de la juventud. Quiero movimiento, algo como Martin Luther King, Jr. Quiero ver a los jóvenes en acción por el reino de Jesucristo, pero quiero que lo hagan adecuadamente».

Jeremy también considera a Generation Alive una poderosa herramienta de testimonio para los incrédulos con conciencia social que quieren ayudar a alguna causa caritativa pero no están necesariamente preparados para sentarse a escuchar un sermón en la iglesia. Se trata del principio paulino de 1 Corintios 9.22: «A todos me he hecho de todo, para que de todos modos salve a algunos».

«Han oído "Jesús te ama" y habitualmente han huido de ello», dijo Jeremy. «Jesús amaba a las personas. Se ganó el derecho a hablar en la vida de la gente. Cuando ellos le preguntaban su punto de vista, él lo decía. No les hablaba con superioridad. Ese es mi objetivo con los niños. Quiero fortalecerlos».

La fe valiente de Jeremy y su personalidad encantadora influencian también a toda la organización de los Giants. Él es organizador principal del día anual de comunión del equipo, en el que se insta a grupos de iglesias a asistir a un partido y escuchar los testimonios de jugadores cristianos tras el mismo.

En abril de 2011, cuando los Dodgers vinieron a la ciudad once días después del divulgado ataque sufrido por el seguidor de los Giants Bryan Stow en Los Angeles tras la jornada inaugural, Jeremy dio un discurso apasionado en directo a la multitud antes del partido, suplicando respeto a los demás. Fue tan poderoso que los programas de radio del área de la Bahía estuvieron hablando de él durante días, según el capellán de los Giants Jeff Iorg.

Dentro del club, Jeremy es uno de los líderes de la capilla y da testimonio fiel y activamente entre sus compañeros.

«Jesús vino a traer el reino de Dios a la tierra, porque en el cielo nada va mal», dijo Jeremy. «Él vino a restaurar las cosas. Espera de nosotros que llevemos a cabo el proceso de restauración. Tenemos el mismo espíritu en nosotros, pero obviamente él tiene algo más de popularidad. Nosotros somos la imagen de Dios.

»¿Qué puedo hacer entonces? Puedo ayudar a restaurar la vida, para mí, llevar la justicia donde hay injusticia porque ese es el amor que Jesús puso de manifiesto».

Actualización temporada 2012: En octubre de 2011, Jeremy Affeldt se estaba recuperando de un extraño accidente con un cuchillo, que acabó prematuramente con su temporada a principios de septiembre. Qué gran diferencia puede producirse en un año. En octubre de 2012, se encontraba disfrutando del desfile de celebración del campeonato en el centro de San Francisco tras ayudar a los Giants a ganar sus segundas Series Mundiales en tres temporadas. Individualmente, Affeldt realizó una temporada para enmarcar, acreditando un ERA de 2.70 en 67 actuaciones. Estuvo estelar en las eliminatorias, no permitiendo carreras y eliminando a 10 en 10 partidos a lo largo de tres series. En el partido final de las Series Mundiales, en las que San Francisco barrió a Detroit 4-0, Affeldt relevó al abridor Matt Cain en la parte baja de la octava con el marcador igualado a 3. Después de conceder una base a Avisail García, arrasó al famoso núcleo fuerte del orden de bateo de Detroit, Miguel Cabrera, Prince Fielder y Delmon Young. Cuando acabó la histórica temporada, San Francisco recompensó a Affeldt con un nuevo contrato de tres años y 18 millones de dólares.

La temporada 2012 fue muy dura para Jeremy Affeldt. Un año después de ganar su segundo campeonato de las Series Mundiales en tres temporadas y acreditar un ERA de 2.70 con San Francisco, Affeldt tuvo problemas de salud en 2013 y vio como este promedio subía en más de una carrera (3.74). Los Giants acabaron con un decepcionante 76-86. El relevista de 34 años solo participó en 39 partidos como puente en las últimas entradas para el cerrador All-Star Sergio Romo, debido a una lesión en la ingle izquierda que lo tuvo apartado de la cancha 50 partidos en la parte central de la temporada. Cuando salió finalmente de la lista de lesionados, Jeremy agravó su lesión y tuvo que parar el resto de la temporada. Él espera resurgir con los Giants en 2014.

9

MATT CAPPS:
ABRIR EL PUÑO QUE UN DÍA
CERRÓ CONTRA DIOS

El teléfono sonó justo antes de medianoche.

Sorprendido, Matt Capps contestó. Era su hermano pequeño, Chris.

Qué extraño, pensó Matt. *No es normal que Chris llame tan tarde.*

La voz de Chris era diferente. Las noticias que traía cambiarían la vida de los hermanos para siempre.

«Papá se ha desplomado».

El tiempo se detuvo. Las manecillas del reloj se congelaron perpetuamente. Al menos, así es como se sentía Matt. Como un boxeador enviado a la lona por un brutal directo, no era capaz de comprender lo que acababa de suceder.

El padre de Matt, Mike, había soportado muchos problemas de salud anteriormente. Durante años, su cuerpo había funcionado como un cacharro machacado, petardeando por la autopista de la vida lo mejor que pudo pero necesitando frecuentes puestas a punto.

Esta vez, sin embargo, ya no había vuelta atrás. Era el adiós definitivo. Así pues, Matt y su mujer hicieron el trayecto de nueves horas de duración en coche desde su casa de fuera de temporada en Sarasota, Florida, hasta la ciudad de Matt, Douglasville, Georgia. Al llegar al hospital, este encontró a su padre un una cama, inconsciente.

Ninguno de los problemas de salud anteriores de Mike había preparado totalmente a Matt para esto. Todo parecía irreal, y él se sentía completamente desamparado.

Mike no era solo su padre. Fue su mentor principal, su confidente más cercano y su mejor amigo. Había entrenado una vez su equipo de la liga infantil. Había empujado a su hijo, en ocasiones hasta las lágrimas, para que consiguiese niveles de éxito en el béisbol que Matt nunca hubiese imaginado. Veía todos los partidos de su hijo, todos, y después esperaba su llamada por la noche siempre que lanzaba. Los dos analizaban la actuación de Matt hasta altas horas de la madrugada. Mike era un timón firme para su hijo en medio de los impredecibles vaivenes de la vida como relevista en una gran liga.

Ahora, de repente, se había ido.

LOS BUENOS DÍAS DE ANTAÑO

Ciertamente, Douglasville ha cambiado.

Sus residentes pueden dar las gracias por ello a la constante expansión urbana hacia Detroit, unos 32 kilómetros hacia el este. También tiene algo de mérito Arbor Place, un centro comercial regional de ciento veinte mil metros cuadrados que abrió sus puertas en 1999.

Sin embargo, cuando Matt nació allí, el 3 de septiembre de 1983, Douglasville transmitía una sensación acogedora de pueblo pequeño, que brotaba de sus raíces como ciudad ferroviaria del siglo XIX. Durante la infancia de Matt, el distrito del centro de la ciudad, con sus pintorescos edificios de dos plantas de principios de siglo, se sentía menos turístico y más como un hogar.

Aquella vida ofrecía placeres muy simples, como la recaudación de fondos vendiendo donuts Krispy Kreme, que todo el equipo de la liga infantil llevaba a cabo en la tienda Kmart local. O las cenas familiares de los viernes bien en PoFolks, la cocina rural local, o en Hudson's Hickory House, donde se podía degustar una buena barbacoa por seis dólares. Los días felices del pasado nunca tuvieron tan buen sabor.

Matt y Chris pasaban sus días en la calle con un grupo muy unido de amigos del vecindario. Si no era fútbol en el gran patio trasero de la casa de su tía, era béisbol en el delantero. Jugaban mucho al baloncesto al aire libre y al béisbol en un descampado. Otras tardes más tranquilas, iban a pescar.

«Hacíamos deporte a todas horas», recuerda Matt. «No entiendo a esta generación que solo juega a videojuegos».

En el instituto, Matt era un deportista estereotípico. Jugaba al béisbol, al fútbol, e incluso corría campo a través en su primer año, algo no demasiado normal en un hombre que ahora mide 1.85 de altura y pesa algo más de 110 kilogramos.

Sin embargo, el béisbol era su favorito. Conforme sus habilidades se incrementaban en la liga infantil, lo hacían asimismo algunas preocupaciones espirituales constantes. Movido por el ejemplo de un entrenador cristiano, el joven Matt empezó a hacer preguntas profundas a sus padres, las típicas que las personas que no asisten a la iglesia tienen problemas en responder.

Mike y Kathy Capps hacían todo lo que podían. Sus hijos conocían la diferencia entre lo correcto y lo incorrecto, y recitaban oraciones cada noche a la hora de dormir a instancias de sus padres. No obstante, las preguntas de Matt sobrepasaban el entendimiento teológico de papá y mamá.

Así pues, la familia Capps comenzó a asistir a la iglesia First Baptist Church de Douglasville, la misma a la que iba el entrenador de Matt. A la edad de diez años, este hizo la oración del pecador y fue bautizado.

En el instituto, sin embargo, el cristianismo era como una bolsita de resina para Matt. Echaba mano de él ocasionalmente, cuando «le sudaban las manos» por las complicaciones de la vida, pero inevitablemente lo dejaba de nuevo en el suelo. Finalmente, dejó de ir a la iglesia. En la época en que llegó a las ligas menores, sus pasiones eran mundanas, y su fe solo despojos.

ASCENSO FIRME HACIA LAS GRANDES LIGAS

A Matt siempre se le dio bien el béisbol.

Fue la estrella del instituto Alexander de Douglasville y ayudó al equipo de Georgia a ganar el Sun Belt Classic de 2001, un prestigioso torneo All-Star para jugadores de instituto que se celebraba en Oklahoma. Allí jugó junto a futuros integrantes de las Grandes Ligas como Brian McCann y Jeff Francoeur. Matt firmó un documento llamado National Letter of Intent, por el cual se comprometía a jugar en la universidad de Louisiana State, pero escogió rápidamente una carrera profesional después de que Pittsburgh Pirates lo eligiese en séptima ronda en 2002.

Su primera parada fue Bradenton, Florida, sede del filial de Pittsburgh en la Gulf Coast League (GCL), donde destrozó a los bateadores rivales con un ERA de 0.69 en 13 entradas saliendo del banquillo. Pasó a ser abridor en 2003, y las cosas seguían saliéndole bien. Entre los Pirates de la GCL y la Clase A en Lynchburg (Virginia), acabó con un récord de 5-1 y 2.13 de ERA en 11 partidos que jugó de inicio. Cada vez se iba pareciendo más a un chollo de séptima ronda.

Entonces llegó 2004.

En sus dos primeros meses con Hickory (Carolina del Norte), de la Clase A, fracasó estrepitosamente como abridor y no lo hizo mucho mejor como relevista. Los Pirates lo descendieron junto a su 10.07 de ERA a la Clase A de temporada corta, al equipo de Williamsport (Pennsylvania). Volvió a la rotación pero siguió teniendo problemas, acreditando un 4.85 de ERA en 11 partidos.

Fue la primera vez que Matt vivió un fracaso prolongado en el béisbol. El abatimiento era su compañero de viaje. Su vida profesional iba mal, pero la espiritual iba aun peor.

A finales de 2003, a Matt comenzó a gustarle la vida nocturna. Nunca se drogó, pero bebía mucho, y ahora admite que sus relaciones con mujeres no eran bíblicas.

«Estaba tan vacío», dijo de su vida en esa época. «No me llenaba en absoluto».

La iglesia no aparecía en el radar. Tampoco las Escrituras, ni la oración. Cuando el capellán de su equipo entraba donde él estaba, se marchaba corriendo en otra dirección. Todo el mundo podía ver claramente su duplicidad espiritual, o al menos así es como se sentía. Estaba avergonzado de su moralidad decadente, pero se sentía sin fuerzas para detener la caída.

No quiere decir que Matt hubiese renunciado a sus creencias o que cuestionase las enseñanzas de las Escrituras. Simplemente, no estaba viviendo como la «nueva criatura» de la que el apóstol Pablo escribió en 2 Corintios 5.17. Estaba huyendo de Dios, buscando un barco que lo llevase a Tarsis, pero como Jonás aprendió, no podemos escondernos del Todopoderoso.

Al acabar esa temporada, el Espíritu Santo empezó a despertar el corazón de Matt. Cuando llegó a Florida para los entrenamientos de primavera de 2005, los pistones de las creencias funcionaban a todo gas. Los Pirates asignaron de nuevo al chico de veintiún años a Hickory para el inicio de temporada. Entonces es cuando Matt conoce a David Daly.

David llevaba mucho tiempo ministrando en la zona, pero era su primer año como capellán de los Crawdads. Se dio cuenta del hambre espiritual que Matt tenía y enseguida se encariñó con el joven. Matt también se sentía cómodo con David. Un domingo por la mañana al principio de la temporada, Matt se sinceró con su nuevo mentor.

«David», dijo Matt, «he hecho muchas cosas que no debía. Las he disfrutado a nivel físico, pero sé que no son correctas. No estoy siendo un buen ejemplo para los demás».

Matt exhaló. ¡Se sentía tan bien después de confesar eso a alguien! Aun así, se preparó para recibir la condenación de David.

En su lugar, David asintió con la cabeza. Con amor, exhortó a Matt a desempeñar su papel como embajador terrenal de Cristo. Dijo a Matt que el béisbol era una plataforma para el ministerio, nada más y nada menos que con la gloria de Dios en juego.

Matt era todo oídos. Pronto, David le pidió que fuese el representante de la capellanía del equipo. Él aceptó entusiasmado.

Sin embargo, aún había mucho trabajo por hacer. Como la guerra espiritual rugiendo en su interior, el sentimiento de culpa se había atrincherado en los surcos de su alma. Se preguntaba: *¿Cómo puede Dios aceptar a un rebelde como yo? Mira mis antecedentes espirituales. Mi estilo de vida ha constituido una afrenta continua al modelo de Dios. ¿Por qué iba a esperar amor y perdón cuando mis ofensas han sido tan graves?*

Matt aún no había comprendido la gracia y la misericordia divinas. David le explicó cómo funcionan. Le ayudó a ver que Dios envió a su Hijo perfecto, Jesucristo, para saldar la deuda abrumadora que él no podía pagar. Le enseñó que el perdón de Dios no se basaba en los méritos humanos, sino en la obra completa del Calvario.

Matt escuchó, leyó las Escrituras e hizo preguntas profundas. Poco a poco, su visión miope se amplió hasta que entendió todo el cuadro. Una noche posterior a la temporada 2005, estaba sentado en su dormitorio y *¡Bum!*, la verdad salvadora del Evangelio lo golpeó.

«Esa fue la primera vez en que pedí realmente a Jesús que tomase el control de mi corazón de forma total», dijo. «Lo había hecho en la iglesia de niño porque sabía que era lo correcto, pero no estaba seguro de lo que significaba».

David, entretanto, disfrutaba de un asiento en la primera fila en la transformación de Matt.

«Comenzó a tomarse en serio para qué lo había creado Dios, para ser un reflejo de Cristo, no de sí mismo», dijo David. «Creo que la importancia de este hecho en su ascenso meteórico de la Clase A a las Grandes Ligas no es poca».

BIENVENIDOS AL ESPECTÁCULO

Teniendo en cuenta cómo acabó para Matt la temporada 2004, soñar con una convocatoria para una gran liga el año siguiente hubiese sido audaz, como mínimo. En los entrenamientos de primavera, los Piratas lo pasaron a la posición de relevista. Este movimiento no gustó particularmente a Matt, pero algo hizo clic.

Después de un período en el que prácticamente no le pudieron batear en Hickory al principio de la temporada, Matt se ganó un ascenso a la Doble-A, en Altoona (Pennsylvania), donde continuó demostrando su maestría sobre el montículo. En septiembre, llegó a la Triple-A en Indianápolis, para jugar las series por el campeonato de la International League, y lanzó dos entradas sin anotación en el primer partido.

Tres días después, habiendo apenas cumplido los veintidós años de edad, le dijeron las palabras que cualquier jugador de una liga menor sueña escuchar: «Hijo, te vas a las Grandes Ligas». Se iba a Pittsburgh.

En los Pirates reinaba el caos. Diez días antes, habían despedido a su entrenador Lloyd McClendon y lo habían sustituido por el segundo, Pete Mackanin, cayendo hasta un registro negativo de 67-95. Era la decimotercera temporada consecutiva con más derrotas que victorias. A Matt no le importaba. Había llegado al Espectáculo.

Ese día, y toda su locura, quedará grabado para siempre en la mente de Matt. Tras tener conocimiento de su ascenso a la una de la madrugada, tomó un vuelo hacia Pittsburgh la mañana siguiente a las 9:30. Allí, los Pirates recibían a Cincinnati en un doble enfrentamiento que daba comienzo a las 5:06. Sin embargo, cuando su avión se preparaba para despegar, el vuelo se canceló por problemas en el motor.

Matt languideció durante cinco horas en la terminal del aeropuerto antes de poder subirse a otro avión, que aterrizó en Pittsburgh veinte minutos antes del comienzo del primer partido. Llegó en taxi al estadio PNC Park en la tercera entrada. Una vez allí, tuvo que esperar en la entrada de jugadores porque sus credenciales no

Matt Capps, un corpulento veterano que lleva ocho años en las Grandes Ligas, pasó de ser una elección en séptima ronda del draft de 2002 a ser un cerrador All-Star que ganó el Midsummer Classic de 2010. (AP Photo/Genevieve Ross)

habían llegado y los guardias de seguridad no lo reconocían. Finalmente, en la parte alta de la sexta entrada, un exhausto Matt llegó
al banquillo.

Dos entradas más tarde, entró en el partido con los Pirates perdiendo 3-0 en una derrota final 8-2. En el primer lanzamiento de
Matt, el jardinero de los Reds Chris Denorfia, que había debutado
en las Grandes Ligas tan solo nueve días antes, conectó un golpe
recto hacia la zona central derecha. Denorfia robó la segunda, pero
Matt se aplicó. Eliminó a un par de Pirates, pero justo cuando creyó
que estaba saliendo del atolladero, un simple llevó a Denorfia hasta
el home. Bienvenido a las Grandes Ligas, chico. El lanzador Brandon Claussen sustituyó a Matt para acabar la entrada.

Actuó en otras tres ocasiones esa temporada, acabando con un
ERA de 4.50 en cuatro entradas. Todavía tenía que pulir su talento,
pero el chico prometía.

«Fue una temporada divertida para mí», dice. «La comencé sin
ni siquiera aparecer en el radar, y la acabé en Pittsburgh».

La temporada siguiente, Matt demostró que era válido, con un
registro de 9-1, un ERA de 3.79 y permitiendo solo 12 bases por
bolas en 85 entradas de relevo medio. A los Pirates les gustaba la
forma en que el corpulento diestro bombardea la zona de strike
con bolas rápidas de 140 km/h, mientras mantiene a los bateadores desconcertados con un slider maléfico o un cambio de velocidad ocasional.

Después de comenzar 2007 como relevista inmediatamente anterior al cerrador en los Pirates, el 1 de junio Matt sustituyó como
cerrador a Salomón Torres, que estaba teniendo problemas. Respondió convirtiendo sus nueve primeras oportunidades de juegos
salvados y acabó con 18 en total y un 2.28 de ERA.

El chico de Douglasville que lanzaba muy fuerte iba en línea
ascendente, pero ni siquiera podía prever las nubes de tormenta que
se estaban formando en la distancia desde esa nueva elevación en
la vida.

EL AMOR ENTRA EN JUEGO

«Me casaría con esa chica mañana».

Brett Campbell se reía por el alocado comentario de Matt. Después de todo, lo estaba diciendo el chico que se opuso inicialmente a la idea de citarse con Jenn Martin en primer lugar.

«Eres un idiota», dijo Brett.

Ni siquiera asimiló el comentario de este. «No sé», dijo Matt como si estuviese soñando. «Nunca me he sentido así antes».

Brett arrancó su coche y los dos amigos se marcharon. Era finales de 2006, poco después de la temporada de novato de Matt con los Pirates, y venían de una doble cita a ciegas en un Texas Roadhouse de Douglasville.

Ni Matt ni Jenn empezaron la velada con muchas expectativas. Todo había sido idea de la nuera del agente del jugador, que trabajaba con Jenn. Matt no era aficionado a las citas a ciegas. Ella salía de otra relación y no quería quedar con un jugador de béisbol.

Aparte de eso, ¿qué podía ir mal?

La noche transcurrió inocuamente. Matt no habló mucho. Jenn no sintió rechazo, pero tampoco estaba embelesada. Brett tenía muchas razones para mostrarse escéptico.

Matt llamó varias veces a Jenn durante las dos siguientes semanas, pero ella no respondió. Su silencio sonaba terriblemente fuerte. Entonces, el día antes de que él se fuese de vacaciones, ella llamó. Matt propuso quedar de nuevo. La respuesta poco entusiasta de Jenn no inspiró precisamente confianza, pero finalmente salieron juntos de nuevo.

El cortejo subsiguiente fue más lento que un lanzamiento de nudillos de Tim Wakefield. Tras un par de citas más, Matt debía marcharse para los entrenamientos de primavera en Florida. Sobrevivir al desafío de la distancia no estaba garantizado.

Sin embargo, había esperanzas. Matt y Jenn hablaban por teléfono casi a diario, y Jenn accedió a asistir a las segundas series de la temporada regular en Cincinnati ese abril porque tenía familia en la zona.

Matt tuvo un fin de semana bastante poco ajetreado, apareciendo únicamente en la final del domingo y lanzando sin anotación en la primera y tercera entradas. Sin embargo, fuera de la cancha estaba enamorándose de Jenn. A mediados de julio, tenía claro que quería casarse con ella.

Durante una serie de partidos como local en Pittsburgh ese mes, Jenn fue a ver a Matt y la pareja salió a cenar después de un encuentro. Si alguien se hubiese atrevido a levantar una de las perneras del pantalón de él, habría notado un gran bulto en su calcetín. Matt llevaba escondido ahí un anillo de compromiso.

Llámenlo cautela bordeando el miedo. La mente de un hombre procesa miles de pensamientos cuando está a punto de hacer una proposición, y la mayoría de ellos exploran las innumerables formas en las que su obra maestra romántica puede derrumbarse constituyendo un fracaso épico.

El lugar escogido por Matt para formular la pregunta era el encantador vecindario de Mount Washington, en Pittsburgh, que se encuentra unos doscientos metros por encima del centro de la ciudad y al que se puede acceder por dos vías históricas de automotores. Por la noche, provee una vista asombrosa del horizonte brillante de Pittsburgh y de la convergencia de los ríos Allegheny, Monongahela y Ohio. De hecho, la revista *USA Today Weekend Magazine*, colocó la vista nocturna de Mount Washington la segunda en su lista de los diez lugares más bellos de América en 2003.

El momento había llegado. Matt tragó saliva. Las mariposas que habían estado revoloteando toda la noche en su estómago eran ahora aviones de combate en una confrontación aérea de la Segunda Guerra Mundial.

Entonces, de la nada, una voz femenina acabó con la tensión: «¡Oh cielos, eres Matt Capps!». Una seguidora local de los Pirates, entusiasmada por la buena suerte de encontrarse con el flamante nuevo cerrador del equipo, corrió hacia Matt para saludarlo.

¿Quién dijo aguafiestas?

Sin embargo, no estaba todo perdido. Matt había estado

observando el entorno y vio que la fuente del Point State Park, un tesoro municipal de Pittsburgh por su columna central de agua que sube hasta los treinta metros de altura y su espectacular ubicación en el margen del río Ohio, estaba funcionando. No lo había hecho en toda le temporada.

¿Coincidencia? Quizás, pero Matt lo consideró una casualidad favorable.

«¿Qué estamos haciendo?», preguntó Jenn mientras se subían a un automotor que bajaba.

«Demos un paseo», respondió Matt tímidamente.

En la fuente, Matt le dio un centavo. «Pide un deseo», le dijo. Ambos tiraron su moneda al agua, y Matt le preguntó alegremente que había pedido ella.

«No te lo puedo decir si quiero que se cumpla», contestó Jenn, sonriendo. Cuando ella preguntó a Matt por su deseo, él hincó la rodilla en el suelo.

«¡Cállate! ¡Cállate! ¡Cállate!», gritó Jenn totalmente entusiasmada. Después, afortunadamente, dijo que sí. En noviembre de 2008, la pareja se casó.

«Ella ama al Señor y lo ama a él», dice David Daly hablando de Jenn. «Tenerla es una bendición y él lo sabe. La familia de ella es muy buena con él».

Matt y Jenn compraron recientemente una casa en una finca de cinco acres en Roswell, Georgia, justo al norte de la gran Atlanta, para estar cerca de sus amigos y de la familia. Tuvieron su primer hijo en febrero de 2012.

En todo este tiempo, Matt ha descubierto lo que más disfruta del matrimonio.

«Mi parte favorita», dijo, es saber que cada vez que llego a casa de la cancha, ella está allí esperándome. Puede haber sido un buen día, uno malo o uno en el que no ha pasado nada, pero el resto del mismo o de la noche lo pasaré con ella, que me hace mejor persona».

MI PADRE SABE LO QUE ES MEJOR

La 2008 fue otra temporada sólida de Matt, que acreditó 21 juegos salvados y un 3.02 de ERA a pesar de perderse casi dos meses de competición por una bursitis en su hombro derecho. Todo indicaba que explotaría en 2009. Sin embargo, el béisbol tiene una forma divertida de tomar «todos los indicios» y echarlos en una picadora de carne.

Matt salvó 27 partidos en 2009, la mejor marca de su carrera, pero aparte de esto, la temporada fue desastrosa. Los bateadores rivales tuvieron un promedio de .324 contra él, casi como si estuviese lanzando suavemente la bola de abajo arriba. Su ERA se infló hasta llegar a 5.80.

«Fue un año bastante duro», dice Matt. «El béisbol es uno de esos deportes en los que al ser tan larga la temporada, es necesario encontrar una forma de olvidar el último partido. No puedes preocuparte por la última noche o por la siguiente. Lo único que importa es el presente».

Tras el último partido de la temporada 2009, una indiferente derrota 6-0 a manos de los Reds el 4 de octubre, que dejaba el registro de los Pirates en 62-99, su peor récord en ocho años, Matt estaba listo para una pausa mental, pero esta nunca llegó.

Dieciséis días más tarde, su padre cayó en su garaje y se golpeó la cabeza contra el suelo de hormigón. Cuando Kathy encontró a Mike unos minutos más tarde, respiraba pero estaba inconsciente, sangrando mucho y con un daño cerebral importante. Cuando llegaron los paramédicos, Mike estaba en paro cardíaco.

Fue el golpe final para un cuerpo cansado que había soportado cinco ataques al corazón, una operación de pulmón, y más de dos docenas de intervenciones de riñón.

Matt y Jenn fueron al hospital para ver a Mike una última vez, pero en esencia ya se había ido. El 22 de octubre de 2009, dos días después de su caída, la familia decidió retirar el soporte vital. Tenía sesenta y un años.

La pérdida fue devastadora para Matt. Su padre lo era todo para él.

Mike fue un hombre severo, no dado a florituras. Durante la mayor parte de la vida de Matt, había sido tasador inmobiliario. Sin embargo, tuvo también otros trabajos, en un hospital, por ejemplo, o regentando una casa de comidas llamada Wiener Stand. Cualquier cosa que proveyese para su familia.

La familia Capps no era acomodada, pero a Mike le gustaba dar oportunidades a sus hijos. Irónicamente, que jugase en la liga infantil fue lo único que Mike no quiso que hiciese su hijo en un principio. Recelaba de la política de la liga local y del colectivo de sus dirigentes, pero uno de los vecinos de los Capps, que también entrenaba a un equipo, persuadió a Mike para que dejase jugar a Matt.

Mike nunca hacía nada a medias, así que antes de que se pudiese decir «¡a batear!» ya había comprado un reglamento de béisbol para aprender las complejidades del juego y había pasado a ser vicepresidente del consejo de dirección de la liga local. Siempre que Matt estaba en la cancha, incluso entrenando, Mike parecía estar allí también.

En 1990, Mike hizo una pequeña apuesta con Matt, de solo siete años de edad en ese momento, sobre las Series Mundiales en las que se enfrentaban Cincinnati y Oakland. Mike ganó al escoger a los Reds. El antiguo detractor de la liga infantil se había transformado en un auténtico fanático del béisbol.

Padre e hijo iban juntos a los partidos de Atlanta Braves en el antiguo Atlanta-Fulton County Stadium. El joven Matt miraba boquiabierto y maravillado a estrellas como Dale Murphy y Chipper Jones mandaban bombas a las tribunas.

«Debe ser genial jugar en una gran liga», decía Matt.

Sin dudarlo, Mike contestaba: «Alguien tiene que ser el mejor. ¿Por qué no tú?».

Las palabras resonaban en Matt como una banda sonora motivadora:

Alguien tiene que ser...

Alguien tiene que ser...
Alguien tiene que ser...

Para Mike, el béisbol pasó a ser una herramienta didáctica acerca de la vida. No siempre era un instructor agradable, pero era efectivo. Dispensaba un amor estricto, rompiendo en ocasiones el equilibrio emocional de su hijo, pero Matt nunca dudó del cariño de su padre. *Es simplemente la forma en que papá me empuja*, se dijo Matt a sí mismo.

Incluso en la liga infantil, Matt aprendió rápidamente que un mal día en la cancha significaba que el camino de vuelta a casa se haría muy largo. Si lo eliminaban o cometía un error, trataba de escabullirse hacia el coche de su madre. Nunca funcionaba.

«Venga, vamos», decía Mike con voz firme y una mano igualmente firme sobre el hombro de Matt.

En el mejor partido de su carrera en el instituto, Matt tuvo un día sublime en el plato: tres de cuatro con un home run y dos dobles. Solo hubo un problema: no hizo cuatro de cuatro. La única mancha fue una eliminación.

«Eso es todo lo que oí durante dos semanas», dijo Matt. «Me decía: "¡No conoces la zona de strike! ¿Cómo vas a ir a la universidad o jugar profesionalmente?". Una vez seleccionado en el draft, me animaba más. Se esforzaba por darme aliento en vez de desmoralizarme, algo que *hizo* algunas veces. No obstante, creo que lo sabía. Sabía que eso me impulsaría».

Cuando llegó a las grandes, empezó a llamar a su padre después de cada partido para que analizase su actuación, fuese buena o mala. Imagínese: ¡un jugador de las Grandes Ligas escuchando los consejos de alguien que nunca jugó al béisbol de pequeño! Sin embargo, se trataba de Matt y su padre.

En 2008, Matt notó un cambio en la actitud de Mike durante sus charlas nocturnas, después de un partido, Mike dijo: «Creo que voy a dejar de decirte cosas de béisbol. Sabes de eso más que yo». Justo así, el consejero pasó a ser el oyente. Matt nunca olvidará esa noche.

Otra cosa extraña: El día que se cayó, Mike había llamado

anteriormente a su hijo para charlar. Ambos acababan siempre sus conversaciones diciendo «Te quiero».

Sin embargo, ese día, Mike dijo: «Te quiero, hijo». Era una pequeña variación, pero quedó grabada en Matt. Más tarde esa misma noche, Chris llamó con las terribles noticias.

Hasta hoy, las perspectivas de Mike siguen resonando en Matt. En la parte inferior de su gorra de juego, Matt escribe: *Alguien tiene que ser*. No obstante, la lección más importante que Mike enseñó a Matt no tenía palabras, e iba más allá del béisbol.

«Lo más importante es impactar a los demás», dijo Matt. «Mi papá tocó muchas vidas. Cada vez que voy, las personas me hablan de la huella que él ha dejado en su vida. Para mí, es difícil imaginar que todo lo que hago en la cancha de béisbol signifique más de lo que puedo hacer fuera de la misma».

CAMBIO DE AIRES

Si la muerte de Mike fue un golpe que dejó a Matt tambaleándose, el siguiente revés fue como una patada en la barriga cuando estaba en el suelo. Siete semanas después de la muerte de Mike, Pittsburgh, el único equipo que Matt había conocido durante sus ocho temporadas como profesional, prescindió de él tras una disputa contractual. Matt ganó 2.4 millones de dólares en 2009 y, a pesar de su mal año, probablemente hubiese recibido un aumento de haber acudido a un proceso de arbitraje, que frecuentemente favorece a los jugadores. Pittsburgh decidió no ofrecerle un contrato.

El 6 de enero de 2010, Matt firmó un contrato de un año y 3.5 millones de dólares con Washington National, que trataban desesperadamente de apuntalar su banquillo después de su desastroso balance de 59-103 en 2009.

En Washington, el mejor resumen de la temporada 2010 sería una sola palabra: Strasburg. Los medios locales y nacionales enloquecieron ese verano con Stephen Strasburg, y con razón. Este prodigio, que lanzaba llamas y fue número 1 del draft de 2009 cautivó a una gran audiencia a nivel nacional, a la que dejó boquiabierta con unos deslumbrantes doce primeros partidos como novato antes de sufrir una lesión en el brazo que acabó con su temporada.

Perderse en el bullicio fue una gran historia del renacimiento de la carrera de un tranquilo muchacho del estado de Georgia, con los pies en el suelo y amante de la música country, cuyas bolas rápidas no estaban tan lejos del nivel de las de Strasburg. De hecho, la misma noche en que Strasburg hizo su ansiosamente esperado debut, el 8 de junio de 2010, Matt consiguió su decimonoveno juego salvado en una novena entrada con diez lanzamientos.

«La noche en la que Strasburg lanzó, en la que todos parecen olvidar que Capps también lo hizo, este llegó a alcanzar los 155 km/h», recordó el entrenador de lanzamiento de los Nationals Steve McCatty.

Con *Alguien tiene que ser* grabado en su gorra, Matt se sacó de la manga mágicas bolas de fuego una vez más en 2010, ganando el premio al mejor lanzador relevista del béisbol en abril y su primera presencia en el partido de las estrellas, donde eliminó a su único bateador, el potente David Ortiz de Boston, en la parte baja de la sexta, consiguiendo ganar el partido cuando la NL, que perdía 1-0 al entrar él en la cancha, anotó tres carreras en la parte alta de la séptima para una victoria final por 3-1. La noche no fue mala.

El deporte del béisbol, sin embargo, está lleno de ironías. La producción de Matt fue tan alta ese verano que muchos equipos lo consideraban una buena opción a adquirir en un intercambio de jugadores. Dos semanas después, Washington cerró un acuerdo de traspaso con Minnesota, que finalmente ganó la corona de la división central de la AL, en gran medida gracias a la llegada de Matt.

Con Minnesota, fue incluso más dominante (2.00 ERA, 1.19 WHIP) de lo que había sido con Washington (2.74 ERA, 1.30 WHIP). El primer viaje de Matt a las eliminatorias acabó en primera ronda, pero él terminó el año con 42 juegos salvados, la mejor marca de su carrera y un ERA de 2.47.

«Fue un torbellino de temporada», dijo Matt.

Los vientos de cambio continuaron en 2011. Tras empezar la

temporada en Minnesota como relevista inmediatamente anterior al cerrador Joe Nathan, Matt asumió las obligaciones de la novena entrada a mediados de abril, a sugerencia del propio Nathan, que estaba teniendo problemas para recuperar su consistencia después de una operación de codo. No obstante, allá por el 16 de julio, Matt había salvado 7 juegos en 22 oportunidades y su era se disparó a 4.76, obligando al entrenador de los Twins Ron Gardenhire a cambiarlo de nuevo. Matt acabó la temporada con un registro de 4-7 y solo 15 juegos salvados. Espera resurgir con los Twins en 2012.

EL ROSTRO DE LA FE

Al inicio de la temporada 2009, cuando Matt aún era un Pirate, David Daly tenía algo que quería enseñar a Matt y Jenn. Había sido nombrado director nacional de la sección de béisbol de Fellowship of Christian Athletes, la comunidad de atletas cristianos, y el ministerio había publicado un nuevo producto fantástico.

Así pues, David llevó a la pareja a cenar al restaurante Grille 36 de Jerome Bettis, situado entre PNC Park y Heinz Field en la ribera de Three Rivers. Allí, entre el atún, la carne y la ensalada, les mostró el bosquejo de un Nuevo Testamento de béisbol de la FCA. Matt aparecía en la portada.

David esperaba sonrisas y sorpresa. En su lugar, Jenn se puso a llorar.

No lloraba de dolor. Simplemente, se sentía abrumada por el contraste estremecedor: el rostro del hombre que se rebeló levantando su puño contra Dios en una ocasión aparecía ahora en una Biblia.

Una sonrisa alteró el camino de las lágrimas que caían por su mejilla. «Nunca pensé que Dios podría utilizarte de esta forma», dijo.

Dios ama las paradojas que lo glorifican. Matt, como todos los cristianos, estuvo «muerto en...delitos y pecados» (Efesios 2.1). Sin embargo, ahora es una nueva creación, que proclama valientemente su fe, que da vida.

Cuando David pidió a Matt que entrase a formar parte del consejo de dirección de FCA Baseball, este aceptó el reto. Antes de la temporada 2010, Matt compartió su testimonio ante cuatrocientas personas en un desayuno de FCA durante la convención anual de la American Baseball Coaches Association en Dallas. También ha hablado a cientos de niños en charlas organizadas por FCA fuera de temporada.

Aun así, Matt es un hombre relativamente discreto. Quiere marcar la diferencia, no salir en un titular. Por eso, sirve de formas que la lente de una cámara no capta, donaciones, visitas a hospitales y otras interacciones personales de las que no sabemos nada.

«Sé que Dios me ama y que hay un propósito en que yo esté aquí», dijo Matt. «Cuando lo paso mal, hay una razón. Cuando tengo éxito, hay una razón. No está en nosotros el comprenderlo, pues existe un significado más elevado en todo ello. No creo que mi único propósito en este mundo sea ser deportista profesional o hacer algo en la cancha de béisbol.

»Existe una razón más grande, una razón mejor por la que estoy en la tierra. El béisbol es el recurso que Dios ha puesto en mis manos para proclamar el Evangelio y concienciar a otras personas».

Como dijo una vez el padre de Matt, alguien tiene que ser.

Actualización de la temporada 2012: La temporada 2012 de Capps tuvo un poco de todo. Estadísticamente, el cerrador de Minnesota Twins estuvo sólido, con un ERA de 3.68 y 14 juegos salvados en 15 oportunidades. Sin embargo, una inflamación en su hombro derecho lo envió en dos ocasiones a la lista de lesionados, y solo jugó tres partidos después del parón del All-Star. El 29 de octubre de 2012, los Twins rechazaron la opción que tenían de renovar a Capps por 6 millones de dólares, por lo que pasó a ser agente libre.

Matt Capps, All-Star en 2010, estaba luchando por su carrera en el béisbol en 2013. Después de un 2012 lleno de lesiones en Minnesota Twins, el relevista firmó como agente libre con Cleveland en enero de 2013, para ser cortado el 25 de marzo y volver a firmar con los Indians un día después. Lanzó bien en los entrenamientos de primavera (2.57 ERA en siete participaciones), pero no fue incluido en la plantilla para la competición y nunca lanzó en Cleveland. En su lugar, Matt acreditó un ERA de 1.29 en seis partidos como relevista para Columbus Clippers, el filial de categoría Triple-A de los Indians.

10

MARK TEIXEIRA:
BATEO A TODA POTENCIA

Es extraño que un sencillo desate tanta celebración.

El 17 de agosto de 2004, el primer sencillo de Mark Teixeira en la parte alta de la séptima entrada electrificó a la multitud en el Ameriquest Field de Arlington, Texas.

No, el bateo de Mark no ganó el partido. Texas Rangers ya ganaba por 16-1 a Cleveland Indians.

Y no, no era su base número tres mil, porque el joven de veinticuatro años solo había estado en las grandes un par de temporadas.

Sin embargo, el sencillo de Mark hacía historia porque ya había conseguido un triple, un home run y un doble en sus tres bateos anteriores. Así pues, ese «insignificante» sencillo en la séptima tenía mucho significado, pues colocaba a Mark en el selecto grupo de atletas que han conseguido «el ciclo».

Desde que se recopilan estadísticas, un jugador ha conseguido un sencillo, un doble, un triple y un home run en un partido de nueve entradas menos de trescientas veces en los 135 años de historia de la MLB.

El 25 de mayo de 1882, Curry Foley de Buffalo Bisons fue el primer jugador que consiguió el ciclo. Desde entonces, se han jugado casi cuatrocientos mil partidos de grandes ligas… y siguen siendo menos de trescientos jugadores los que han podido llevarlo a cabo alguna vez.

Mark necesitó menos de dos temporadas para lograr esta proeza poco común, pero además, fue tan solo el decimoséptimo bateador ambidiestro en hacerlo.

La noche de Mark contra los Indians no comenzó de una forma histórica. Lo eliminaron en su primera intervención al bate. Sin embargo, la segunda vez que fue al plato, consiguió un doble de dos carreras. Después, hizo un Home run de tres carreras en la cuarta entrada y un triple en la quinta que anotó dos más.

Cuando Mark se dispuso a batear en la séptima, ya llevaba siete carreras impulsadas y solo necesitaba un sencillo para completar el ciclo.

«Mis compañeros bromeaban conmigo, diciéndome que tropezase sobre la primera base si golpeaba una bola hacia el intervalo», dijo Mark, riendo.

No necesitó caerse o fingir una lesión para quedarse en la primera; envió una bola recta al centro. Un corredor de sustitución entró por Mark mientras 24,864 espectadores le brindaban una ovación puestos en pie.

No sería la última para este potente bateador de casi 1.90 de altura y 99 kilogramos de peso. Ha sido uno de los mejores jugadores de béisbol desde 2003.

En ese año, su primero con los Rangers, Mark consiguió 26 home runs y fue novato del año de la AL. Su total de home runs subió hasta los 38 el año siguiente (junto a 112 carreras impulsadas).

El año de su explosión fue 2005. Esa temporada, Mark acreditó 41 home runs e impulsó unas asombrosas 144 carreras, el máximo para un bateador ambidiestro en la historia del béisbol. Además, anotó 112 carreras, tuvo un promedio de bateo de .302 y logró su centésimo home run (acabó el año con 105), para ser uno de los cinco jugadores en la historia de las Grandes Ligas que lo hicieron durante sus tres primeras temporadas. Joe DiMaggio, Ralph Kiner, Essie Mathews y Albert Pujols son los otros.

186 JUGANDO con PROPÓSITO

Hasta 2010, Mark había ganado tres premios Silver Slugger (destinado al mejor jugador ofensivo en cada posición en la AL y la NL) y cinco Gold Gloves (a los mejores jugadores defensivos en cada posición en ambas ligas). De hecho, en 2005 y 2009, Mark ganó los dos premios, que lo honraban así como mejor primera base ofensivo *y* defensivo en la AL.

¿Cómo hace un jugador para ser tan bueno siendo aún tan joven? Se combinan muchos factores para crear un jugador de béisbol All-Star, pero una palabra viene a la mente cuando se analiza a Mark: *disciplina*.

Mark es disciplinado en casi todas las áreas de su vida. Desde la práctica de su fe a la del béisbol, tiene una mentalidad coherente.

«Siempre he intentado ser disciplinado», dijo Mark. «Si no lo eres, es fácil apartarse del camino recto. Yo siempre hacía los deberes y entrenaba un poco más el bateo o las bolas bajas».

Los jugadores que han estado cerca de Mark bromean diciendo que su rutina puede bordear en ocasiones lo obsesivo compulsivo, pero él se toma muy en serio su preparación y el béisbol. Desde su sándwich de mantequilla de cacahuete y gelatina hasta la forma en que honra la bandera de «las barras y estrellas», la conducta disciplinada de Mark destaca sobremanera.

Mientras algunos jugadores hacen globos con el chicle o miran al marcador durante la interpretación del himno nacional, Mark tiene una rutina diferente.

«Él permanece perfectamente recto, la cabeza agachada, la camiseta por dentro, cada vez», dijo su antiguo compañero Torii Hunter. «No dice una palabra. Ni siquiera tiene un pelo descuidado».

Las estadísticas precisas y sobrecogedoras de Mark provocaron que la gente tomase nota. Conforme crecía su fama, también lo hacía su cuenta bancaria. Antes del inicio de la temporada 2006, los Rangers le ofrecieron un contrato de dos años y 15.4 millones de dólares, que él no acabó en Texas. Lo traspasaron a Atlanta en 2007. También jugó durante un breve período con Los Angeles Angels de Anaheim durante la temporada 2008.

Antes de la campaña 2009, Mark acaparó titulares de prensa por ser el primera base mejor pagado del béisbol al firmar un contrato de 180 millones de dólares por ocho años con New York Yankees. Su salario de 23.125,000 dólares en 2011 lo colocó cuarto entre los mejores pagados de este deporte. Solo los compañeros en los Yankees Alex Rodríguez y C.C. Sabathia y el jardinero de los Angels Vernon Wells ganaban más.

Los premios y el dinero están bien, pero no son la razón por la que Mark juega al béisbol. Él sabe que Dios le ha dado un regalo y quiere honrar al Señor con su comportamiento en el negocio del deporte.

«Intento vivir el béisbol y jugarlo de la forma que creo que Dios quiere que lo haga», dijo Mark. «Trato de hacer lo correcto en la cancha y fuera de ella».

Puede que algunos jugadores digan estas mismas palabras, pero Mark las vive con sus hechos y su billetera.

PONE EL DINERO DONDE ESTÁ SU FE

La fe siempre ha sido importante para Mark Charles Teixeira, que nació en Annapolis, Maryland, el 11 de abril de 1980. Su apellido es portugués.

Durante sus primeros años en la escuela primaria, Mark demostró tener tremendas capacidades atléticas. Jugaba al béisbol, fútbol y baloncesto, y participaba frecuentemente en torneos en los que competía en cinco o seis partidos cada fin de semana. Sin embargo, estuviese donde estuviese la familia, Mark estaba en la iglesia los sábados por la noche o domingos por la mañana.

«Aprendí cosas acerca de Jesús y de lo importante que es nuestra fe», dijo Mark. «Definitivamente, mis padres fueron las personas que más influenciaron mi vida… y me enseñaron los valores correctos».

Mark consagró su vida a Dios siendo niño y ha buscado continuamente servirle, de forma que cuando se hiciese mayor y recibiese una recompensa por sus talentos deportivos, pudiese devolver algo a Dios.

Esa etapa comenzó en 2001, después de que Marc firmase su primer contrato en una gran liga. Los Rangers lo eligieron en el draft con el número 5 y le ofrecieron un contrato de cuatro años y 9.5 millones de dólares, con una bonificación de 4.5 millones en la firma. Una vez cerrada la operación, Mark volvió a su antiguo instituto, Mount St. Joseph, y habló con el director Barry Fitzpatrick.

Durante el segundo año de Mark en el instituto, uno de sus mejores amigos, Nick Liberatore, murió en un accidente de tráfico. El conductor de un camión se quedó dormido al volante y embistió su coche, que estaba aparcado con él dentro. La pérdida destrozó a la familia Liberatore… y a Mark. Ahora que tenía los medios, Mark quería crear una beca de estudios para honrar a su amigo.

El director dijo a Mark que costaría unos 75,000 dólares iniciarla. Sin dudarlo, extendió el cheque y creó el programa de becas Nick Liberatore. Actualmente, sigue financiándolo, haciendo realidad los sueños de ir a la universidad de los chicos de su localidad. De hecho, el Presidente Barack Obama habló del espíritu generoso de Mark cuando los Yankees visitaron la Casa Blanca en 2010 para celebrar su victoria en las Series Mundiales.

«Me sentí muy honrado cuando el presidente me mencionó», dijo Mark. «Siempre he pensado que el béisbol es simplemente una herramienta para trabajar por otras personas. He recibido muchas bendiciones en mi carrera, y lo primero que hice cuando tuve la oportunidad fue crear esa beca».

No obstante, eso no fue lo último que hizo. Mark da su dinero y su tiempo a muchas causas importantes.

Tras graduarse en Georgia Tech, Mark estableció una beca de béisbol de 500,000 dólares, llamada Mark C. Teixeira Athletic Scholarship. Él recibió una que le permitió asistir a la universidad con base en Atlanta y quería financiar las aspiraciones universitarias de otros jugadores.

También devolvió mucho a Mount St. Joseph en 2008. Su

antiguo instituto de Baltimore se encontraba inmerso en medio de una campaña de 10 millones de dólares llamada «Building Men Who Matter», cuyo fin era actualizar y ampliar sus instalaciones. La donación de Mark de un millón de dólares contribuyó a que eso ocurriese.

A lo largo de los años, Mark también ha creado becas universitarias para estudiantes de último año de instituto que lo merezcan en el área de Dallas.

Basándonos en las donaciones de Mark, es obvio que la educación y los deportes son importantes para él.

«Desde que puse en marcha mi fundación, esta se ha implicado con las becas de estudio, la educación y las necesidades de los niños», dijo Mark. «Tanto si es la Police Athletic League como los Boys & Girls Clubs, este tipo de actividades están realmente presentes en mi corazón».

Así pues, cuando Mark se fue a los Yankees en 2009, no es de extrañar que se involucrase en Harlem RBI.

Iniciada en 1991 cuando un puñado de voluntarios transformó una parcela abandonada en dos diamantes de béisbol, Harlem RBI sirve ahora a unos mil chicos y chicas de cinco a veintiún años. Con programas académicos, deportivos y de enriquecimiento anuales, esta organización ha tenido un éxito inmenso a la hora de dar esperanza a niños que provenían de situaciones aparentemente desesperadas.

Desde 2005, un noventa y ocho por ciento de los estudiantes de último año de Harlem RBI se han graduado en el instituto, con un noventa y cuatro por ciento de ellos aceptados en la universidad.

En mayo de 2010, Mark donó 100,000 dólares y estuvo de acuerdo en unirse al consejo de dirección. Sin embargo, en 2011 dio un paso más en su compromiso dando 1 millón de dólares y siendo el presidente adjunto de una campaña de Harlem RBI destinada a recaudar 20 millones de dólares. El objetivo general era construir un edificio de trece plantas que albergaría el cuartel general de Harlem RBI, su escuela particular subvencionada llamada DREAM, y noventa viviendas asequibles. El coste del proyecto sería de 85 millones de dólares.

El inicio de las obras del edificio de Harlem RBI estaba previsto para el verano de 2012 y la finalización de las mismas para 2014. Como Mark firmó un contrato de ocho años con los Yankees en 2008, podría ver el desarrollo completo del proyecto.

«Me involucré con Harlem RBI y la escuela DREAM porque creo que el trabajo que estamos haciendo está cambiando vidas verdaderamente», dijo Mark.

Aunque Mark tiene muchos compañeros de equipo bien pagados, no los presiona para que den. Puede que el presidente destacase a Mark, pero dijo que muchos de aquellos están involucrados en sus propias empresas benéficas. Él no cree que sea justo pedirles que donen cuando ya están haciendo tanto en áreas que tocan su corazón. A Mark le encanta ser práctico. Le gusta pasar tiempo con los niños y marcar una diferencia en su vida, pero en ocasiones ellos ejercen un impacto mayor en él.

Eso fue lo que ocurrió cuando visitó a Brian Ernst en el hospital infantil de Atlanta en 2010.

A Brian le encantaba el béisbol. Había sido el lanzador estrella del West Hall High School de Oakwood, Georgia, y soñaba con llegar a las Grandes Ligas. Sin embargo, poco después de su decimoséptimo cumpleaños, le diagnosticaron un sarcoma de Ewing, un extraño cáncer que se encontraba en los huesos y el tejido blando. Brian luchó con valentía pero murió con diecinueve años.

Antes de la muerte de Brian, Mark lo visitó por medio de la fundación Make-A-Wish. Originalmente, Brian había planeado volar a Nueva York y lanzar unas bolas a Mark en el Yankee Stadium, pero su delicado estado de salud desaconsejaba el viaje. En su lugar, Mark se desplazó a Atlanta en febrero. Cuando llegó al hospital, un representante de Make-A-Wish le dijo que Brian podría no encontrarse bien para verlo en persona. Sin embargo, cuando el All-Star de los Yankees entró en la habitación de Brian, el adolescente estaba sentado en la cama enfundado en la camiseta de los Yankees con el número 25 de Mark.

Aunque Brian no había estado muy despierto los días anteriores, él y Mark hablaron durante varias horas, no solo de béisbol y fútbol, sino también del deseo de aquel de ayudar a otras personas, especialmente a los niños que luchaban contra enfermedades parecidas.

Durante su estancia en el hospital, Brian había mantenido una actitud positiva y ayudó a levantar el ánimo de chicos más jóvenes con cáncer.

«He visitado hospitales y trabajado con la fundación Make-A-Wish anteriormente», dijo Mark. «Crees que estás dando algo a un niño, pero cuando dejé a Brian, me di cuenta de que fue él quien me lo dio a mí... Brian cambió vidas. Lo hizo realmente.

«Brian no perdió su batalla contra el cáncer, la ganó. La enfermedad no lo desmoralizó. Enseñó a todos que se puede vivir teniendo cáncer, marcar una diferencia e inspirar a las personas sean cuales sean las circunstancias».

Después de la muerte de Brian, Mark invitó a su familia al Yankee Stadium para el primer partido de local el 13 de abril de 2010. El padre, la madre y el hermano de Brian asistieron. Los Ernst se sentaron con la mujer de Mark, Leigh, y sus padres durante el partido. Mark también les dio la gorra con la que jugó el partido, en la que había inscrito «Brian, Fe, #5», el número con el que Brian jugó al béisbol en el instituto. El jugador llevó esa inscripción durante toda la temporada 2010.

«Lo más sorprendente de Brian era su fe en medio de la prueba», dijo Mark. «Era muy optimista, y sabía que Dios permitió que pasase por esa enfermedad para que hablase a otras personas acerca de la fe».

Conocer a Brian fortaleció la fe de Mark, y él quiere ejercer un efecto parecido con sus hechos dentro y fuera de la cancha. Al mismo tiempo, no quiere dar lugar a la idea equivocada de que las buenas acciones pueden obtener el favor de Dios.

Mark da su tiempo y dinero a fin de ayudar a los demás. Lo hace desde la gratitud por las muchas bendiciones que Dios le ha concedido, no para ganar puntos con su Padre celestial.

«Nuestras obras no nos hacen justos», dijo Mark. «No nos vuelven dignos de estar en la presencia del Señor o en su reino… la justicia de Dios se nos da, y su gracia es un regalo para nosotros».

ATLETA DE TALENTO HACE EL BIEN

Mark sabe que sus capacidades atléticas han sido también un regalo. Creció en un suburbio de Baltimore, New Canaan, con algún tipo de bola siempre cerca.

«Mis padres me criaron en un hogar en el que trabajábamos muy duro y lo hacíamos lo mejor que podíamos», dijo Mark. «También reconocíamos que los dones que teníamos provenían de Dios».

Sus padres no insistieron en que jugase al béisbol. En realidad, querían que probase muchos deportes diferentes. Jugó al fútbol y al baloncesto de forma competitiva, pero siempre volvía a la afición de América.

Con nueve años de edad, Mark ya había comunicado a su madre que quería ser jugador de las Grandes Ligas de béisbol. No era de extrañar. Este deporte corría por sus venas. Los hermanos de su madre eran buenos jugadores, y su padre había jugado con la academia naval de los Estados Unidos en la universidad. Su tío llegó incluso a la estructura de los Braves en las ligas menores.

La mayoría de los deportistas favoritos de Mark cuando era niño eran jugadores de béisbol. Sus colores eran el naranja y el negro de Baltimore Orioles, el equipo de su ciudad, pero tenía una afinidad especial por el primera base de New York Don Mattingly. El popular Yankee jugó de 1982 a 1995 y era conocido por su swing suave, su competitividad y sus habilidades defensivas.

Mark colocó un poster de Mattingly en su dormitorio y decidió llevar el número 23 en honor de su jugador favorito. Incluso se arriesgaba a hacer el ridículo o que le agrediesen al llevar una gorra de los Yankees a los partidos de Baltimore Orioles contra aquellos, también llamados Bronx Bombers.

El preadolescente siguió jugando al béisbol juvenil, pero no hizo nada que realmente apoyase a sus aspiraciones profesionales hasta que terminó la escuela intermedia. En ese momento, la familia decidió enviar a Mark a Mount St. Joseph, un instituto masculino con un sólido programa de béisbol.

«La gente pensaba que estaba loco, pero era lo más grande para mí», dijo Mark acerca de asistir a esa escuela privada. «No tenía que preocuparme de impresionar a las chicas o de las distracciones... Era muy importante estar concentrado durante esas horas de clase».

Mount St. Joseph tenía dos escuelas hermanas, por lo que los equipos deportivos tenían animadoras y se celebraban bailes conjuntos. Sin embargo, Mark se tomaba muy en serio todo lo relacionado con lo académico y con el béisbol.

Mark compitió algo en su primer año, pero cuando le asignaron las obligaciones de un tercera base en su segundo año, 1996, nunca las dejó escapar. En sus dos primeras temporadas solo consiguió dos home runs, pero en las dos últimas creció como bateador de potencia. Lo eligieron All-Metro en su segundo año, pero obtuvo mucho reconocimiento en el tercero, al acreditar un promedio de bateo de .518 con 10 home runs. En su último año, logró 12 home runs y 36 carreras impulsadas. Su .568 de promedio fue impresionante,

Cuando se graduó, los 29 home runs de Mark en esos cuatro años de carrera quedaron como un récord de la Maryland Interscholastic Athletic Association, así como sus 108 carreras impulsadas y sus 128 golpeos.

El periódico *Baltimore Sun* nombró a Mark su mejor jugador de béisbol del año en 1998, designación que quedaba muy bien junto a la de la temporada anterior como mejor jugador de tercer año en Maryland por parte de *USA Baseball*.

Baseball America preveía que Mark podía ser elegido en primera ronda en el draft de 1998, pero cuando este se celebró en junio, Boston Red Sox lo escogió en la novena.

Los expertos estaban sorprendidos. No podían explicarse cómo alguien con talento, inteligencia y actitud propios de una primera ronda había sido elegido tan abajo. Algunos pensaban que podía deberse a que el agente Scott Boras estaba aconsejando a Mark. Boras, uno de los mejores en su trabajo, era conocido como negociador duro e inflexible. Otros especulaban con que los equipos tenían la impresión de que Mark (que era miembro de la National Honor Society y se graduó duodécimo en su clase) planeaba ir a la universidad, por lo que no merecía la pena malgastar una elección.

A pesar de su puesto en el draft, Boston ofreció a Mark la remuneración de un primera ronda, 1.5 millones de dólares como bonificación por firmar para ser exactos. Boras pensó que la oferta era insuficiente.

En lugar de firmar, Mark rechazó el millón y medio, enrolándose en el Georgia Institute of Technology con una beca de béisbol.

La mayoría de los adolescentes no hubiesen tenido la paciencia y previsión necesarias para dejar de lado tanto dinero. Sin embargo, Mark no era un adolescente típico. Además de perder a uno de sus mejores amigos en un accidente de coche, había sido de la lucha de su madre contra el cáncer de mama durante el instituto. Ver de primera mano que la vida puede ser corta hizo que Mark trabajase arduamente en la consecución de sus sueños.

Ir a Georgia Tech acabó siendo una gran decisión. No solo era una universidad altamente reconocida a nivel académico con un buen programa de béisbol. Lo más importante es que allí conoció a su futura esposa, Leigh, en una fiesta en su primer año. La pareja contrajo matrimonio en diciembre de 2002.

Esos fueron «los tres mejores años de mi vida», ha dicho frecuentemente Mark. Viendo sus estadísticas en ellos y en lo que desembocaron, es difícil rebatir sus palabras.

En su primer año, Mark acreditó un promedio de bateo de .387, con 13 home runs y 65 carreras impulsadas. Esos números facilitaron que consiguiese los honores de mejor jugador nacional de primer año en 1999 y de novato del año de la ACC. Su segunda temporada fue aun mejor: .427 de promedio de bateo, 18 home runs, 80 carreras impulsadas y 104 anotadas. Estos números lo colocan cerca de la cima de cada categoría de bateo en su conferencia. Sus 67 bases por bolas eran mejor marca nacional.

Con Mark como líder, los Yellow Jackets consiguieron un registro de 50-16 y se clasificaron para las Series Mundiales universitarias. La unanimidad era casi total a la hora de considerar al joven de segundo año mejor jugador de la temporada en toda la nación.

Después de un verano de béisbol con Maryland Battlecats en una liga para jugadores hasta veinte años de edad, Mark quería apuntalar su bagaje profesional con un tercer año aun mejor.

A los siete partidos de empezar la temporada, sin embargo, Mark se rompió el tobillo y se perdió casi todo el año.

En toda su carrera en Georgia Tech, bateó por encima del .400 de promedio y ayudó a la universidad a ganar 129 partidos. (Se le incluyó en el Salón de la Fama de Tech el 9 de noviembre de 2011). Se declaró elegible para el draft de 2001 y Texas Rangers lo eligió con el número 5. *USA Today* escribió que era «una promesa de bateador al menos tan buena como estrellas universitarias pasadas del calibre de Barry Bonds, Mark McGwyre, J.D. Drew y Pat Burrell».

Mark cumplió rápidamente con las expectativas consiguiendo hits en doce partidos consecutivos con el filial de Clase A en Charlotte, que competía en la Florida State League. Antes de que terminase el verano de 2002, Mark estaba jugando con Tulsa Drillers, de Doble-A, donde consiguió 24 golpeos con extra-base en 48 partidos. Acabó el año jugando al béisbol de otoño en Arizona, logrando siete home runs y 23 carreras impulsadas en solo 27 partidos.

Cuando Mark llegó a los entrenamientos de primavera de 2003, lo hizo con una sola meta: jugar en el equipo de la gran liga. Su juego espectacular se lo puso fácil a los técnicos de Texas. Después de batear ocho home runs, récord del equipo en los entrenamientos de primavera, su nombre aparecía en la lista del primer partido oficial.

Con Hank Blalock afianzado en tercera base, Texas buscaba la forma de tener a Mark en la cancha. Jugó de jardinero, de primera base, y varios partidos de tercera. En 146 partidos, solo promedió .259 al bate, pero sus 26 home runs y 84 carreras impulsadas eran registros máximos entre los novatos.

En 2005, Mark ya se había establecido como uno de los mejores primeras bases del béisbol. Si Texas hubiese sido candidato continuo a jugar las eliminatorias, los seguidores ocasionales habrían conocido sus proezas. Sea como fuere, Mark estaba poco a poco haciéndose un nombre.

Durante la temporada 2007, con los Rangers fuera del horizonte de las eliminatorias y Mark inmerso en negociaciones contractuales, lo traspasaron a Atlanta. Este hecho se produjo tan solo dos semanas después de que rechazase una extensión de contrato de ocho años y 140 millones de dólares.

Enseguida, Mark parecía como en casa en su antigua ciudad. Logró un home run en sus tres primeros partidos como Brave. Pocas semanas después, tuvo una serie de partidos seguidos consiguiendo múltiples home runs. El 19 de agosto, conectó dos desde el lado izquierdo del plato. La noche siguiente hizo lo mismo desde el lado derecho.

En 54 partidos con Atlanta, Mark promedió .317 al bate, con17 home runs y 56 carreras impulsadas. Los Braves firmaron un contrato de un año y 12.5 millones de dólares con su nuevo primera base.

Sin embargo, Mark no terminó la temporada 2008 con los Braves: lo traspasaron a Los Angeles Angels de Anaheim en Julio. Bateando en tercer lugar para los Angels, ayudó al equipo a conseguir por primera vez cien victorias en una temporada. En cambio, la primera ronda de las eliminatorias no fue tan bien, ya que Los Angeles cayó ante Boston.

Con la temporada y su contrato finalizados, Mark pasó a ser agente libre en noviembre de 2008. Angels, Red Sox, Orioles y Washington National pujaron por sus servicios, pero al final, Mark se encontró jugando en la Gran Manzana.

El jugador interior de los Yankees Mark Teixeira exhibe su swing en un
encuentro contra Detroit. Teixeira terminó la temporada 2011 con 39 home
runs, 111 carreras impulsadas y un promedio de bateo de .248. Las lesiones,
sin embargo, limitaron su campaña de 2012 a 123 partidos, en los que bateó
.251 con 24 home runs y 84 carreras impulsadas. (Tomasso De Rosa/Four Seam
Images vía AP Images)

EL MAYOR ESCENARIO DEL MUNDO

El movimiento tenía sentido para Mark. No solo ganaría una cantidad de dinero espectacular, sino que el contrato contenía una cláusula que impedía totalmente un futuro traspaso. Además, Mark y su joven familia estarían más cerca de sus seres queridos en la costa este.

La decisión tuvo algún coste para Mark. Se vio obligado a renunciar a su número favorito, el 23, porque los Yankees habían retirado la camiseta de Mattingly. Escogió llevar el 25. No obstante, lo más difícil para él era el hecho de que ahora iba a jugar en un escaparate conocido como Yankee Stadium.

«Nadie esperará más de mí que yo mismo», dijo Mark. «Creo que aún no he alcanzado todo mi potencial. Estoy intentando mejorar. Todavía no he conseguido nada. No tengo un anillo de las Series Mundiales en mi dedo».

Tras ser anunciado como Yankee el 6 de enero de 2009 y pasar por los entrenamientos de primavera, la temporada empezó de una forma típica para Mark, pobremente. Desde que debutó en las Grandes Ligas, sus inicios de campaña han sido notoriamente lentos.

Durante el mes de abril, Mark promedió .200 al bate, con solo 3 home runs y 10 carreras impulsadas. No era eso lo que New York esperaba obtener de su nuevo hombre de los 180 millones de dólares. Las aclamaciones que recibieron a Matt al principio de la temporada se transformaron rápidamente en abucheos.

Mark comenzó a trabajar más horas con el entrenador de lanzamiento de los Yankees Kevin Long. Este introdujo un par de modificaciones en su mecánica, pero dijo a Mark que pensase en positivo.

«Le hice saber que estaría a su lado todo el tiempo», escribió Long acerca de las conversaciones con Mark en su libro *Cage Rat*. «Sabía que era solo cuestión de tiempo».

En el mes de abril de las seis temporadas anteriores a su fichaje por los Yankees, Mark totalizó 19 home runs y 65 carreras impulsadas. En el mes de septiembre de esas mismas seis temporadas, acreditó 44 home runs y 152 carreras impulsadas.

Los seguidores de los Yankees no son conocidos precisamente por su paciencia, y dejaban claro a Mark su descontento. No obstante, incluso en medio de su bajón inicial, él les dio algo que celebrar.

El 12 de junio de 2009, los Yankees recibían a New York Mets en un partido interligas. Mark contribuyó rápidamente logrando un home run de dos carreras en la tercera entrada, pero su equipo perdía 8-7 en la parte baja de la novena, con dos eliminados. Los Yankees aún tenían esperanzas porque Derek Jeter estaba en segunda base y Mark en primera, con Alex Rodríguez en el plato. Sin embargo, A-Rod envió la bola a la zona derecha sin demasiada profundidad, y el segunda base guante de oro de los Mets Luis Castillo agarró la bola y se dispuso a llevar a cabo la eliminación definitiva.

No dando nada por hecho, Mark esprintó alrededor de las bases. Entonces, ocurrió lo inimaginable: ¡la bola se le cayó a Castillo!

Sin disminuir su velocidad, Mark pasó por la tercera y se deslizó sobre el plato para dar la victoria a los Yankees por 9-8.

«¿Por qué no correr al máximo cuando estás en una base?», dijo Mark. «No hay razones para no jugar duro… Era mi tercer mes con los Yankees, por lo que los seguidores aún estaban conociéndome. Con suerte, ver esa jugada podía ampliar un poco su perspectiva acerca de la clase de jugador que soy y de la garra que imprimo a mi juego».

Ese orgullo y esa determinación produjeron números sólidos en el plato. Bateando toda temporada en tercer lugar. Mark ayudó a llevar a los Yankees a las eliminatorias. Incluso lideró la AL con 39 home runs y 122 carreras impulsadas, algo que no está mal teniendo en cuenta su arranque increíblemente lento.

New York se enfrentó a Minnesota en las series de división de la AL. Después de que los Yankees ganasen fácilmente el primer partido 7-2, Mark tiró de su equipo en un triunfo por 4-2 en el segundo, con un home run definitivo en la undécima entrada. Fue el primer home run de Mark en eliminatorias y no pudo llegar en mejor momento.

Los Yankees barrieron a los Twins y ganaron el derecho a enfrentarse al antiguo equipo de Mark, los Angels, en las series por el campeonato de la AL. New York se adelantó rápidamente con una ventaja de 2-0 en la serie al mejor de siete partidos y venció a los Angels por 4-2.

En las Series Mundiales, New York luchó contra Philadelphia. Los Phillies ganaron el primer partido y se pusieron por delante enseguida en el segundo antes de que Mark ayudase a arrancar la ofensiva. Su único home run en la cuarta entrada empató el partido a 1. New York sumó carreras en la sexta y la séptima para ganar 3-1.

New York ganó los dos partidos siguientes en Philadelphia y Mark anotó una carrera en cada uno de ellos. Cuando las series regresaron a Nueva York, los Yankees ganaban por tres partidos a dos.

Los Yankees consiguieron su vigesimoséptimo título de las Series Mundiales el 5 de noviembre de 2009, con una victoria por 7-3. Mark sumó una carrera e impulsó otra en el partido.

A pesar de tener problemas en las eliminatorias (bateó únicamente un .136 de promedio en las Series Mundiales y un .180 en el conjunto de las mismas), celebrar su primera conquista de las Series Mundiales fue muy dulce para Mark.

«Levantar el trofeo al final de la temporada hizo que el año fuese especial para nosotros», dijo Mark. «Es una bendición muy grande haber ganado las Series Mundiales en mi primer año aquí».

Mark sabe que tiene también muchas bendiciones fuera de la cancha. Él y Leigh tienen tres niños pequeños, Jack, Addison y William, y viven en Greenwich, Connecticut.

A Mark le gusta desconectar del béisbol y estar con su familia. Las horas pasadas junto a sus hijos son especiales, teniendo en cuenta la cantidad de tiempo que está fuera durante la temporada regular. Él dice que sus hijos también han producido un tremendo impacto en su fe en Cristo.

«Cuando nació mi primer hijo en 2006, me di cuenta del amor de Dios por todos nosotros», dijo Mark. «Al ver nacer a mi hijo conocí el amor incondicional que siento por él».

Ser padre ha incrementado también la capacidad de Mark de citar películas infantiles. Una de sus actividades favoritas en casa es preparar una bolsa de palomitas y ver una película con sus hijos en su sala de audiovisuales. A los niños les gustaba tanto *Kung Fu Panda* que deterioraron un par de DVD de tanto verla.

«Probablemente, puedo citar toda la película de principio a fin», dijo Mark.

Tener una familia sólida y una fe firme ayuda a Mark a gestionar los altibajos de la larga temporada de béisbol y los duros medios de Nueva York.

Mark tuvo su peor abril de siempre en 2010, promediando únicamente .136 al bate durante ese mes. Hubo titulares de prensa que menospreciaron sus capacidades, incluyendo uno que lo definía como catastrófico. Mark nunca dudo de sí mismo ni de Dios.

«El béisbol es un juego de errores», dijo Mark. «Existen muchas oportunidades de venirse abajo, de compadecerse de uno mismo... pero cuando se tiene a Dios en la vida y se sigue a Cristo, nunca te quedarás hundido, cada vez que falles, él estará ahí para levantarte».

Mark remontó el vuelo esa temporada, acreditando números respetables al final del año: 33 home runs, 108 carreras impulsadas y un promedio de bateo de .256. Incluso tuvo un partido de tres home runs contra Boston en mayo, siendo tan solo el segundo jugador en la historia de los Yankees después de Lou Gehrig en conseguirlo contra los Red Sox.

La temporada 2011 comenzó de forma diferente para Mark. Había pasado menos tiempo levantando pesas y más en la jaula de bateo, por lo que su bate parecía más rápido. Consiguió home runs en sus tres primeros partidos. A finales de junio, ya llevaba 63 carreras impulsadas y 25 home runs, incluyendo uno monumental que conectó el último día del mes.

El 30 de junio, Mark consiguió el home run número trescientos de su carrera en una victoria por 5-0 sobre Milwaukee Brewers. Únicamente otros 130 jugadores de las Grandes Ligas han llegado a esa marca. Sin embargo, del mismo modo que la sequía bateadora no lo hundió, este logro tampoco lo impresionó.

«Mi fe me mantiene firme», dijo Mark. «Sé que independientemente de mi éxito o fracaso en la cancha, existe para mí algo más elevado con Dios y con Jesús. Este tipo de fe hace que los fracasos aquí no sean tan importantes porque lo principal es mi fe y mi relación con Dios».

Actualización de la temporada 2012: Mark luchó con las lesiones en sus piernas durante la mayor parte de la temporada 2012, algo que provocó el empeoramiento de sus estadísticas por debajo de la media de su carrera. Aun así, sus contundentes Yankees ganaron la AL con un registro de 95-67. El promedio de bateo de Mark fue de .353 en la serie en la que vencieron a Baltimore Orioles en las series de división de la AL. Sin embargo, Detroit silenció a sus bates en la siguiente eliminatoria, cuando los Tigers barrieron a los Yankees en cuatro partidos.

Unos bíceps voluminosos y un pecho grande pueden ser impresionantes, pero los mejores bateadores obtienen la mayor parte de su potencia de unos antebrazos y muñecas fuertes. Por tanto, cuando Mark se desgarró la vaina de un tendón en su muñeca derecha el 5 de marzo mientras se preparaba para jugar el World Baseball Classic, salió de la alineación de los Yankees. Se recuperó lo suficiente como para debutar el 31 de mayo. Después de jugar 15 partidos en los que bateó .151 con tres home runs, su muñeca se dañó de nuevo y tuvo que pasar por el quirófano, lo que hizo que la temporada acabara en junio para él. Los doctores le dijeron que estaría al cien por cien en seis meses, lo que significa que estará listo para 2014.

11

BRIAN ROBERTS:
GRANDES PRUEBAS, GRAN FE
PARA UN PEQUEÑO JUGADOR

Cada año, millones de turistas de todo el mundo se dirigen a Florida como una enorme migración de aves, seducidos por su clima cálido, sus maravillas naturales y su gran variedad de atracciones. Sus famosas playas. Las aguas tropicales. El reino mágico. Los estudios Universal. South Beach. Fort Lauderdale. St. Augustine. Los Everglades. Los Keys.

No puedes acercarte mucho más al paraíso dentro de los Estados Unidos continentales.

Sin embargo, en el verano de 2011, un hombre trataba desesperadamente de escapar de Florida. Para él, el estado del sol era como una templada celda de cárcel con palmeras. A pesar de todos los atractivos de Florida, Brian Roberts quería irse de allí.

Brian, segunda base de los Orioles durante mucho tiempo, pasó la mayor parte del año confinado en su casa de fuera de temporada en Sarasota, gracias a una conmoción cerebral sufrida en Boston a mediados de mayo al deslizarse hacia la primera base con la cabeza por delante. Para un deportista ultracompetitivo y la imagen de una franquicia desafortunada, pocas cosas son peores que verse limitados por los grilletes invisibles de un alta médica que parece no llegar nunca.

Según Brian, el largo tiempo pasado en la lista de lesionados fue el «período más duro» de su carrera. «Ciertamente, para mí es lo más duro por lo que puedo pasar», dijo.

Eso quiere decir mucho. Desde el momento en que nació, las pruebas han volado hacia Brian como las bolas rápidas de una máquina lanzadora que se ha vuelto loca. Entre otras cosas, pasó por:

- Un tremendo problema de salud siendo niño.
- Un escándalo con los esteroides en 2006-2007.
- Múltiples lesiones que han amenazado su carrera.

Y no olvidemos la aparentemente eterna epidemia de derrotas que azotó a los Orioles a lo largo de la carrera de Brian.

No quiere decir que no se hayan producido buenos momentos. Brian, un diminuto y destacado estudiante de buena apariencia, es un dos veces All-Star con un gran contrato y un hombre modelo para una esposa. También es una persona verdaderamente humilde que se ha vuelto en un vivo ejemplo de participación en todo tipo de obras benéficas con niños.

Sin embargo, la vida de Brian se ha definido, sobre todo, como un desafío lleno de situaciones que han puesto a prueba su fe. El béisbol, en particular, ha sido como el bisturí del cirujano espiritual, una precisa herramienta de santificación que va quitando gradualmente los remanentes de su antiguo ser. Brian ha crecido en fe, paciencia y contentamiento. Ha aprendido mucho acerca de sí mismo y de los demás. Ha sentido la disciplina y el amor de Dios.

Sobre todo, ha aprendido a confiar en el Señor.

«Proverbios 3.5-6 han sido realmente los versículos que he querido poner en práctica en mi vida todo lo que he podido», dijo Brian, antes de citarlos: «Fíate del Señor de todo tu corazón, y no te apoyes en tu propia prudencia. Reconócelo en todos tus caminos, y él enderezará tus veredas».

Brian admite que eso es muy fácil cuando las cosas van bien, pero no tanto cuando las situaciones son dolorosas.

Primero, el dolor...

HACIA LAS GRANDES LIGAS A GOLPE DE BATE

Los gritos resonaban entre las paredes del hospital North Carolina Memorial en Chapel Hill.

¡Mamá! ¡No quiero ir!

El pequeño Brian, de cinco años de edad, se aferraba al cuello de su madre. Hacía todo lo posible con su fuerza limitada para evitar que lo llevasen por el largo y ominoso pasillo hasta la sala de operaciones.

No tendría que haber sido así. Ya debía estar adormilado, pero el personal médico no había planificado correctamente la hora de la anestesia. El niño estaba despierto...y aterrorizado.

Finalmente, pudieron separar al niño de su madre. Mike y Nancy Roberts miraban con impotencia cómo la camilla de Brian pasaba por las puertas dobles y se perdía de vista.

Brian, el más pequeño de los dos hijos de Mike y Nancy, nació el 9 de octubre de 1977, con un defecto en el tabique auricular, un problema cardíaco congénito en el cual la pared que separa las cámaras superiores del corazón no se cierra completamente. En otras palabras, tenía un agujero en el mismo. Era necesaria una operación a corazón abierto. Actualmente, sigue teniendo una cicatriz con forma de Y en su pecho de aquella incisión.

No pasó mucho tiempo antes de que el pequeño Brian (resaltamos lo de *pequeño*) estuviese de nuevo de pie y jugando al béisbol. No era ninguna sorpresa. Provenía de una familia sureña, loca por el béisbol. Su abuelo, Edd Roberts, amaba este deporte, aunque nunca jugó demasiado, a no ser que se cuenten los partidos improvisados en los pastos vacunos de Carolina del Norte. (Cuidado con dónde pisas.)

Edd creció en los años 30 como seguidor de los Cardinals y los Indians, principalmente porque las emisoras de radio que podía captar eran la KMOX de St. Louis y la WTAM de Cleveland. Pasaba muchas noches cautivado por las historias invariablemente cargadas de Dizzy Dean y la Gas House Gang, y de Bob Feller lanzando bolas desde Lake Erie. Durante la Gran Depresión, Edd trabajó muchas horas acarreando troncos en Asheville, pero hacía frecuentemente una parada de camino a casa en McCormick Field, la cancha de Asheville Tourists desde 1924, para ver un poco de acción de una liga menor.

Más adelante, cuando Edd vivió en Kingsport, Tennessee, presidió la Kingsport Booster's Association y pasó a ser el principal intermediario de la ciudad con cualquier equipo de la Appalachian League que considerase Kingsport su casa.

Edd transmitió esta pasión a su hijo, Mike, que acabó siendo entrenador jefe del equipo de béisbol de la University of North Carolina, manteniéndose en ese puesto de 1976 a 1998. Brian pasó innumerables tardes en el campus, retozando alrededor de la cancha con estrellas universitarias como el receptor B.J. Surhoff y el parador en corto Walt Weiss, ambos elegidos en primera ronda del draft de las Grandes Ligas en 1985.

Llegar a ser una estrella, sin embargo, iba a exigir mucho trabajo. Brian siempre fue un pequeñajo sin demasiada pegada más allá de la valla. Por tanto, papá decidió enseñarle a dirigir la bola como nadie. Cuando Brian comenzó a caminar, Mike le enseñó ejercicios elementales de bateo desde ambos lados del plato. Con diez años, el chico bateaba pelotas de tenis que le lanzaba su padre todo lo fuerte que podía desde unos nueve metros, una y otra vez.

La idea era crear muñecas rápidas y velocidad de bateo. Mike decía que las manos debían moverse con muchos reflejos por la zona de strike. Cuando él fue receptor en los filiales de Kansas City Royals, las teorías del momento sostenían que los buenos bateadores solo necesitaban ser fuertes de los codos hacia abajo. Se instaba a los jugadores a no levantar pesas y centrarse en construir unos antebrazos tan fuertes como los de Popeye. Así pues, Mike aprendió a batear como un látigo. La idea provenía del movimiento de brazo que Edd hacía al utilizar su látigo con una mula terca que no quería tirar del carro.

«Tratábamos de golpear la bola de forma que saliese recta», dijo Mike de sus sesiones de bateo con Brian. «Las bolas bajan no nos servían, las altas tampoco».

Mike sabía que un chico flacucho que podía batear para un buen promedio pero no fildeaba bien no llegaría lejos. Por tanto, padre e hijo trabajaron sin descanso la defensa también. Cuando entrenaban el atrape, Mike utilizaba objetos del vecindario para ir incrementando gradualmente la distancia de lanzamiento de Brian, de buzón a buzón, de buzón a tapa de alcantarilla, de buzón a coche aparcado en la calle, etc. Mike hizo que Brian lanzase una bola con una mitad pintada de negro de forma que pudiese controlar el agarre de su hijo y el efecto que imprimía a la misma. Cualquier detalle era importante.

Brian disfrutó de una gran carrera en el instituto, pero su tamaño asustaba a la mayor parte de los entrenadores universitarios... excepto a uno. ¿Se atreven a adivinar de quién se trata?

Durante dos años, Brian hizo que su padre pareciese un genio reclutador. En 1997, ganó el premio al mejor jugador de primer año de la temporada, con un promedio de bateo de .427, récord de la escuela. También estableció otras mejores marcas de los Tar Heel con 102 sencillos, 24 dobles y 47 bases robadas. La temporada siguiente, robó más bases que nadie en todo el país, 63.

Después de que Mike perdiese su trabajo después de la temporada 1998, Brian se enroló en South Carolina, donde fue elegido en el segundo equipo All-America de la liga, siendo jugador de tercer año. Promedió un .353 al bate, con 12 home runs, 36 carreras impulsadas y un mejor registro nacional de 67 bases robadas.

Durante tres años, Brian trató a los lanzadores universitarios como su piñata personal y el camino entre bases como la pista de su coche de carreras. Sin embargo, los ojeadores de las grandes ligas seguían dudando de su tamaño. En el draft de 1999, las primeras 49 elecciones pasaron por delante de él hasta que los Orioles lo escogieron en una primera ronda suplementaria.

Fue un momento magnífico para Brian y su familia. Dios había bendecido todo su trabajo duro y dedicación.

No obstante, el béisbol profesional pondría a prueba la fe de Brian como nada lo hizo antes.

DOLOR Y PERSEVERANCIA

Las raíces espirituales de la familia de Brian son tan profundas como las del béisbol. Él recuerda despertarse una mañana a las 5:30 en la casa de su abuelo, bajar las escaleras con cara de sueño, ver la luz de la cocina encendida y encontrar allí a Edd meditando en la Palabra y orando. También recuerda ver a su madre estudiar la Biblia cada día.

«Yo veía la forma en que vivían su fe, no solo cuando estaban con otras personas, sino también en privado», dijo. «Tuve ejemplos increíbles de lo que significaba realmente poner la fe en primer lugar en la vida».

Mike y Nancy llevaban a Brian y a su hermana mayor, Angie, a la Hope Valley Baptist Church de Durham dos veces a la semana. A la edad de doce años, Brian puso su fe en Cristo durante un avivamiento de la iglesia, pero poco a poco fue cayendo en lo mundano. En su primer año en UNC, se esforzaba demasiado por encajar con sus compañeros de equipo.

Nancy, como todas las buenas madres, podía ver que su hijo estaba en dificultades, aunque Brian no le dijese nada. Regaló a su hijo el libro *Victory: The Principles of Championship Living*, de la estrella de la NBA A.C. Green, cuya valiente fe incluía un ahora famoso reconocimiento de su virginidad hasta el matrimonio. Ese diciembre, durante unas vacaciones familiares en Hawai, Brian devoró este libro y la Biblia, comprometiéndose con su fe para bien.

«Intentaba demostrar a mis compañeros que no iba a ir corriendo a contarle todo a papá», dijo Brian. «Quería que me viesen como uno más, no solo como el hijo del entrenador. Hice muchas cosas que probablemente no debería haber hecho, pero ahora sé que tenía que pasar por todo eso para volver a la relación con Dios que necesitaba tener».

La renovada consagración espiritual de Brian llegó en el momento adecuado. Para unos pocos elegidos, las ligas menores son simplemente una parada en el camino hacia el Espectáculo. Para todos los demás, constituyen un crisol de perseverancia. Brian pertenecía a este segundo grupo.

A pesar de debutar en una gran liga el 14 de junio de 2001, Brian pasó bastante tiempo en varios de los niveles del sistema de filiales de los Orioles entre 1999 y 2003, luchando por un puesto con Jerry Hairston, seleccionado por Baltimore en la undécima ronda del draft de 1997, en cada etapa del camino. La incertidumbre constante obligó a Brian a hacer duras preguntas acerca de su fe.

Sin embargo, cuando Hairston fue incluido en la lista de lesionados a principios de los entrenamientos de primavera de 2004, la puerta de la oportunidad se abrió de par en par. Brian comenzó la temporada como segunda base titular y primer bateador del equipo.

La estatura física de Brian no pasaba desapercibida para los demás, especialmente para los seguidores contrarios. Una vez, durante un partido en Seattle, Brian llegó sin problemas a primera base, donde lo esperaba Richie Sexson de los Mariners, un hombre inmenso. Con dos metros de altura, este era treinta centímetros más alto que Brian. Al ver la diferencia, un seguidor de Seattle gritó: «Eh Richie, ¡no sabía que habías traído tu hijo al trabajo!».

Brian se rió, pero la situación ilustró una pregunta que muchos se hacían: ¿Podía un jugador al que los Orioles daban generosamente 1.72 de altura y 80 kilogramos de peso ejercer realmente un impacto diario en las Grandes Ligas?

La respuesta era un sí rotundo.

En 2004, Brian promedió .273 al bate, con 107 carreras anotadas y 50 dobles, mejor marca en la AL, y el número máximo conseguido en toda la historia de esa liga por un bateador ambidiestro. Los Orioles tuvieron fácil la decisión. El siguiente mes de febrero, enviaron a Hairston a los Cubs a cambio del potente bateador Sammy

Sosa. A la edad de veintiséis años, Brian era el segunda base del futuro del equipo. El pequeño jugador eléctrico con el corazón remendado lo había conseguido.

Aun así, pocos tomaron nota fuera de Baltimore. Después de todo, los Orioles acabaron la temporada con un registro de 78-84 y terceros en el este de la AL. El equipo era un punto de luz lejano en el radar del béisbol.

Si 2004 fue un modesto presagio de la nueva estrella de la AL en posiciones interiores, 2005 fue un anuncio con un megáfono. Con una potencia que nunca se le vio antes, Brian conquistó la liga a lo grande con un promedio de bateo de .345, 15 home runs, 49 carreras impulsadas, 18 bases robadas y 1.007 de OPS (on-base-plus-slugging) cuando llegó el parón del All-Star. Su tremendo inicio impulsó a los sorprendentes Orioles al primer lugar en el este de la AL, y le permitió ser el segunda base titular del equipo All-Star de la AL.

Era como si alguien hubiese descorchado una botella de champán «Estrellato inmediato» y empapado a Brian con él. De repente, su taquilla se volvió un imán para los medios de comunicación, lo cual, por supuesto, provocó muchas bromas de sus compañeros.

«En los entrenamientos de bateo, el chico no era capaz de conseguir ni un solo home run», decía riéndose en mayo de 2005 Jay Gibbons, jugador de los Orioles de 2001 a 2007. «Un día, en los entrenamientos de primavera, le dije: "Por favor, solamente haz uno por mí, para que pueda verlo". Él parecía decir: "No creo que pueda hacerlo". Finalmente, lo consiguió, y le di una gran ovación. Ahora, un mes más tarde, está liderando la liga en home runs».

Entonces, todo se vino abajo. El 30 de septiembre, a menos de dos semanas de finalizar la temporada, Brian sufrió una terrible lesión en un brazo. Un choque en primera base con el corredor de New York Yankees Bubba Crosby le dislocó el codo izquierdo, dañó su ligamento colateral cubital y desgarró sus músculos flexores del hueso. Duele tanto como lo mal que suena.

¡Puf! De repente, la sorprendente temporada de Brian había

acabado, y lo que es peor, su carrera estaba en peligro. El mejor segunda base del béisbol quedó sentado en la tierra del cuadro interior, sumido en un desconcierto atroz, acunando a su brazo izquierdo como una madre sostiene a un bebé. Las preguntas bombardeaban su mente: *¿Por qué ha pasado esto? ¿Por qué ahora? ¿Ha terminado mi carrera?*

Algunos jugadores nunca superan una lesión de ese calibre. Brian lo hizo, pero el proceso de recuperación fue brutal.

Se vio sometido a cirugía para recolocar el ligamento del codo y volver a unir los músculos de su antebrazo al hueso. Después tuvo que soportar seis meses de rehabilitación, agotadores tanto a nivel físico como psicológico.

Sus padres pasaron un mes con él en su casa de fuera de temporada en Arizona para ayudarle con sus necesidades más básicas, como cocinar, limpiar y vestirse. También tuvo que aprender a lanzar de nuevo. ¿Alguien quiere una cura de humildad?

«Era básicamente como un niño», recuerda Brian. «Ni siquiera podía vestirme».

Débil y totalmente desamparado, así es como Dios lo quería ver. Las verdades de 2 Corintios 12.9 golpearon a Brian como nunca antes. Su fragilidad actuó como un microscopio que magnificaba el poder y el amor de Dios.

«Es fácil sentarse ahí y decir: "Amo a Jesús. Es magnífico. Dios es bueno. Es un Dios que quiere bendecirte", y todas esas cosas cuando todo va bien», dijo Brian. «Sin embargo, cuando las circunstancias te pisotean, ¿cómo gestionarlo? ¿Estamos preparados y somos capaces de decir: "Sigo confiando en Dios... Sigo creyendo que es un Dios perfecto que no hace nada mal? Es así. ¿Por qué no yo?"».

Desde la perspectiva de los números, la de 2005 siguió siendo una temporada maravillosa. Brian fue nombrado «Oriole más valioso» tras terminar entre los líderes de la AL en promedio de bateo (.314), dobles (45), bases robadas (27), y porcentaje de llegadas a base (.387). También estableció mejores marcas en su trayectoria hasta ese momento con 18 home runs y 73 carreras impulsadas.

Brian Roberts es un segunda base de los Baltimore Orioles que ha sido dos veces All-Star, pero recientemente su carrera ha sufrido una plaga de lesiones. (AP Photo/Nick Wass)

¿Qué se podía esperar de él en el futuro después de una prueba tan traumática? Según parece, mucho.

Fue extraordinario que Brian estuviese listo para jugar en la primera jornada de 2006. A pesar de un inicio lento debido a problemas persistentes en el brazo y una estancia de tres semanas en la lista de lesionados por otras razones, se las arregló para batear .286 de promedio con 34 dobles y 36 bases robadas. En 2007, mejoró sus estadísticas con un promedio de .290 al bate, 42 dobles, 103 carreras anotadas y un mejor registro de la AL de 50 bases robadas, consiguiendo así su segunda nominación para el All-Star. Aquel tema de batear como un látigo seguro que le vino bien.

Brian recobró su estatus como uno de los mejores segundas bases del béisbol. Sin embargo, allá en la distancia se estaban formando nubes de tormenta. Las dificultades de 2005 y 2006 con las lesiones serían un rápido chaparrón primaveral comparado con el monzón que se avecinaba.

EL INFORME MITCHELL

El primer relámpago llegó el 1 de octubre de 2006, el último día de la temporada regular. Esa tarde, Baltimore sufrió una derrota por 9-0 ante Boston, que afortunadamente significó el final de un año con 92 derrotas.

Los Orioles estaban sin duda distraídos. La edición de esa misma mañana del periódico *Los Angeles Times* contenía una historia que implicaba a Brian y a dos de sus compañeros, Jay Gibbons y Miguel Tejada, como consumidores de sustancias dopantes para mejorar el rendimiento, en base al testimonio del antiguo lanzador de los Orioles Jason Grimsley, que estaba siendo investigado por utilización de esteroides.

Según esta historia, Grimsley habría nombrado a Brian, entre otros, como consumidor de esteroides en una declaración federal. Según el artículo, *Los Angeles Times* consiguió la información de una fuente que vio una copia del documento, archivado en el tribunal federal de Arizona en mayo de 2006, antes de que los nombres de Brian y los otros jugadores fuesen ocultados.

Brian negó rotundamente la veracidad del informe. Un día después, el abogado de Grimsley y la persona que dirigía la investigación del caso exoneraron a Brian de toda responsabilidad. Finalmente, el periódico publicó una corrección admitiendo que Grimsley no había nombrado a Brian o a sus compañeros en la declaración. La borrasca pasó.

Entonces, el 13 de diciembre de 2007, el gran golpe.

Veintiún meses antes, el comisionado de la MLB Bud Selig había pedido al antiguo senador de los Estados Unidos George Mitchell que investigase las acusaciones de utilización generalizada de esteroides en el béisbol. Cuando la MLB sacó a la luz el informe Mitchell, los cimientos del béisbol temblaron como si de un terremoto se tratase.

En total, el informe señalaba a ochenta y nueve jugadores como consumidores de esteroides. Muchos nombres no causaron ninguna sorpresa, pero uno de ellos sí lo hizo: el de Brian Roberts.

La página 158 del informe Mitchell incluía el siguiente fragmento:

Brian Roberts es un jugador de posiciones interiores que ha militado en Baltimore Orioles desde 2001. Ha sido seleccionado en dos ocasiones en el equipo All-Star.

Roberts y Larry Bigbie eran novatos en 2001. Según este, tanto él como Roberts vivieron en casa de [David] Segui en el área de Baltimore durante la última parte de esa temporada. Cuando Bigbie y Segui se administraban los esteroides en la casa, Roberts no participaba.

Sin embargo, según Bigbie, Roberts le admitió haberse inyectado esteroides una o dos veces en 2003. Hasta ese momento, Bigbie nunca sospechó que Roberts utilizase estas sustancias.

A fin de facilitar a Roberts información acerca de estas acusaciones y ofrecerle la oportunidad de responder, le pedí que se reuniese conmigo; no quiso hacerlo.

Después de cuatro días de silencio, Roberts admitió públicamente que había probado los esteroides una vez, una sola vez, en 2003, un año en que comenzó la temporada en el filial de Triple-A de Ottawa, y seguía tratando de afianzar su posición en una plantilla de las Grandes Ligas.

«En un momento de debilidad, tomé una decisión que sabía no era correcta desde el principio», dijo al periódico *The Baltimore Sun*. «Mi tamaño, mi capacidad, lo que fuese, nada de ello es excusa para tomar una decisión como esa».

Las noticias sacudieron al béisbol y estremecieron a Baltimore. Después de la retirada de Cal Ripken Jr. en 2001, Brian pasó a ser el rostro de la franquicia. Era un candidato a perdedor, adorable y casero, humilde y tranquilo, la debilidad de los niños, y su aspecto era el de una persona normal. Ahora, como si estuviese en la versión beisbolera de *La letra escarlata*, estaba marcado con una ignominiosa «S» en el pecho.

La reacción pública fue dura. El 18 de diciembre de 2007, *The Baltimore Sun* puso en marcha una columna titulada «Difícil de creer a Roberts». Los seguidores de los equipos rivales se burlaban de él en los partidos. Fue un período duro y doloroso de examen de conciencia y de lucha contra la condenación espiritual.

«Fue realmente difícil para mí perdonarme y no martirizarme. Me preocupaba por lo que pensaban los demás y me tomaba todo lo que gritaban los seguidores como algo personal», dijo Brian.

En los días que siguieron, Brian sintió que Dios lo llamaba a utilizar su error como una herramienta para enseñar. Por tanto, participó en 2008 en un sincero video de diecisiete minutos de la FCA, la comunidad de atletas cristianos, y también habló a un gran grupo de deportistas estudiantes en el área de Baltimore, en una campaña contra los esteroides llamada «Jugar seguro, con justicia y sobriedad».

Poco a poco, la verdad de 1 Juan 1.9 y otros pasajes de las Escrituras relacionados con la confesión y el perdón comenzaron a surtir el efecto buscado.

«Todos somos pecadores», dijo Brian. «No podemos mirarnos al espejo y decir que siempre hemos tomado las decisiones correctas. Muchas personas a las que he hecho daño me han perdonado, y siempre estaré agradecido por ello. Perdonarse uno mismo y saber que Dios lo hace también es una parte inmensa del proceso».

David Daly, director nacional de la FCA para el béisbol, que conocía a Brian desde 1997, cree cada palabra de la confesión de este acerca del asunto de los esteroides.

«No hay razones para no creerle», dijo Daly. «No los utiliza. Lo hizo una vez y supo inmediatamente que era lo incorrecto. Nunca más lo volvió a hacer. Aunque cometió un error y lo reconoció rápidamente en público, sabía que el perdón procede de Dios. Su fe fuerte lo ayudó a superar la situación».

UN CORAZÓN PARA UNA PERSONA

Frecuentemente, las cualidades de una persona se analizan mejor a través de los ojos de otra. Los ojos de David Daly estaban atentos a Brian desde hacía mucho tiempo.

Se conocieron cuando Brian era jugador de primer año en UNC y David un pastor local. El año siguiente, este pasó a ser capellán de los Tar Heels, y su hijo de diez años de edad, John, portabates del equipo.

John y Brian, ambos segundas bases, conectaron de inmediato. Brian trataba a John como un hermano pequeño, instruyéndolo (consciente e inconscientemente) para ser mejor en el béisbol y en los caminos de Dios. Brian era uno de los mejores jugadores universitarios de la nación, pero invertía mucho tiempo con el chico, que lo seguía a todas partes con los ojos bien abiertos. Cuando John vio que Brian escribió su pasaje favorito de las Escrituras, Proverbios 3.5-6, debajo de la visera de su gorra, el niño hizo lo mismo.

Mientras crecía, John nunca tuvo que comprarse sus propios guantes de bateo. Siempre llevaba unos personalizados de Brian Roberts en la mochila. Este también se aseguraba de que el chico tuviese un bate de madera. Nada de esa basura de aluminio.

Durante la temporada 2004, Brian descubrió que un amigo de John estaba teniendo problemas con las drogas, y llamó a este. Había muchas interferencias y John preguntó a Brian dónde estaba. Se encontraba en medio de un agotador viaje por la costa oeste.

«Estoy en Oakland», dijo Brian, «pero tenemos que hablar».

Después de la graduación de John en el instituto en 2007, Brian preguntó a David si su hijo podía pasar un fin de semana con él en Baltimore.

«Claro», dijo David. «Reservaré su hotel y lo organizaré todo».

«No hace falta, solo ponlo en el avión», respondió Brian. «Yo me ocuparé de él. Dile que puede traer a un amigo también».

Cuando John llegó a Baltimore, un chófer lo esperaba con un coche en el aeropuerto. Ese fin de semana, John y su amigo se alojaron en casa de Brian, asistieron a los partidos de los Orioles y salieron a comer con el jugador después de los mismos. Para los chicos, fue el fin de semana de su vida.

«Así es Brian», dijo David.

David también había estrechado lazos con Brian. Ambos hombres creen firmemente en la misión de FCA, y Brian ha estado involucrado en el ministerio con deportistas cristianos desde que estaba en primer grado. En 2008, aceptó la invitación de David para entrar a formar parte del consejo de dirección de la FCA del béisbol. Durante años, David le ha suministrado Nuevos Testamentos de la FCA para los niños con los que entra en contacto. David considera a Brian «parte de nuestra familia».

Inevitablemente, el informe Mitchell fue un duro golpe para la familia Daly. Brian llamó a David cuando el asunto salió a la luz. Fue una conversación emotiva, especialmente cuando Brian habló con John. Los dos amigos lloraron cuando el primero pidió perdón al segundo.

«Sintió que nos había decepcionado», dijo David. «No fue así. Siempre le querremos».

John, que ahora es entrenador de béisbol en la Hickory Christian Academy en Hickory, Carolina del Norte, sigue manteniendo

218 JUGANDO CON PROPÓSITO

regularmente el contacto con Brian. Su posesión más preciada sigue siendo una camiseta que Roberts utilizó en un partido, autografiada con la inscripción: «Para John, el hermano pequeño que nunca tuve». Este pequeño tesoro se encuentra enmarcado en la pared sobre su cama.

«Mi definición de Brian sería la siguiente», dijo David. «Es mejor persona que jugador de béisbol, y es un All-Star de este deporte».

UN CORAZÓN PARA MUCHOS

Diana Chafair presenció el efecto que Brian produce en las personas, su compasión y ternura, particularmente con los niños enfermos y desfavorecidos. De hecho, ella atribuye a eso el hecho de convertirse en la Señora Diana Roberts. Demos entrada a la balada romántica.

Brian y Diana se conocieron en una cita a ciegas. Bueno, eso no es estrictamente cierto. *Intentaron* conocerse en una especie de cita a ciegas. En los entrenamientos de primavera de 2007, Brian esperaba ver a Diana, una azafata del programa concurso de la NBC *Deal or No Deal*, en las gradas del Fort Lauderdale Stadium, donde los Orioles realizaban antiguamente esos entrenamientos. En la parte baja de cada entrada, él buscaba con la mirada en los asientos detrás del plato. Diana no estaba. Era solo una cita a ciegas, pero...

Diana era ajena a la ansiedad de Brian. El béisbol era un lenguaje extraño para ella. Nunca había estado en un partido y todo lo que sabía de los Orioles de Baltimore era que son extrañas criaturas aladas que anidan en la ciudad más grande de Maryland. Así pues, llegó al partido con algunas novias de jugadores en la sexta entrada, sin tener ni idea de que los equipos sacan de la cancha a los titulares mucho antes en los partidos de preparación en primavera. Brian ya había terminado ese día. Cuando él la llamó por la noche, aclararon la confusión y se rieron del malentendido.

Tres noches después, salieron a cenar. Él era tímido y estaba nervioso. Esa actitud le pareció muy linda a ella. No obstante, no se dio cuenta de que él era «su media naranja» hasta que visitó con él el hospital infantil de la Universidad de Maryland en Baltimore.

Recordando los miedos y las dificultades de su propia experiencia cuando era niño, Brian había estado visitando el hospital durante años. Si hay algo que le encanta además de batear la bola es llevar sonrisas a los niños que sufren. Durante la temporada, suele ir al hospital cada mes o dos. Desde 2006, ha organizado un evento llamado «Brian's Baseball Bash», un programa anual para levantar fondos para el hospital, emitido por la ESPN en la zona de Baltimore, y que ha conseguido más de 500,000 dólares en sus cinco primeros años de emisión.

En una ocasión, cuando Brian supo que un joven amigo del antiguo capellán de los Orioles Chris Adomanis tenía un problema de corazón, envió una nota al chico. Sin fanfarrias. Sin campaña publicitaria. Ni siquiera se lo dijo a Adomanis. Solo quería ser de bendición para el chico.

«Brian es simplemente una roca sólida», destacó Adomanis.

Cuando Diana presenció en primera fila la compasión de Brian, se maravilló. Ahí estaba este deportista famoso poniéndose al nivel de esos niños enfermos y disfrutando tanto como ellos. Ella nunca había visto a nadie reflejar tan bien el corazón de Cristo hacia los niños.

«Creo que eso fue lo primero que me enamoró de él porque es algo que nos apasiona a ambos», dijo Diana. «Me entusiasmé cuando lo descubrí. Recuerdo la primera vez que visitamos juntos a los niños en el hospital. Él se iluminó. A los pequeños les encantaba estar alrededor de él. Pasábamos tres horas allí, pero parecían cinco minutos. Me enamoro de él cada vez más cuando jugamos con niños».

Brian y Diana se casaron en enero de 2009. Comparten un único y poderoso corazón por las personas quebrantadas. Recientemente, Brian se ha sumado a la pasión de Diana por Foster and Adoptive Family Connection, un ministerio con base en Greeneville, Tennessee. Desde 2009, también ha ayudado a hombres de zonas marginales de la ciudad en la Helping Up Mission de Baltimore, que se ocupa de los pobres, los sin techo y los drogadictos.

Siempre que le es posible, Brian colabora en las charlas y eventos organizados por FCA. En 2009, compartió su testimonio con unos 150 entrenadores de béisbol en un desayuno de la FCA durante la reunión anual de entrenadores de béisbol de América, celebrada en San Diego.

Brian es una voz espiritual respetada y de confianza en el vestuario de los Orioles, un chico con una Biblia en su taquilla y una notable aversión al lenguaje obsceno típico en los equipos. Ha sido el representante de la Baseball Chapel en el equipo durante muchos años. Su fe es evidente, pero no avasalla con ella.

«Mi objetivo siempre es aprender más acerca de las razones por las que Dios me ha puesto en esta posición y aprovechar las puertas que él abre hablando con sabiduría, trabajando con niños, o lo que haya de ser», dijo Roberts. «Soy consciente de que me encuentro en una posición en la que no muchos están, y tengo la oportunidad de alcanzar a muchas más personas de las que podría de otro modo».

MÁS PRUEBAS DE FE

En 2008 y 2009, Brian gozó de buena salud y estupendas temporadas. En 2009, estableció el récord de dobles realizados por un bateador ambidiestro en las Grandes Ligas con 56, uniéndose a los miembros del Salón de la Fama Tris Speaker, Paul Warner y Stan Musial como los únicos jugadores en la historia de la MLB con tres o más temporadas consiguiendo al menos 50 dobles. También logró máximos en su trayectoria deportiva en carreras anotadas (110) e impulsadas (79).

Sin embargo, la lacra de las lesiones volvió a aparecer en 2010. Brian pasó tres meses en la lista de lesionados con una hernia de disco en la espalda y una lesión muscular abdominal. Después se perdió los últimos seis partidos de la temporada por una conmoción ocasionada por él mismo al golpear su casco con el bate como consecuencia de la frustración de haber sido eliminado en la novena entrada de un partido. Sufrió dolores de cabeza y nauseas hasta navidades.

Verdaderamente, las heridas que uno mismo se produce son las que más duelen.

«Chicos», dijo Brian riéndose de sí mismo en un video blog de abril de 2011, «hagan lo que hagan, por muy frustrados o desanimados que estén, *no* se golpeen la cabeza con un bate. No es buena idea».

La lista de lesionados, la cruz de Brian, golpeó de nuevo en 2011. Un deslizamiento con la cabeza por delante en Boston en el mes de mayo le obligó a perderse el resto de la temporada con síntomas de conmoción cerebral. Tuvo incluso que cancelar su actividad para recaudar fondos en Baltimore para el hospital infantil.

Sin su primer bateador estrella, los Orioles consiguieron un registro horrible de 69-93, su decimocuarta temporada seguida en negativo. En diversos foros de internet y plataformas sociales, los amargados seguidores de los Orioles exteriorizaban su inquietud con Brian, un jugador que se lesionaba con frecuencia y que había firmado una ampliación de contrato de 40 millones de dólares por cuatro años en febrero de 2009.

«El Sr. [Peter] Angelos [el propietario de los Orioles] ha invertido mucho en mí y en mi familia, los Orioles han intentado contar mucho conmigo y no he estado ahí. Es muy duro para mí», dijo Brian a principios de septiembre de 2011 cuando fue de su casa de Sarasota a St. Petersburg a visitar a sus compañeros, que se encontraban allí para enfrentarse a Tampa Bay. «Es duro para mí estar allí y mirar a los chicos a los ojos, especialmente sabiendo por lo que han pasado en los últimos cinco meses. He estado allí y lo he hecho. Es muy duro».

Se trataba de otro viaje a las tierras sombrías de la vida, donde la presencia de Dios parece distante en ocasiones y preguntas como *¿Por qué, Señor?* y *¿Hasta cuándo, oh Dios?* Se esconden detrás de cada montaña escarpada y hacen eco en cada barranco. Por tanto, Brian recurrió una vez a Proverbios 3.5-6 y permitió que su pasaje favorito de las Escrituras iluminase las tinieblas.

También se refugió en los Salmos. Él ama su realismo y su crudeza. Muchos de ellos fueron escritos por hombres que abrieron sus corazones quebrantados a Dios e hicieron duras preguntas. A Brian le gusta especialmente leer salmos del rey David, un gran hombre que disfrutaba del favor del Señor pero que tenía sus imperfecciones. Él tuvo que soportar la disciplina de Dios y pasó por el sufrimiento de numerosas pruebas que amenazaron su vida. David no se acercaba al Señor con oraciones enlatadas. Lo hacía con agonía, lágrimas, gozo y alabanzas, de forma auténtica y sin filtrar. Todo ello ayuda a Brian.

«Miren a David», dijo. «Estaba angustiado y enojado. Podemos ser honestos con Dios, forma parte de nuestra relación. Por eso se llama así. El Señor no es un amuleto de la suerte, es una relación real. Por eso él debería ser nuestro mejor amigo, alguien con quien poder hablar cuando pasamos por altibajos, por lo bueno y por lo malo. Tenemos que confiarle nuestros sentimientos de la misma forma, y creer que él nos escucha y entiende».

¿Qué debemos pensar entonces de la carrera de Brian, tan salpicada de pruebas? La perspectiva ayuda. Desde cualquier punto de vista, ha tenido mucho éxito. Hasta 2012, ha bateado un .281 de promedio en once temporadas en las Grandes Ligas y está entre los líderes de los Orioles de todos los tiempos en sencillos, dobles, golpeos de extra base, bases por bolas y carreras. También tiene un juego sólido en segunda base con un porcentaje de fildeo de .987 en su carrera.

No podemos evitar preguntarnos hasta dónde habría llegado Brian de no haber sufrido tantas lesiones. Nadie puede culparle de dar lugar a esos pensamientos. O cuestionar si jugará alguna vez para un equipo ganador.

En última instancia, sin embargo, la conjetura es irrelevante. La vida no lanza bolas rápidas de 110 km/h por el centro durante mucho tiempo. Siempre entremezcla lanzamientos más duros. Brian ha aprendido que lo que más importa es cómo se gestionan los problemas que nos sobrepasan y nos llegan a una velocidad desmedida.

Él ha puesto su confianza en la sabiduría de Santiago 1.2-4, la misteriosa paradoja de gozarse en las pruebas de la vida en lugar de maldecirlas.

«Puedo confiar completamente en Dios, y es muy gratificante saberlo», dijo Brian.

Actualización de la temporada 2012: Los golpes siguieron llegando para el hostigado Brian Roberts en 2012, no solo los que daba en el cajón de bateo. El 12 de junio, el popular segunda base y bateador de inicio All-Star de los Orioles reapareció de una inactividad de trece meses debida a las conmociones sufridas en 2010 y 2011, dos temporadas en las que había estado ausente en un total de 226 partidos. Roberts disfrutó de un regreso triunfante con 3 de 4 en el plato y una carrera impulsada en una victoria por 8-6 sobre Pittsburgh. Sin embargo, allá por el 1 de julio estaba promediando solo .182 al bate y volvió a la lista de lesionados con un labro desgarrado en su cadera derecha. Más adelante ese mismo mes, habiendo disputado únicamente 17 partidos, optó por pasar por el quirófano, dando por terminada su temporada. Roberts se perdió casi toda la destacada temporada de los Orioles, en la cual ganaron 93 partidos y alcanzaron las eliminatorias por primera vez desde 1997.

Para Brian Roberts, la temporada 2013 consistió simplemente en intentar permanecer sano. Después de jugar únicamente 115 partidos entre 2010 y 2012 debido a múltiples conmociones y lesiones de cadera, Robert sufrió otro grave contratiempo con una lesión femoral en el tercer partido de la temporada. Se perdió 79 partidos. Cuando volvió, experimentó su primera carrera real por las eliminatorias, bateando .249 con ocho home runs y 39 carreras impulsadas en unos Orioles que acabaron con 85-77 y no pudieron clasificarse finalmente. Roberts, que cumplió 36 años el 9 de octubre, afrontó el período vacacional sin conocer su futuro, al haber acabado un contrato de 40 millones de dólares por cuatro años firmado antes de la temporada 2010. Ha dejado claro que espera terminar su carrera en Baltimore, la única franquicia para la que ha jugado.

12

JOSH WILLINGHAM:
ENTENDER QUE EL SEÑOR DA Y QUITA

A todas luces, el 13 de junio de 2009 fue el peor día de la vida de Josh Willingham, jardinero de Oakland Athletics.

La noche anterior, Josh, que jugaba entonces para Washington National, había hecho 0 de 4 y había caído eliminado dos veces en una derrota por 4-3 en Tampa Bay, dejando caer su promedio de bateo hasta un .252. Los Nationals, con un balance de 17-43, llevaban 18 partidos y medio de desventaja en el este de la NL, y en caída libre hacia un registro definitivo de 59-103, el peor de la franquicia desde que en 1976 Montreal Expos perdiesen 107 partidos.

La cabeza de Josh reposó finalmente sobre la almohada del hotel después de la medianoche. Bendito descanso. Sin embargo, este alivio duraría muy poco.

A las 5:30 de la madrugada, llamaron con fuerza a la puerta, lo que sobresaltó a Josh, que dormía. Atontado y perplejo, abrió y se encontró con Rob McDonald, director de viajes de los Nationals. Este dijo a Josh que había recibido un mensaje urgente de su padre, David Willingham.

McDonald tragó saliva y comunicó las terribles noticias: el hermano pequeño de Josh había muerto.

¿Qué hacer cuando la vida te ataca por la espalda con un golpe demoledor? ¿Cómo reaccionar? ¿A quién acudir? ¿Adónde ir?

Josh se apresuró a ir a casa tan pronto como hizo su maleta. Su hogar era Florence, Alabama, una ciudad modesta (39,319 habitantes) de un área del estado llamada «Shoals», un lugar que se define como «la ciudad del Renacimiento en Alabama».

A la buena gente de Florence le encanta alardear un poco de su cultura con exposiciones de arte, festivales de cine, ferias renacentistas y una celebración musical anual en honor de su hijo W.C. Handy, el «padre del Blues». El renombrado arquitecto Frank Lloyd Wright escogió Florence como ubicación de su única casa en Alabama. En la ciudad se encuentra asimismo el Fame Recording Studio, un estudio de grabación cuyos micrófonos han honrado gente como la reina del soul, Aretha Franklin, así como leyendas del rhytm and blues como Etta James y Wilson Pickett.

Aparte de eso, la vida en la zona transcurre sin prisa como un barco que se deja llevar río abajo por el Tennessee. Como todo Alabama en general, es un área de fútbol americano universitario. ¿Béisbol? No tanto. La principal universidad de Florence, North Alabama, figuraba en la segunda división de la NCAA cuyo mejor jugador de béisbol fue Terry Jones, un bateador que acreditó un promedio de bateo de .242 en 227 partidos en las Grandes Ligas entre 1996 y 2001. Ciertamente, la ciudad no se encuentra en los radares de ningún ojeador importante.

Sin embargo, Josh no era cualquiera. Su potencia prodigiosa golpeaba como un solo de trompeta de Handy de los «St. Louis Blues». Después de que el discreto bateador estableciese multitud de récords en el pequeño Mars Hill Bible School, una institución cristiana fundada por su abuelo en 1946, y en la universidad de North Alabama, Florida Marlins lo eligieron en el draft casi como una ocurrencia de última hora en la decimoséptima ronda del draft de 2000. Seis años más tarde, sin embargo, pasó a ser titular indiscutible en una gran liga.

Con 1.85 de altura y 98 kilogramos de peso, Josh es una

Josh Willinghàm, una elección en la decimoséptima ronda del draft de Florence, Alabama en 2000, no mostró signos de desaceleración a la edad de treinta y tres, cuando disfrutó del mejor año de su carrera con Minnesota en 2012. Willingham acreditó una mejor marca personal de 35 home runs. (AP Photo/Tom DiPace)

colección de cincelados músculos de contracción rápida que puede enviar la bola muy lejos. En sus seis primeras temporadas completas en una gran liga (2006-2011), promedió 22 home runs y 71 carreras impulsadas en solo 128 partidos por año. El porcentaje de bateo en su carrera es de .262.

Sin embargo, las lesiones, especialmente un disco problemático en su espalda, han sido durante mucho tiempo su criptonita particular. En 2006, se perdió dos semanas con un problema en una mano. En 2008, estuvo ausente en 50 partidos con una lesión en la zona lumbar. Un problema de rodilla que exigió cirugía acabó la temporada 2010 para él cuando aún faltaban 44 partidos por disputarse. Su espalda y su dolorido tendón de Aquiles lo atosigaron en 2011.

Uno se pregunta qué sería capaz de hacer en una temporada completa sin lesiones. No es una cuestión que preocupe a Josh. Él vive en la realidad y no en la imaginación, por lo que se vuelve a las Escrituras buscando recordatorios de que las pruebas tienen lugar por su bien espiritual, y para que confíe en Dios pase lo que pase.

«Yo vivo el día a día», dijo en su dulce gangueo sureño. «No se nos garantiza un día en la vida, o en el béisbol, por lo que solo intento hacer hoy todo lo que puedo para ayudar al equipo a ganar y dar lo mejor de mí».

La perspectiva firme de Josh es realmente producto de una fe fuerte que echó raíces en un hogar lleno de amor. Sus padres, David y Denise, lo llevaban tres veces a la semana junto a su hermano Jon a la Cross Point Church of Christ de Florence. En 2000, cuando tenía veintiún años de edad y vivía su primera temporada como profesional a más de mil seiscientos kilómetros de su hogar, en Utica, Nueva York, con Utica Blue Sox (Clase A), Josh hizo suya la profunda fe de su familia confiando en Cristo para el perdón de sus pecados.

«Allí es donde creció mi fe», dice. «Tenía que valerme por mí mismo».

De repente, el 13 de junio de 2009, Josh se sintió muy solo.

Él y Jon, su único hermano, tres años y medio menor que él, lo hacían todo juntos de niños. Iban a pescar, montaban en bici, jugaban a luchar y construyeron un minigolf en su patio. Les encantaba ver juntos los partidos de fútbol americano de la universidad de Alabama, y que nadie pronunciase siquiera la palabra *Auburn* cerca de ellos.

«Estaban muy unidos», dijo David Willingham. «Seguían constantemente a ese equipo. Estoy seguro de que la semana en la que Jon murió, habían estado hablando de fútbol americano y de los fichajes que se iban a producir en esa temporada».

La muerte de Jon pareció irreal a Josh, tanto por el impacto repentino como por los misteriosos detalles que la rodeaban. Según un artículo del 14 de junio de 2009 en el periódico de Florence *TimesDaily*, la muerte de Jon, de veintisiete años, se certificó en un hospital local después de una persecución policial durante varios minutos antes de perder el control de su Ford Explorer de 2003 y empotrarse en un árbol alrededor de la 1:45 de la madrugada. Un varón que acompañaba a Jon en al coche estuvo ingresado en cuidados intensivos pero sobrevivió. Según el artículo, la policía trató de detener a Jon por conducir de forma temeraria y por encima del límite de velocidad.

Josh estuvo una semana de permiso por duelo. La muerte era demasiado familiar. Tan solo cuarenta y dos días antes había fallecido su abuelo paternal, un patriarca de la fe de la familia.

Conforme se acercaba el final de la semana, Josh dijo a su padre: «Va a ser difícil volver para mí. Mi corazón no está en eso ahora». Finalmente, con los ánimos que le dio su padre, embarcó en el avión para Washington D.C.

Llevando dos muñequeras y un colgante con el nombre de Jon, Josh mejoró sus prestaciones y su promedio de bateo subió hasta .309 a principios de agosto antes de enfriarse un poco en septiembre, y aun así acabar con unos números respetables: un promedio de .260, 24 home runs y 61 carreras impulsadas en 133 partidos.

Una rotura del menisco medio de la rodilla izquierda arruinó otra temporada sólida en 2010 (promedio de bateo de .268, 16 home runs y 56 carreras impulsadas en 114 partidos) antes de que la vida sacudiese de nuevo su zona de confort: los Nationals traspasaron a Josh a los Athletics en diciembre de 2010.

Florence, Alabama, y Oakland, California, son tan diferentes como sugieren los casi 3,700 kilómetros que las separan. No fue fácil para Josh acostumbrarse al estilo de vida de la costa oeste. Además, con una casa de fuera de temporada en Florence, la esposa de Josh, su amor del instituto, Ginger, y sus dos hijos pequeños no podían volar tanto a Oakland para visitas largas como lo hacían cuando Josh jugaba en Washington D.C. Con todo su encanto, la vida en las Grandes Ligas también presenta algunas realidades desafiantes.

El promedio de bateo de Josh cayó hasta un .246 en 2011, pero continuó mostrando que es un peligroso bateador cuando está sano, como evidenciaron sus 29 home runs y 98 carreras impulsadas en 136 partidos. El 15 de julio, envió el primer home run al segundo anfiteatro del Oakland Coliseum desde que Frank Thomas logró ese hecho en agosto de 2006.

Josh sacó provecho de su temporada 2011 de poderoso bateo y firmó un contrato de tres años con Minnesota Twins al finalizar la competición. Su carrera se ha visto marcada por pruebas y situaciones muy difíciles, por lo que ha aprendido a apoyarse más en la Roca que nunca se mueve.

«Al estar tan lejos del hogar y la familia, debo apoyarme más en él», dijo.

Josh piensa en su hermano pequeño cada día, pero la vida sigue, y hay mucho por lo que estar agradecido. Tiene una familia maravillosa, seguridad económica y el trabajo soñado.

Job, el sufridor arquetípico de la Biblia, soportó una devastación total y siguió exclamando: «Jehová dio, y Jehová quitó; sea el nombre de Jehová bendito» (Job 1.21). Esta es también la actitud de Josh. Tanto por una muerte, por lesiones desesperantes o por un traslado difícil al otro extremo del país, él sabe a quién dirigirse en busca de esperanza y paz.

«No puedo comprender cómo hacen las personas que no tienen

fe, especialmente [en relación a] la vida eterna», dijo Josh. «¿Qué tipo de esperanza tienen las personas? Tenemos que apoyarnos realmente en Dios cuando se produce [una prueba]. Él me ha mostrado básicamente que es el jefe en los tiempos difíciles».

El outfield o jardinero izquierdo Josh Willingham dio a Minnesota Twins justo lo que buscaban, y más, cuando firmaron con él un contrato de tres años y 21 millones de dólares en diciembre de 2011. Willingham, potente bateador diestro ancló el núcleo principal del orden de bateo de los Twins liderando al equipo con máximos de su carrera en home runs (35), carreras impulsadas (110), carreras anotadas (85), porcentaje de slugging (.524) y porcentaje de slugging con base adicional (.890). Ganó su primer premio Silver Slugger por ser el mejor jugador ofensivo en su posición en la AL. A pesar de los esfuerzos de Willingham, los Twins (66-96) sufrieron su segunda clasificación seguida en la quinta plaza de la división central de la AL.

Después del mejor año de su carrera en 2012, 35 home runs, 110 carreras impulsadas, un .890 de OPS y el premio Silver Slugger en su primera temporada con Minnesota, Josh Willingham vivió el que podría ser el peor año de su carrera. Un desmayo en el plato en mayo y una lesión de rodilla lo hicieron caer hasta un promedio de .208, el peor de su carrera de 10 años, y solo 14 home runs y 48 carreras impulsadas en 111 partidos. Willingham se perdió 33 partidos en julio y principios de agosto, tras una artroscopia en su rodilla izquierda por un menisco roto. Los Twins acabaron por tercer año consecutivo con al menos 96 derrotas.

13

MARIANO RIVERA:
EL BATEADOR DE CIERRE QUE
LLEGÓ A SER SALVO

¿Busca usted un buen debate? Diríjase a un fanático del béisbol y comience a hablarle de los mejores jugadores de todos los tiempos.

¿Quién es el mejor jardinero central de la historia? ¿Willy Mays, Joe DiMaggio, Ty Cobb, Mickey Mantle o Ken Griffey Jr?

¿Y los terceras bases? Existen buenos argumentos a favor de Mike Schmidt, George Brett, Brooks Robinson, Alex Rodríguez y Chipper Jones.

Y no digamos ya los primeras bases, apartado en el que Lou Gehrig, Jimmie Foxx y Albert Pujols encabezan la mayor parte de las listas.

La verdad es que a los seguidores del béisbol les encanta debatir sobre los pormenores del deporte y se preguntan si los jugadores más grandes y fuertes de la actualidad son mejores que los de antaño. Ningún otro deporte americano tiene la historia y las voluminosas estadísticas del béisbol, por lo que los debates sobre los «mejores de la historia» pueden ser interminables.

Sin embargo, la posición de cerrador es una en la que prácticamente no hay discusión. Cuando la puerta de la zona de calentamiento se abre en la novena entrada con el marcador apretado, un jugador ha dominado más que cualquier otro lanzador en la historia: Mariano Rivera.

En dieciocho temporadas desde que debutó con New York Yankees en 1995, Mariano ha conseguido 608 juegos salvados, un récord en la historia del béisbol. Solo él y Trevor Hoffman (601) han superado la barrera de los 600...y eso sin contar los 42 juegos salvados por Mariano en las eliminatorias, récord también de las Grandes Ligas. Cuando está en el montículo, los Yankees casi siempre se aseguran la victoria. Su porcentaje de juegos salvados está ligeramente por debajo del 90 por ciento, el mejor de la historia para lanzadores que han tenido 250 o más oportunidades de salvamento.

En las eliminatorias, cuando las cosas importan de verdad, ha sido casi imposible batear un lanzamiento de Mariano, y jugando con los Yankees, ha jugado muchos partidos de las mismas. Ha ayudado a New York a ganar cinco títulos de las Series Mundiales y fue nombrado mejor jugador de estas en 1999. Su ERA en las eliminatorias es un increíble 0.70.

Tan solo veintiún lanzadores en la historia del béisbol han conseguido *la mitad* de juegos salvados que este delgado lanzador, conocido como el «Martillo de Dios». Mariano ha ganado el premio Rolaids Relief Man Award cinco veces para la AL y ha tomado parte en el All-Star en doce ocasiones.

A pesar de los premios y de sus logros, Mariano sigue siendo humilde y está firmemente arraigado en su fe cristiana. Él deja que sean sus hechos, en lugar de sus palabras, los que hablen. No es exactamente la conducta de un típico cerrador de las Grandes Ligas.

Casi todo lo relativo a Mariano es lo contrario de lo que la mayor parte de las personas piensan de un lanzador de relevo. Estos son habitualmente muy irascibles, y son conocidos por su barba tupida, bigote arreglado, gruesos colgantes, tics nerviosos y un comportamiento impredecible sobre el montículo.

«Mira el lanzamiento de Mo, mira cómo lo repite», dijo maravillado su compañero Joba Chamberlain. «Hace exactamente lo mismo cada vez. Eso es muy difícil. Yo lo intento, pero no puedo hacerlo como él. Su brazo nunca sufre una presión añadida porque todas sus partes se mueven de la misma forma en cada ocasión».

Si se pudiese describir a Mariano con una palabra, esta sería *predecible*. Siempre calienta de la misma forma antes de saltar a la cancha. Nunca parece apresurado o preocupado. Su comportamiento es siempre el mismo, en un partido de entrenamiento en primavera o en las Series Mundiales. Incluso su lanzamiento característico, la bola rápida cortada, es predecible. Los bateadores saben que viene, pero siguen sin poder golpearla.

Jim Thome, que ha conseguido más de 600 home runs en su carrera, llamó a la bola rápida cortada de Mariano el mejor lanzamiento de la historia del béisbol. Tom Kelly, que durante muchos años fue el entrenador de Minnesota Twins dijo una vez: «Tiene que lanzar en una liga más alta, si es que la hay. Prohíbanlo en el béisbol. Debería ser ilegal».

Cuando le preguntaron si le incomoda que lo califiquen como el mejor cerrador de la historia, Mariano contestó: «Sí, me siento incómodo porque no me gusta hablar de mí. Tan solo quiero ayudar al equipo todo lo que pueda. Lo demás son todo bendiciones del Señor».

En realidad, él no tiene que decir nada. Sus compañeros, sus adversarios y los periodistas deportivos lo dicen por él.

«Están viendo al mejor cerrador de todos los tiempos», dijo el receptor de los Yankees Jorge Posada. «No me interesa el ERA. No hay nadie mejor. Ni siquiera que se le pueda comparar. Su cuerpo no cambia. Él no cambia. Es el mismo Mariano de siempre, como relevista, como cerrador, como amigo».

El parador en corto de los Yankees Derek Jeter también alaba a Mariano por su forma de ser. «Es como mi hermano», dijo Jeter, que llegó a las ligas menores junto a él. «Siempre que juegas con alguien durante tanto tiempo, hay una conexión ahí...Ha sido exactamente la misma persona que era cuando lo conocí».

Esa persona está profundamente comprometida con Dios, con su familia y con sus compañeros.

Mariano es el primero que dice que nunca hubiese salvado tantos juegos si su equipo no lo hubiese dejado en la situación adecuada para ello. Para sumar un salvamento, un lanzador debe sumar al menos tres outs con su equipo ganando por no más de tres carreras. Cada oportunidad de juego salvado provoca mucha presión, pero Mariano la gestiona con facilidad.

Se le ve extrañamente tranquilo sobre el montículo. Siente una calma que solo procede del conocimiento del Príncipe de paz.

«No sé si volveremos a ver algo igual alguna vez», dijo el entrenador de los Yankees Joe Girardi después de que Mariano consiguiese su salvamento número 600. «Creo que este chico ha sido el mejor cerrador que ha existido nunca en este deporte, y yo he tenido la suerte de ficharlo, entrenarlo y tratarlo. Es un regalo».

Batear contra él era cualquier cosa menos un regalo. Sin embargo, Mariano se ha ganado el respeto de los bateadores rivales, incluyendo al gran David Ortiz, de Boston Red Sox. «Si hablas con él en un partido de las estrellas, es como hacerlo con alguien que acaba de ser convocado», dijo Ortiz. «Para él, todo el mundo es bueno. No lo entiendo. Para él, todos los demás son mejores. Es increíble. Él es el más grande...Las buenas personas quieren hacer las cosas bien».

Mariano lo ha hecho bien. *Muy* bien, considerando especialmente que cuando los Yankees lo vieron, era *parador en corto*, no lanzador.

CÓMO SE DESARROLLÓ EL LANZAMIENTO MILAGROSO

El ojeador de Kansas City Royals, Herb Raybourn, vio por primera vez a Mariano en una cancha de béisbol en 1988. Jugaba para Panamá Oeste en el campeonato nacional. Con 1.85 de altura y poco más de 70 kilogramos de peso, era un parador en corto delgaducho con un buen brazo. Su bateo, sin embargo, no era demasiado bueno.

Un año después, Panamá Oeste se clasificó de nuevo para el torneo nacional. Sin embargo, los lanzadores del equipo tenían

Desde que se unió a los New York Yankees en 1995, Mariano Rivera ha llegado a ser el mejor cerrador del béisbol. El líder de todos los tiempos en juegos salvados ha acreditado 608 en la temporada 2012. (AP Photo/Rusty Kennedy)

dificultades y Mariano se ofreció voluntario para subir al montículo. Había lanzado algunas de niño, y siempre fue bueno tirando piedras a un objetivo.

Mariano no tenía una potencia descomunal como lanzador, pero era preciso, tanto que cautivó al ojeador de los Yankees Chico Heron. Este organizó una prueba con Raybourn, que había pasado a ser director de ojeadores de los Yankees para Latinoamérica.

Mariano viajó a la ciudad de Panamá para la prueba. Raybourn lo reconoció inmediatamente. El delgado parador en corto tomó la bola y fue hasta el montículo. Tan solo había realizado nueve lanzamientos, todos ellos rondando los 135 km/h, cuando Raybourn lo paró. Mariano pensó que la había fastidiado, pero Raybourn ya había visto lo suficiente.

«La velocidad en el radar no fue realmente extraordinaria», dijo Raybourn. «Lo que me gustó de Mariano fue su soltura, un buen brazo suelto. Su bola rápida tenía mucho movimiento. Podía imaginármelo lanzando en las Grandes Ligas».

Raybourn pensó que con algo de entrenamiento profesional y pesas, la bola rápida de Mariano adquiriría algo más de potencia. También tendría que aprender otros lanzamientos diferentes.

Con veinte años de edad, el chico firmó con los Yankees el 17 de febrero de 1990 y recibió una bonificación de 2,000 dólares. Nunca había pensado que podría ser jugador profesional de béisbol hasta que estampó su firma en el contrato.

«Habitualmente, un jugador se prepara durante años», dijo Mariano. «Ahí estaba yo firmando, sin haber planeado en ningún momento ser un lanzador».

Aunque Mariano no se sentía lanzador, lo parecía en el diamante. Lo enviaron al equipo de los Yankees en la Gulf Coast League, donde compitió contra otros novatos. En 22 partidos, lanzó en 52 entradas, concediendo una carrera y solo siete bases por bolas, eliminando a 58 bateadores.

En 1991, subió al filial de Clase A Greensboro Hornets (Carolina del Norte). Aunque su balance era negativo (4-9), acreditó un impresionante 2.75 de ERA y un ratio de eliminaciones/bases por bolas de 123/36. Después de la temporada, Mariano disfrutó de un momento mejor cuando voló de regreso a Panamá y contrajo matrimonio con Clara Younce, a la que conocía desde la escuela primaria.

En los años siguientes, Mariano fue abriéndose camino hasta llegar al filial de Triple-A Columbus Clippers de Columbus, Ohio, pero su bola rápida de 140 km/h no impresionaba al primer equipo.

Sin embargo, a principios de la temporada 1995, las lesiones de varios de los titulares de los Yankees dieron a Mariano la oportunidad de lanzar en lo más alto por primera vez. Su debut en una gran liga acabó siendo un desastre. Concedió cinco carreras y ocho sencillos en solo tres entradas a California Angels. En sus cuatro primeros partidos como titular con los Yankees, acreditó un 10.20 de ERA y lo enviaron rápidamente de vuelta a Columbus.

Mariano seguía gustando a los Yankees, pero querían a alguien con más potencia en su bola rápida. Consideraron traspasarlo a Detroit Tigers a cambio de David Wells. Entonces, dos semanas después de volver a las menores, ocurrió algo sorprendente, aumentó la velocidad de su bola rápida en unos dieciséis km/h.

El 26 de junio de 1995, Mariano lanzó cinco entradas sin bateo contra Rochester Red Wings, en un partido que acabó antes de tiempo por el mal tiempo. No obstante, lo que más impresionó a los Yankees fue que su bola rápida registró unos fulgurantes 153 km/h en el radar.

Nadie podía explicarse de dónde procedía esa velocidad adicional, pero Mariano tenía una respuesta: era un regalo de Dios.

El lanzador había aceptado recientemente a Jesucristo como su Salvador personal. Durante su carrera en las ligas menores, Mariano había visto a Dios manifestarse de vez en cuando, frecuentemente por medio de la bondad de otras personas que le ayudaron en momentos clave. Cuando su mujer estuvo ingresada en el hospital, un entrenador de lanzamiento le ofreció quedarse con el primer hijo de la pareja, a fin de que Mariano pudiese estar con ella. En otra ocasión, una señora ayudó a su mujer en Panamá cuando él tenía que jugar.

«Cada vez que pasaba por una época difícil, aparecía alguien para ayudar», dijo Mariano. «Aunque no tenía a nadie allí, nunca estuve solo. Ese hecho provocó que aceptase a Jesús como mi Salvador. Sabía que no se trataba de una coincidencia. Era el Señor poniendo a alguien allí para mí.

La potencia adicional de su bola rápida permitió a Mariano volver a Nueva York. Esta vez le fue mucho mejor. El 4 de julio de 1995, eliminó a 11 en ocho entradas en blanco de Chicago White Sox.

En 1995, la primera temporada en que la MLB amplió las eliminatorias a cuatro equipos por liga, New York se clasificó para las mismas con el comodín. Mariano formó parte de la plantilla que las disputaría y consiguió una victoria en el segundo partido contra Seattle. Los Mariners ganaron la serie por tres partidos a dos, pero Mariano lanzó bien cada vez que salió, eliminando incluso a Mike Blowers en la octava entrada del quinto partido con las bases ocupadas.

En 1996, Joe Torre ocupó el puesto de entrenador de los Yankees, que estaban cargados de talento joven, como Jorge Posada, Derek Jeter, Andy Pettite y Bernie Williams. Con bastantes buenos lanzadores para empezar los partidos, Torre tenía claro que quería a Mariano saliendo del banquillo; simplemente no sabía qué papel desempeñaría.

Los Yankees pronto se dieron cuenta de que Mariano sería el lanzador perfecto justo antes del cerrador John Wetteland. Con ambos saliendo del banquillo ese año, los Yankees consiguieron un balance de 79-1 en partidos en los que iban por delante después de siete entradas.

Después de no ser capaces de ganar las Series Mundiales desde 1978, los Yankees lograron el campeonato en 1996 derrotando a Atlanta por cuatro partidos a dos. Wetteland fue elegido mejor jugador de la serie, pero todos sabían que la temporada pertenecía a Mariano. Incluso terminó tercero en la votación del premio Cy

Young Award, dirigido al mejor lanzador de cada liga. Ningún lanzador de relevo había llegado tan alto.

UNA BOLA RÁPIDA CON EFECTO DIVINO

Si Dios había dado a Mariano un regalo al añadir más potencia a su bola rápida, estaba a punto de llevar a cabo un milagro que ha mantenido a este en la cima de este deporte durante años.

Los Yankees dejaron marchar al muy valorado Wetteland después de la temporada y pasaron a Mariano al puesto de cerrador. La decisión pareció imprudente. Cuando empezó la temporada 1997, Mariano desaprovechó cuatro de sus seis primeras oportunidades de juego salvado.

El mal comienzo provocó una reunión entre Torre y el entrenador de lanzamiento de los Yankees Mel Stottlemyre. Mariano se sintió terriblemente mal. Odiaba fallarle al equipo.

«Mientras más duro lo intentaba, más difícil era», dijo. «Era como luchar en arenas movedizas. Seguía hundiéndome. Joe me dijo: "Mientras estés aquí serás el cerrador". Era exactamente lo que necesitaba oír».

Poco después de la reunión, ocurrió algo destacable. Mariano había llegado a las Grandes Ligas con una bola rápida de cuatro costuras que en ocasiones tenía un buen movimiento. Eliminaba a los bateadores con su velocidad y precisión. Un día, calentando antes de un partido con el lanzador Ramiro Mendoza, Mariano intentó agarrar la bola de una forma ligeramente diferente. Se dio cuenta de que la bola volaba y caía rápidamente cuando la sujetaba de una cierta forma, moviéndose tanto que Mendoza tenía problemas incluso para atraparla.

A Mariano siempre le había gustado experimentar con el agarre de la bola. Sus largos dedos y su muñeca flexible eran perfectos para un lanzador, pero ahora tenía un problema... o no.

En un principio, Stottlemyre trabajó con Mariano para intentar eliminar el efecto de la bola y que esta fuese más directa. Sin embargo, después de descubrir este lanzamiento, Mariano consiguió salvar el juego esa noche y convirtió también sus tres siguientes oportunidades.

De repente, Mariano tenía un lanzamiento que parecía una bola rápida pero actuaba como un slider al acercarse al plato. No pasó mucho tiempo antes de que desarrollase una precisión perfecta con su nueva bola rápida cortada característica. Controlaba su ubicación presionando la bola de diferentes formas diferentes con los dedos. Más presión con el dedo medio la hacía moverse de una forma. Utilizar el índice un poco más, de otra.

Desde la perspectiva de un bateador, el lanzamiento de Mariano parecía fácil de golpear, pero de pronto, en un instante, la bola pasaba por el plato a más de 150 km/h.

Algunos científicos han estudiado miles de lanzamientos de Mariano. Lo que le hace demoledor es que lanza la bola rápida cortada y la de cuatro costuras con exactamente el mismo movimiento. Contrariamente a las creencias populares, los bateadores de las Grandes Ligas no poseen reflejos y velocidad de reacción sobrenaturales. Lo que les permite golpear la bola son las pistas visuales y toneladas de entrenamiento. Si un lanzador se inclina en su lanzamiento o gira rápidamente la muñeca, el bateador puede prever dónde irá la bola.

«No puedes ver el efecto que lleva», dijo el seis veces All-Star Lance Berkman acerca de la bola cortada de Mariano. «Una bola rápida de cuatro costuras gira de una cierta forma, un slider o una cortada lo hacen de otra. Se puede ver un punto rojo en la bola conforme se acerca, producido por las costuras al girar. Cuando ves la rotación que trae, reaccionas de la forma que crees conveniente. Los buenos cortadores, como Rivera, hacen que la bola gire como la de cuatro costuras, no ves el punto rojo, no sabes cómo te va a llegar hasta que ya es demasiado tarde».

Los bateadores creen que están viendo una bola fácil de batear sobre el plato, pero cuando la han golpeado, esta se he movido varios centímetros y acaba en sus manos o golpeando el extremo fino del bate. Mariano lidera la estadística oficiosa de bates rotos cada año desde que desarrolló su bola rápida cortada. Algunos locutores deportivos han bromeado con que el fabricante de bates Louisville Slugger debería pagar una comisión a Mariano por todo el trabajo que les está facilitando.

No obstante, este lanzamiento no es una broma para Mariano, sino una bendición.

«Es mi lanzamiento milagroso», dijo Mariano. «Así es como lo llamo, porque es un regalo de Dios. Yo no lanzaba así antes y nadie me lo enseñó. Llegó a mí como un milagro».

Desde que perfeccionó el lanzamiento, Mariano lo utiliza más del noventa por ciento de las veces. Ocasionalmente, entremezcla alguna bola rápida de dos costuras, y unas cuatro veces al año lanza con cambio de velocidad, solo para mantener a los bateadores desconcertados.

Cuando Posada pasó a ser el receptor habitual de los Yankees, llegó al punto de no hacer señales a Mariano acerca del tipo de lanzamiento a realizar. Posada simplemente le marcaba que lanzase por la *esquina* interior o exterior del plato. Mariano raramente lanza al centro. Con excepcional precisión y determinación por ganar, él busca los filos negros del plato.

A diferencia de muchos cerradores, Mariano no recurre a la intimidación. No cree en las bolas que buscan la cabeza del bateador. Lo único que quiere es conseguir strikes.

«Mi enfoque mental es simple: consigue tres eliminaciones lo más rápidamente posible», dijo. «Si puedo hacer tres, cuatro lanzamientos, mucho mejor. No me importa cómo te elimine, siempre que lo haga».

SU ANCIANO PADRE Y EL MAR

Mariano desarrolló su actitud profesional desde niño, gracias en gran parte a su padre.

Mariano nació el 29 de noviembre de 1969. Su padre era pescador en Puerto Caimito, un pequeño pueblo situado unos cuarenta y ocho kilómetros al norte de la capital del país, la ciudad de Panamá.

Su casa se encontraba a trescientos metros del Océano Pacífico, edificada con bloques de hormigón y un techo ondulado de hojalata.

De niño, a Mariano le gustaba jugar al fútbol, pero también jugó al béisbol...si utilizar un palo para golpear una bola hecha con restos de redes de pesca y cinta aislante cuenta como tal.

Cuando estaban en la escuela primaria, Mariano y sus amigos hacían una bola, cortaban algunas ramas de árbol rectas para los bates y formaban guantes y protectores pectorales con cartones. Los partidos se jugaban en la playa cuando la marea estaba baja o en las calles.

Cuando Mariano tenía doce años, su padre le compró un guante de cuero reglamentario. El chico estaba tan entusiasmado que dormía con él y lo llevaba a todas partes, incluso a la escuela.

El padre de Mariano trabajaba duro como pescador a fin de proveer para sus cuatro hijos. Ganaba unos 50 dólares a la semana. También era muy estricto con la disciplina. Mariano recuerda haber recibido algunas azotainas, pero sabía que su padre lo castigaba por su propio bien.

«Mi niñez fue maravillosa», dijo Mariano. «Básicamente, no tenía nada, pero estaba feliz con lo que había».

Cuando llegó al instituto Pablo Sánchez, soñaba con ser jugador de fútbol profesional. Era rápido de pies y atlético. Lo que no tenía era la capacidad de mantenerse sano. Numerosas lesiones de tobillo le obligaron a olvidarse de sus aspiraciones en el fútbol.

En lugar de centrar como Beckham, Mariano iba a intentar pescar como Roland Martin. Después de su graduación en el instituto con dieciséis años, probó suerte en el negocio familiar. No le asustaba el trabajo duro, pero se dio cuenta pronto de que la pesca no era lo suyo. Los barcos estaban fuera seis días a la semana. Todo el mundo dormía a bordo y el mar se ponía peligroso en algunas ocasiones. Una vez, su barco, lleno de pescado, se volcó y la tripulación cayó al agua. Afortunadamente, todos llegaron sanos y salvos a otro pesquero cercano.

«Es duro. Extremadamente duro», dijo Mariano acerca de ser

pescador. «Quería estudiar para ser mecánico. Obviamente, no lo hice porque el Señor tenía planes diferentes para mí».

Aunque Mariano no siguió los pasos de su padre en la pesca, tenía mucho de Mariano Sr., incluyendo su fuerte carácter y espíritu generoso. Si su padre puede ayudar a alguien lo hará, dice Mariano, aunque eso signifique dar sus últimos diez dólares. (La moneda oficial de Panamá es el dólar americano.)

La generosidad de Mariano se pone de manifiesto de numerosas formas. Después de llegar a los Yankees, siempre se aseguró de devolver todo lo posible a su país de origen. Compró material de béisbol para los niños locales. Donó equipos médicos y suministros a un hospital. Envió regalos de navidad. Honró a las madres de la zona organizando una fiesta en el día de la madre (que se celebra el 8 de diciembre en Panamá) y regalando muebles y electrodomésticos. Incluso construyó una iglesia en su ciudad natal.

Mariano también está ayudando a reconstruir una iglesia en su nueva ciudad. Durante el verano de 2011, anunció junto a sus hermanos hispanoparlantes que se congregaban en el Refugio de Esperanza la compra y restauración de la histórica iglesia North Avenue Church en New Rochelle, Nueva York. Construida en 1907, había sido una propiedad pública durante décadas y estaba descuidada. Su restauración costaría unos 3 millones de dólares.

Mariano se enamoró del edificio desde el momento en que lo vio y tiene grandes planes para la iglesia.

«Tenemos muchos objetivos por los que trabajar con la juventud», dijo. «Esa es mi pasión. Estamos esforzándonos para abrirla lo antes posible».

Mariano añadió que planea dedicarse a la iglesia a tiempo completo cuando se retire del béisbol. Los seguidores de los Yankees, por supuesto, esperan que sea dentro de muchos años, pero no es la primera vez que oyen hablar así a su cerrador.

En julio de 1999, Mariano se encontraba en el montículo en el Yankee Stadium, en un partido en el que Bronx Bombers recibía a Atlanta Braves. Entre lanzamientos, oyó algo que nunca había oído antes, un sonido alegre, pero poderoso. Él lo describió como la voz de Dios diciéndole: *Yo soy el que te tiene ahí.*

Cuando terminó la temporada, con los Yankees habiendo ganado sus segundas Series Mundiales consecutivas, Mariano volvió a Panamá y habló en una iglesia, diciendo que planeaba jugar al béisbol cuatro años más antes de retirarse para ser ministro de Dios.

Obviamente, Mariano no acabó su carrera en el béisbol en 2003, pero su deseo de servir a Dios se mantiene inalterable.

«Fue algo especial, y Dios quiere que me concentre en darlo a conocer a otras personas», dijo Mariano acerca del encuentro. «Quiere decir que la única razón por la que estoy aquí es porque él es mi fuerza. Él me puso aquí. Sin él, no soy nada. Creo que significa que él tiene otros planes para mí, comunicar su Palabra».

Mariano es un hombre extremadamente discreto, muy protector de su mujer y sus tres hijos: Mariano Jr., Jafet y Jaziel. Sin embargo, cuando se trata de su fe, da un paso adelante con valentía. Se le ve frecuentemente leyendo su Biblia en el vestuario de los Yankees y asiste regularmente a las reuniones en la capilla del equipo.

Mariano también sigue involucrado en muchas obras benéficas y fue honrado por ello al recibir el premio Thurman Munson Award de 2003, que lleva ese nombre en honor al gran receptor de los Yankees.

EL GRAN MO

Cuando se trata de los grandes lanzadores de los Yankees, Mariano ya encabeza la mayoría de las listas, por encima de otras leyendas como Lefty Gómez, Whitey Ford, Ron Guidry, Red Ruffing y Goose Gossage.

Al final de la temporada 2011, Mo, como lo llaman sus compañeros, ostentaba veintinueve récords de lanzamiento de la MLB y ocho en una trayectoria en los Yankees, incluyendo un par de ellos establecidos durante una increíble racha entre 1998 y 2000.

Durante esos años, los Yankees ganaron tres Series Mundiales consecutivas, y fue casi imposible batear los lanzamientos de

Mariano. En 1999, consiguió salvar más juegos (45) que sencillos permitió (43) en toda la temporada. Ese año ganó también el premio al mejor jugador de las Series Mundiales. Una semana más tarde, la presidenta de Panamá, Mireya Moscoso le concedió la Orden de Manuel Amador Guerrero, uno de los honores más altos del país.

El año siguiente, cuando Mariano se anotó el out final contra New York Mets en las Series Mundiales, fue la primera vez en la historia de la MLB que el mismo lanzador lo hacía en tres Series consecutivas.

Tras su campeonato de 2000, los Yankees tuvieron que esperar nueve años antes de volver a la cumbre. En algunas ocasiones, Mariano tuvo algo de culpa, como cuando cometió un error de lanzamiento en una bola tocada en la segunda mitad de la novena entrada del séptimo partido de las Series Mundiales de 2001 contra Arizona Diamondbacks. Arizona se benefició anotando dos carreras como consecuencia de sendos sencillos con ruptura de bate, ganando el partido por 3-2, y venciendo en las Series por cuatro partidos a tres.

Sin embargo, incluso después de la decepción, Mariano vio la mano de Dios obrando. Si los Yankees hubiesen ganado el partido, el equipo habría participado en un desfile de celebración de la victoria. Al no conseguirlo, su compañero de equipo Enrique Wilson cambió su vuelo y regresó antes de lo previsto a la República Dominicana. En un principio, iba a tomar el vuelo 587 de American Airlines el 12 de noviembre de 2001. Ese avión se estrelló en Queens, Nueva York, y todos sus pasajeros murieron.

«Me alegro de haber perdido las Series Mundiales», dijo Mariano, «porque significa que sigo teniendo a mi amigo».

Florida Marlins derrotó a los Yankees en las Series Mundiales de 2003, pero New York fue campeón del mundo de nuevo el 5 de noviembre de 2009, la vigesimoséptima vez, todo un récord. ¿Quién estaba en el montículo cuando los Yankees se anotaron el out decisivo contra Philadelphia Phillies? Por supuesto, Mariano. A su lado estaban Jeter, Pettitte y Posada, cuatro jugadores con cinco anillos de campeones del mundo cada uno.

«La capacidad para jugar bien viene de Dios», dijo Mariano. «Siempre le doy gracias por permitirme formar parte de un equipo como New York Yankees y ser capaz de hacer mi trabajo cada vez que salto a la cancha».

La consistencia y el dominio de Mariano son verdaderamente sorprendentes. Los periodistas deportivos han vaticinado su declive durante años. Después de varias oportunidades de salvar un juego desperdiciadas en 2002, el periódico *Albany Times Union* publicó un titular que decía: «Rivera ya no es el Sr. Automático». Desde entonces, ha jugado algunos de sus mejores años y ha sido tan automático como lo fue a finales de los 90.

En 2004, consiguió un récord en su carrera con 53 salvamentos.

En 2011, al los cuarenta y un años de edad, Mariano realizó una de sus mejores temporadas logrando 44 salvamentos, incluyendo dos actuaciones que rompieron récords.

El 28 de mayo de 2011, Mariano jugó su milésimo partido como Yankee. Catorce lanzadores lo hicieron antes que él, pero él fue el primero en hacerlo con un solo equipo: cuatro: cuatro bateadores, tres outs y doce lanzamientos, diez de los cuales fueron Strikes.

El 19 de septiembre, Mariano pasó a ser el jugador con más juegos salvados de la historia del béisbol, al finiquitar un partido contra Minnesota Twins. Cuando su equipo ganaba por 6-4 en la novena, Mariano tomó el montículo, eliminó a tres bateadores y conservó la victoria. El último out se desarrolló de una forma típica en él. Empezó con Chris Parmelee, anotando un strike con una bola alta por la parte exterior del filo del plato. Después, sumó un segundo por la parte interior que Parmelee bateó ilegalmente, rompiendo además su bate en el proceso. Con madera nueva en sus manos, Parmelee solo pudo ver cómo el característico cortado de Mariano llegó a la esquina exterior para el tercer strike.

Tres lanzamientos. Tres strikes. Un out histórico.

Los seguidores y los jugadores de los Yankees saltaban emocionados mientras Mariano atrapaba con tranquilidad la bola del partido que le lanzó su receptor Russell Martin y sonrió. Después

El cerrador de los Yankees Mariano Rivera sostiene el trofeo de las Series Mundiales después de que New York derrotase a Philadelphia 7-3 el 4 de noviembre de 2009. Era la quinta vez que Rivera y sus compañeros de equipo celebraban juntos un campeonato del mundo. (AP Photo/David J. Phillip)

de abrazar a sus compañeros, Posada lo empujó hacia el montículo para recibir la adulación de los seguidores. Lanzó un beso a los fieles del Yankee Stadium y se quitó la gorra para dar las gracias a todos los que le habían animado durante diecisiete años. Casi parecía incómodo con el aplauso mientras sonreía y levantaba los brazos.

Justo después del partido, Mariano desvió toda la atención de él hacia sus compañeros y Dios.

«La institución al completo y todos mis compañeros han sido un pilar para mí», dijo Mariano. «Siempre tengo que hablar de Dios, porque es lo más importante de mi vida. Sí, he encontrado obstáculos en el camino, pero Dios me dio la fuerza».

Mariano atribuye su longevidad deportiva a la bendición de Dios y a un estilo de vida limpio. Después de la mayoría de los partidos, corre a casa o al hotel, y una hora después del último lanzamiento ya está metido en la cama.

El hecho de que Mariano se cuide tanto y haya evitado problemas importantes en los brazos después de su operación de codo en 1992, hace pensar que le puedan quedar muchos años por delante al cerrador.

Cuando le preguntaron por su futuro, Mariano bromeó diciendo que podría lanzar hasta los cincuenta años de edad, pero ya más serio dijo que tiene contrato para la temporada 2013, y que valorará cómo se siente y cuánto puede ayudar al terminar la misma.

Independientemente de lo que depare el futuro para Mariano en el montículo, una cosa está clara en la mente de muchos seguidores: nunca verán otra vez un lanzador como Mo.

«Cuando hablamos del mejor relevista de todos los tiempos, solo hay uno», dijo Mark Teixeira, compañero en los Yankees. «La conversación empieza y termina con Mo».

Posada estaba de acuerdo: «Nunca habrá otro como Mariano Rivera».

Por el contrario, a él no le importa cómo lo recordarán en la historia del béisbol. Quiere ser recordado por la influencia ejercida sobre las personas.

«No presto demasiada atención a eso», dijo Mariano cuando le preguntaron qué le parecía que lo calificasen como el mejor lanzador relevista que ha existido. «Tan solo quiero ser la mejor persona que hayas conocido. Si lo soy, me siento cómodo con ello».

Actualización de la temporada 2012: La temporada 2012 de Mariano puede resumirse con una palabra: rehabilitación. Su año terminó tan rápido como empezó al romperse el ligamento cruzado anterior de su rodilla derecha el 3 de mayo. Realizó terapia física preoperatoria antes de pasar por el quirófano el día 12 de junio. «Volveré», dijo a los periodistas el día después de la lesión. «No me voy a marchar de esta forma». Firmó un contrato de un año y 10 millones de dólares el 29 de noviembre de 2012, lo que garantizaba que volvería a la cancha en 2013, siendo el último jugador nacido en los años 60 en una plantilla de las Grandes Ligas.

La histórica carrera de Mariano Rivera tuvo un final de libro de cuentos en 2013. Sus compañeros dijeron que nunca habían visto sonreír tanto a Mo en los entrenamientos de primavera, y esa sonrisa continuó durante toda la temporada, en la que se le hizo una pequeña fiesta de despedida en cada ciudad que los Yankees visitaban. Después de trabajar duro para volver de su devastadora lesión de rodilla en 2012, Mariano demostró ser una maravilla sin edad en su última temporada. El jugador de 43 años cerró con éxito sus primeras 18 oportunidades de salvamento en 2013 y acabó el año con 44, aumentando su total hasta un asombroso registro de 652. Una serie de lesiones en los Yankees y un pobre mes de agosto evitaron que los Pinstripes jugasen las eliminatorias, pero el Hombre de arena dijo adiós al béisbol con su cabeza bien alta.

ACERCA DE LOS AUTORES

Mike Yorkey, antiguo editor y autor de la revista *Focus on the Family*, coautor o editor de más de setenta y cinco libros, ha escrito sobre deportes durante toda su vida para diversas publicaciones, incluyendo *Breakaway, Brio, Focus on the Family Clubhouse* y revistas de tenis, esquí y deportes urbanos.

Mike ha sido aficionado al béisbol toda su vida, gracias a sus padres, que tienen abonos de temporada de San Diego Padres. Ha colaborado con el antiguo lanzador de San Francisco Giants Dave Drackery (*Called Up* y *Play Ball*) y también es coautor de *Every Man's Battle* con Steve Arteburn y Fred Stoeker, y otros diez libros de la serie *Every Man's Battle*. También es novelista, escribiendo junto a Tricia Goyer la novela de suspense sobre la Segunda Guerra Mundial *Chasing Mona Lisa*, que se lanzó a principios de 2012.

Mike y su esposa, Nicole, tienen dos hijos adultos, Andrea y Patrick. Viven en Encinitas, California.

La página web de Mike es www.mikeyorkey.com.

Jesse Florea ha trabajado en Focus on the Family durante más de dieciocho años. Actualmente es director editorial de revistas para jóvenes. Supervisa *Focus on the Family Clubhouse* (para niños de ocho a doce años) y *Clubhouse Jr.* (de tres a siete años). También es copresentador del programa bisemanal «Official Adventures in Odyssey Podcast», que frecuentemente supera los 100,000 oyentes.

Jesse es un gran aficionado a los deportes que ha escrito miles de historias deportivas de instituto y más de cien artículos en revistas sobre personalidades de ese mundo. Fue coautor de dos libros devocionales para niños con mentalidad deportiva: *The One-Year Devos for Sports Fans* y *The One-Year Sports Devotions for Kids*. También ha sido coautor o editor de más de una docena de libros.

El mejor recuerdo de Jesse en el béisbol es de cuando participó en prácticas de bateo a mediados de los 90 con los Colorado Rockies y junto a los llamados «Blake Street Bombers»: Andrés Galarraga, Dante Bichette y Larry Walker. Vive en Colorado Springs, Colorado, con su mujer, Stephanie, y dos adolescentes, Nate y Amber.

Joshua Cooley, antiguo escritor y editor de deportes en los periódicos *The Baltimore Examiner* y *The Gazette* en Maryland, ha trabajado en la industria literaria deportiva desde 1996. Su primer libro, *The One-Year Sports Devotions for Kids* (Tyndale), una colaboración con Jesse Florea y Jeremy Jones, se publicó en octubre de 2011.

Joshua trabaja actualmente a tiempo completo en su iglesia, Covenant Life, en Gaithersburg, Maryland, y escribe de forma independiente para diversas publicaciones como *Sports Illustrated, Atlanta Journal-Constitution, Baltimore Sun, Orlando Sentinel, Pittsburgh Tribune-Review, Bethesda Magazine, Orioles Magazine* y *Nationals Magazine*. También ha escrito para publicaciones cristianas como *Sports Spectrum, Sharing the Victory, Breakaway, Brio, Focus on the Family Clubhouse* y *Susie*. En 2006, colaboró en el Nuevo Testamento de deportes *Path to Victory*, de la Sociedad bíblica internacional.

Joshua es seguidor acérrimo del negro y naranja de Baltimore Orioles, para bien o para mal. Él y su mujer, Kelly, son padres de cuatro hijos. Los Cooley viven en Germantown, Maryland.

FUENTES

1. Clayton Kershaw: Al borde del precipicio de la grandeza
Todas las citas utilizadas provienen de entrevistas entre el coautor
Joshua Cooley y Clayton Kershaw, excepto las siguientes:

«Probablemente la mejor del mundo...», de «Clayton Kershaw's
Great Expectations», por Jeff Passan, *Yahoo! Sports,* 14 de
mayo de 2008, y disponible en http://sports.yahoo.com/mlb/
news?slug=jp-kershaw051408

«Bien podría estar junto a Zeus...» y «Chicos así no aparecen
con frecuencia...», de «Kershaw Takes the Stage», por Jeff Passan,
Yahoo! Sports, 26 de mayo de 2008, y disponible en http://sports.
yahoo.com/mlb/news?slug=jp-kershaw052608

«¿Techo? No hay techo...», de «Kershaw Looking Ahead to Life
Without Limits», por Ken Gurnick, *MLB.com*, 23 de febrero de
2010, y disponible en http://losangeles.dodgers.mlb.com/news/
article.jsp?ymd=20100223&content_id=8120062&vkey=news_
la&fext=.jsp&c_id=la

«No existe razón alguna para ponerle límites...», de «Dodgers'
Clayton Kershaw Continues to Shine», por Ben Bolch,
The Los Angeles Times, 13 de agosto de 2011, y disponible
en http://www.latimes.com/sports/la-sp-0814-dodgers-
astros-20110814,0,6852499.story

2. Ben Zobrist: El PK al que en la cancha llaman Zorrilla
Todas las citas utilizadas provienen de entrevistas personales entre
el coautor Mike Yorkey y Ben Zobrist y su padre, Tom Zobrist,
excepto las siguientes:

«Ben llamó la atención por primera vez al elegir una canción de su esposa...», de la página de Julianna en la web de los Zobrist, www. thezobrists.com, y disponible en http://goo.gl/hrl5g

«Papá, esto es más importante para los demás que para mí...», de «Former AIA Player Makes It to the Big League», por Elaine Piniat, publicado el 25 de junio de 2009 en la web de Atletas en Acción y disponible en http://goo.gl/S5uqY

«Ella era simplemente esa maravillosa mujer piadosa...», de «Ray of light: Tampa Bay All-Star Ben Zobrist», por Jill Ewert, publicado en la revista *Sharing the victory* y disponible en internet en http://goo.gl/DRquR

3. Albert Pujols: Un bateador especialista en Home runs cuyo corazón se desvive por los demás

«Ese era yo hace veinticinco años...», del reportaje de *60 minutes* «The Incredible Mr. Pujols», emitido el 10 de abril de 2011 en la CBS, y disponible en http://www.cbsnews.com/video/watch/?id=7362328n

«Lo creas o no, el béisbol no es mi ambición principal...», de «A Message of Faith from Albert Pujols», por la fundación familiar de los Pujols, y disponible en http://www.pujolsfamilyfoundation.org/faith/

«Al crecer en la República Dominicana, prácticamente todo lo que hice fue jugar al béisbol...», de «Albert and Dee Pujols: Giving Honor to God», *Focus on the Family*, boletín de radio diario, 15-16 de agosto de 2006

«Es el golpe de béisbol más duro y lejano que he visto jamás...», de «Albert Pujols: Revisiting the Early Years», por Arne Christensen, *The Hardball Times*, 15 de junio de 2010, y disponible en http://www.hardballtimes.com/main/article/albert-pujols-revisiting-the-early-years/

«Batearía con mucha potencia incluso con un palillo de dientes...», de «Albert Pujols: Revisiting the Early Years», por Arne Christensen, *The Hardball Times*, 15 de junio de 2010, y disponible en http://www.hardballtimes.com/main/article/albert-pujols-revisiting-the-early-years/

«Es el mejor bateador que he visto o entrenado...», de «Albert Pujols: Revisiting the Early Years», por Arne Christensen, *The Hardball Times*, 15 de junio de 2010, y disponible en http://www.hardballtimes.com/main/article/albert-pujols-revisiting-the-early-years/

«Nunca me sobrepondré a ello...», del reportaje de *60 minutes* «The Incredible Mr. Pujols», emitido el 10 de abril de 2011 en la CBS, y disponible en http://www.cbsnews.com/video/watch/?id=7362328n

«Iba a la iglesia de vez en cuando de niño...», de «Albert Pujols Testimony», video de la Baseball Chapel, 20 de julio de 2011, y disponible en http://www.youtube.com/watch?v=n9yz9inU5XY&feature=youtube_gdata_player

«No diría que fue fácil y que el Señor comenzase a cambiar las cosas de inmediato...», de «Albert Pujols Testimony», video de la Baseball Chapel, 20 de julio de 2011, y disponible en http://www.youtube.com/watch?v=n9yz9inU5XY&feature=youtube_gdata_player

«Había estado orando para que Dios utilizase a Albert para compartir a Jesús y quería que fuese más grande...», de «Albert and Dee Pujols: Giving Honor to God», *Focus on the Family*, boletín de radio diario, 15-16 de agosto de 2006

«Debo de haber sido la atracción del año para ellos...», del reportaje de *60 minutes* «The Incredible Mr. Pujols», emitido el 10 de abril de 2011 en la CBS, y disponible en http://www.cbsnews.com/video/watch/?id=7362328n

«Una de las cosas que he aprendido es que no se trata de mí, sino de servir al Señor Jesucristo...», de «Albert Pujols Testimony», video de la Baseball Chapel, 20 de julio de 2011, y disponible en http://www.youtube.com/watch?v=n9yz9inU5XY&feature=youtube_gdata_player

«Es el mejor jugador de béisbol ahora...», de «My Wish: Albert Pujols», *ESPN Sports Center: My Wish*, 19 de julio de 2010, y disponible en http://espn.go.com/video/clip?id=5392781

«Albert es un jugador tan grande...», de «My Wish Q&A: Debbie Trammel», por Scott Miller, *ESPN.com*, 21 de julio de 2010, y disponible en http://sports.espn.go.com/espn/features/mywish/news/story?id=5367335

«Me alegro de que fuese él...», de «For Pujols, a Game for the Age», por Tyler Kepner, *The New York Times*, 23 de octubre de 2011, y disponible en http://www.nytimes.com/2011/10/24/sports/baseball/for-albert-pujols-of-st-louis-3-home-runs-for-a-record-night.html

«Creo que todo empezó el último mes de la temporada...», de «Cards Win World Series, Beat Texas 6-2 in Game 7», Associated Press, 28 de octubre de 2011, y disponible en http://sportsillustrated.cnn.com/baseball/mlb/gameflash/2011/10/28/40004_recap.html

«Disfrútalo. Respétalo. Aprécialo...», de «Pujols Is a Faith-Based Mystery», por Jeff Passan, *Yahoo! Sports*, 14 de julio de 2009, y disponible en http://sports.yahoo.com/mlb/news?slug=jp-pujols071409

«Albert no tiene debilidades evidentes, y no caza muchos lanzamientos malos...», de «Albert Pujols Quotes», *Baseball Almanac*, y disponible en http://www.baseball-almanac.com/quotes/albert_pujols_quotes.shtml

«Andaría antes en una carrera que entregar cuatro...», del reportaje de *60 minutes* «The Incredible Mr. Pujols», emitido el 10 de abril de 2011 en la CBS, y disponible en http://www.cbsnews.com/video/watch/?id=7362328n

«Es el rostro del béisbol...», del reportaje de *60 minutes* «The Incredible Mr. Pujols», emitido el 10 de abril de 2011 en la CBS, y disponible en http://www.cbsnews.com/video/watch/?id=7362328n

«Nunca haría nada de eso...», de «Cardinals Slugger Albert Pujols Is Batting Cleanup for Baseball», por Bob Nightengale, *USA Today*, 13 de julio de 2009, y disponible en http://www.usatoday.com/sports/baseball/nl/cardinals/2009-07-12-pujols-cover_N.htm

«No creo en toda esa ciencia del bateo...», de «Pujols Is a Faith-Based Mystery», por Jeff Passan, *Yahoo! Sports*, 14 de julio de 2009, y disponible en http://sports.yahoo.com/mlb/news?slug=jp-pujols071409

4. Carlos Beltrán: Pasa todo el trayecto hacia el estadio en oración

Todas las citas utilizadas provienen de entrevistas personales entre el coautor Joshua Cooley y Carlos Beltrán.

5. Adrián Gonzalez: Gonzo para Dios

Todas las citas utilizadas provienen de entrevistas personales entre el coautor Joshua Cooley y Adrián Gonzalez, excepto las siguientes:

«Sigo conservando mis informes de aquella época sobre él...», de «On Baseball: Gonzalez Recalls Time in Portland», por Kevin Thomas, *Portland Press Herald*, 20 de abril de 2011, y disponible en http://www.pressherald.com/sports/say-goodbye-to-winter_2011-04-01.html

«Todo el mundo enloquecía con él...», de «The Secret Is Out on Gonzalez», por Bob Nightengale, *USA Today*, 12 de julio de 2011, y disponible en http://www.usatoday.com/SPORTS/usaedition/2011-07-12-Cover-Adrian-Gonzalez_CV_U.htm

6. Josh Hamilton: El Bat man (hombre del bate) regresa del abismo

«No obstante, lo sorprendente no era solo...», de «180 Degrees of Separation», por Jeff Pearlman, *Sports Illustrated*, 2 de abril de 2004, y disponible en http://sportsillustrated.cnn.com/vault/article/magazine/MAG1031772/index.htm

«He conseguido muchos trofeos a lo largo de los años, pero el Ashley Pittman Memorial Award es especial para mí...», de *Beyond Belief: Finding the Strength to Come Back*, por Josh Hamilton con Tim Keown (New York: Hachette Book Group, 2008), página 33.

«Hemos estado observándolo durante mucho tiempo...», de «Rays Feel Hamilton Has Making of a Star», CNNSI.com, 2 de junio de 1999, y disponible en http://sportsillustrated.cnn.com/baseball/mlb/1999/draft/news/1999/06/02/hamilton_lamar/

«Creo que estaré unos tres años en ligas menores y unos quince en las grandes...», de *Beyond Belief: Finding the Strength to Come Back*, por Josh Hamilton con Tim Keown (New York: Hachette Book Group, 2008), página 37.

«Sus miedos se hicieron realidad en nuestro primer partido...», de *Beyond Belief: Finding the Strength to Come Back*, por Josh Hamilton con Tim Keown (New York: Hachette Book Group, 2008), páginas 7-8.

«No esperaba verte aquí esta noche...», de *Beyond Belief: Finding the Strength to Come Back*, por Josh Hamilton con Tim Keown (New York: Hachette Book Group, 2008), página 38.

«Fui salvo con dieciocho años...», del *Larry King Live show* en la CNN, 28 de octubre de 2008, y disponible en http://www.youtube.com/watch?v=rJ2xN_xHT0g

«Introdujo la aguja en mi columna hasta que sentí como si estuviese moliendo el hueso...», de *Beyond Belief: Finding the Strength to Come Back*, por Josh Hamilton con Tim Keown (New York: Hachette Book Group, 2008), página 76.

«Fue "la primera vez" en muchas cosas esa noche...», del *Larry King Live show* en la CNN, 28 de octubre de 2008, y disponible en http://www.youtube.com/watch?v=rJ2xN_xHT0g

«Ese marcador no se había reparado aún y se cubrió con publicidad de la página web del equipo...», de «If You Build it, They Will Come, or Will They?», por Matt Martz, Bakersfield.com, 17 de octubre de 2008, y disponible en http://people.bakersfield.com/home/ViewPost/78184

«Todo el mundo sabía quién era Josh en el instituto...», de «Josh and Kate Hamilton, Parts 1-3 Live Interview, February 14, 2010», West Lonsdale Baptist Church, 14 de febrero de 2010, y disponible en http://www.youtube.com/watch?v=dM_M8JTjkvM&feature=related

«Era un despojo humano, un ser sin alma», de *Beyond Belief: Finding the Strength to Come Back*, por Josh Hamilton con Tim Keown (New York: Hachette Book Group, 2008), página 150.

«Estaba destrozado, sucio, nervioso. Apenas era coherente...», de *Beyond Belief: Finding the Strength to Come Back*, por Josh Hamilton con Tim Keown (New York: Hachette Book Group, 2008), página 154.

«Volví a la habitación en la que acababa de utilizar las drogas, agarré una Biblia, y el primer versículo que leí fue Santiago 4.7...», de «Josh and Kate Hamilton, Parts 1-3 Live Interview, February 14, 2010», West Lonsdale Baptist Church, 14 de febrero de 2010, y disponible en http://www.youtube.com/watch?v=dM_M8JTjkvM&feature=related

«El béisbol es lo tercero en mi vida ahora mismo, después de mi relación con Dios y mi familia...», de «I'm Proof That Hope Is never Lost», un fragmento de *Beyond Belief,* por Josh Hamilton con Tim Keown, *ESPN, The Magazine,* 5 de julio de 2007, y disponible en http://sports.espn.go.com/mlb/news/story?id=2926447

«Dios me ha dado una plataforma excepcional para compartir lo que él ha hecho en mi vida...», de «Hamilton's Drug Comeback "Beyond Belief"», Associated Press, 19 de octubre de 2008, y disponible en http://www.youtube.com/watch?v=942OxgJT0ec&feature=eelmfu

«Estuve ahí fuera durante tres semanas y dejé de orar, de hacer mis devocionales, de leer la Palabra...», de «Josh and Kate Hamilton, Parts 1-3 Live Interview, February 14, 2010», West Lonsdale Baptist Church, 14 de febrero de 2010, y disponible en http://www.youtube.com/watch?v=dM_M8JTjkvM&feature=related

«Estoy avergonzado de esto por mi mujer, Katie, por mis hijos y por la organización...», de «Hamilton Admits to Relapse with Alcohol», por Joe Resnick de Associated Press, 8 de agosto de 2009, y disponible en http://www.breitbart.com/article.php?id=D99UTUGG1&show_article=1

«Cuando entró por la puerta, vi lo quebrantado y arrepentido que estaba...», de «Josh and Kate Hamilton, Parts 1-3 Live Interview, February 14, 2010», West Lonsdale Baptist Church, 14 de febrero de 2010, y disponible en http://www.youtube.com/watch?v=dM_M8JTjkvM&feature=related

«Arraigado en sus creencias cristianas y sus rigurosos devocionales diarios...», de «Josh Hamilton Finds Strength after Misstep in Recovery from Addiction», por S.C. Gwynne, *Dallas Morning News,* 4 de octubre de 2010, y disponible en http://www.dallasnews.com/incoming/20101003-Josh-Hamilton-finds-strength-after-misstep-1474.ece

«Otra noche más en la vida del mejor jugador de béisbol en la que...», de «Hamilton Leaving No Doubt He Is the Best Player in Baseball», por Tom Verducci, SI.com, 17 de agosto de 2010, y disponible en http://sportsillustrated.cnn.com/vault/article/web/COM1173399/index.htm

«Todos gritaron "¡Gaseosa!" Y me empaparon de ella...», de «Josh Hamilton Included in Celebration», por Richard Durrett, ESPNDallas.com, 12 de octubre de 2010, y disponible en http://sports.espn.com/dallas/mlb/news/story?id=5679952

«¿Habría podido llegar a las personas siendo ese chico limpio y correcto que salía del instituto?», de «Hamilton's Drug Comeback "Beyond Belief"», Associated Press, 19 de octubre de 2008, y disponible en http://www.youtube.com/watch?v=942OxgJT0ec&feature=relmfu

«Alguien sin quien me sería imposible vivir es, obviamente, Jesús...», de «Josh and Kate Hamilton, Parts 1-3 Live Interview, February 14, 2010», West Lonsdale Baptist Church, 14 de febrero de 2010, y disponible en http://www.youtube.com/watch?v=dM_M8JTjkvM&feature=related

7. Stephen Drew: Las cosas buenas llegan de tres en tres
Todas las citas utilizadas provienen de entrevistas personales entre el coautor Joshua Cooley y Stephen Drew.

8. Jeremy Affeldt: *Solus Christus*, solo Cristo
Todas las citas utilizadas provienen de entrevistas personales entre el coautor Joshua Cooley y Jeremy Affeldt, excepto las siguientes:

«Jeremy Affeldt. Miramos hacia atrás...», de «Giants' Biggest Hero in Game 6 Fits Team's "Improbable" Bill», por Joe Posnanski, *Sports Illustrated*, 24 de octubre de 2010, y disponible en http://sportsillustrated.cnn.com/2010/writers/joe_posnanski/10/24/nlcs.game6/index.html

9. Matt Capps: Abrir el puño que un día cerró contra Dios
Todas las citas utilizadas provienen de entrevistas personales entre
el coautor Joshua Cooley y Matt Capps

10. Mark Teixeira: Bateo a toda potencia
«Mis compañeros bromeaban conmigo, diciéndome que tropezase
sobre la primera base si golpeaba una bola hacia el intervalo...», de
«Teixeira Hots for Cycle in Rangers' Win», 18 de agosto de 2004,
y disponible en http://www.redorbit.com/news/general/79812/
teixeira_hits_for_cycle_in_rangers_win/index.html

«Siempre he intentado ser disciplinado...», de «Mark Teixeira
Works on His Form», por Lee Warren, revista *Magazine*,
septiembre de 2007, página 19.

«Él permanece perfectamente recto, la cabeza agachada, la
camiseta por dentro...», de «Straight-up Talent», por Lee Jenkins,
Sports Illustrated, 11 de noviembre de 2009, y disponible en http://
sportsillustrated.cnn.com/vault/article/magazine/MAG1162901/2/
index.htm

«Intento vivir el béisbol y jugarlo de la forma que creo que Dios
quiere que lo haga...», de «Mark Teixeira Works on His Form», por
Lee Warren, revista *Breakaway*, septiembre de 2007, página 20.

«Aprendí cosas acerca de Jesús y de lo importante que es nuestra
fe», de «Mark Teixeira Works on His Form», por Lee Warren,
revista *Breakaway*, septiembre de 2007, página 19.

«Me sentí muy honrado cuando el Presidente me mencionó...»,
de «President Barack Obama Singles Out New York Yankees
First Baseman Mark Teixeira for Charitable Works», por
Mark Feinsand, *New York Daily News*, 27 de abril de 2010, y
disponible en http://articles.nydailynews.com/2010-04-27/
sports/27062767_1_college-scholarship-mark-teixeira-white-house

«Desde que puse en marcha mi fundación, esta se ha implicado
con las becas de estudio, la educación y las necesidades de los

niños...», de «Yankees' Teixeira Goes to Bat for Kids», por Jim
Wilkie, ESPN.com: The Life, 4 de mayo de 2010, y disponible en
http://sports.espn.go.com/espn/thelife/news/story?id=5161392

«Me involucré con Harlem RBI y la escuela DREAM porque
creo que el trabajo que estamos haciendo está cambiando vidas
verdaderamente...», de un comunicado de prensa de Eric NYC
Department of Housing Preservation & Development, por Eric
Bederman, 13 de junio de 2011, y disponible en http://www.nyc.
gov/html/hpd/html/pr2011/pr-06-13-11.shtml

«He visitado hospitales y trabajado con la fundación Make-A-Wish
anteriormente...», de «Inspired by Young Cancer Patient, Yankees'
Mark Teixeira Shares Life Lesson», por Jason Rovou, Larry King
Live Blogs, 13 de abril de 2010, y disponible en http://larrykinglive.
blogs.cnn.com/2010/04/13/inspired-by-young-cancer-patient-
yankees%E2%80%99-mark-teixeira-shares-life-lesson/

«Lo más sorprendente de Brian era su fe en medio de la prueba...»,
de Teixeira's Mission: «Raise Awareness for Cancer to Honor
Ernst's Memory», por Ashley Bates, Gainesville Times, 28 de
abril de 2010, y disponible en http://www.gainesvilletimes.com/
archives/32589/

«Nuestras obras no nos hacen justos...», de «Bright Light in
the Big City», por Chad Bonham, Sharing the Victory, octubre
de 2009, y disponible en http://www.sharingthevictory.
com/vsItemDisplay.lsp?method=display&objectid=EDA17
9A5-C2cA-EE7A-E8E85C89FA8CE71A

«Mis padres me criaron en un hogar en el que trabajábamos muy
duro y lo hacíamos lo mejor que podíamos...», de «Program 246»,
podcast Personally Speaking with Jim Lisante, Jim Lisante, Catholic
Communication Campaign, 16 de enero de 2011, y disponible en
http://old.usccb.org/audio/psradio.shtml

«La gente pensaba que estaba loco, pero era lo más grande para
mí...», de «Program 246», podcast Personally Speaking with Jim

Lisante, Jim Lisante, Catholic Communication Campaign, 16 de enero de 2011, y disponible en http://old.usccb.org/audio/psradio. shtml

«Nadie esperará más de mí que yo mismo...», de «Mark Teixeira's Wife Leigh Nudged Hubby toward Yankees», por Anthony McCarron, *New York Daily News*, 6 de enero de 2009, y disponible en http://articles.nydailynews.com/2009-01-06/ sports/17913844_1_mark-teixeira-yankees-offer

«Le hice saber que estaría a su lado todo el tiempo...», de *Cage Rat: Lessons from a Life in Baseball by the Yankees' Hitting Coach*, por Kevin Long con Glen Waggoner (Nueva York: Ecco, 2011).

«¿Por qué no correr al máximo cuando estás en una base...?», de «Mark of Excellence», por Bob Bellone, *Sports Spectrum*, verano de 2010, página 38, y disponible en http://mydigimag.rrd.com/ display_article.php?id=426780

«Levantar el trofeo al final de la temporada hizo que el año fuese especial para nosotros...», de «Mark Teixeira Interview Post 2009 World Series», Steinersports, 10 de noviembre de 2009, y disponible en http://www.youtube.com/watch?v=Uewfl9vfUJw

«Cuando nació mi primer hijo en 2006...», de «Bright Light in the Big City», por Chad Bonham, *Sharing the Victory*, octubre de 2009, y disponible en http://www.sharingthevictory. com/vsItemDisplay.lsp?method=display&objectid=EDA17 9A5-C2cA-EE7A-E8E85C89FA8CE71A

«Probablemente, puedo citar toda la película de principio a fin...», de «Yankees' Teixeira Goes to Bat for Kids», por Jim Wilkie, ESPN. com: The Life, 4 de mayo de 2010, y disponible en http://sports. espn.go.com/espn/thelife/news/story?id=5161392

«El béisbol es un juego de errores...», de «Bright Light in the Big City», por Chad Bonham, *Sharing the Victory*, octubre de 2009, y disponible en http://www.sharingthevictory.

com/vsItemDisplay.lsp?method=display&objectid=EDA17
9A5-C2cA-EE7A-E8E85C89FA8CE71A

«No es un hito importante...», de «Derek Jeter to Play in Trenton This Weekend Before Returning to Yankees», por Zach Berman y conor Orr, *The Star-Ledger*, 30 de junio de 2011, y disponible en http://www.nj.com/yankees/index.ssf/2011/06/derek_jeter_will_play_in_trent.html

«Mi fe se mantiene firme...», de «Mark Teixeira Texas Rangers--Today's Christian Videos», Trinity Broadcasting Network, y disponible en http://www.godtube.con/watch/?v=JCC291NU

11. Brian Roberts: Grandes pruebas, gran fe para un pequeño jugador
Todas las citas utilizadas provienen de entrevistas personales entre el coautor Joshua Cooley y Brian Roberts, excepto las siguientes:

«El período más duro...» y «Ciertamente, para mí...», de «Roberts Plans to Be Part of Orioles' Future», por Jeff Zrebiec, *Baltimore Sun*, 16 de agosto de 2011, y disponible en http://www.baltimoresun.com/sports/orioles/bs-sp-orioles-roberts-0817-20110816,0,5149721.story

«Brian Roberts es un jugador de posiciones interiores...», de «The Mitchell Report», publicado el 13 de diciembre de 2007, y disponible en http://mlb.mlb.com/mlb/news/mitchell/index.jsp

«En un momento de debilidad...», de «Robert Admits He Used Steroids», por Jeff Zrebiec, *Baltimore Sun*, 18 de diciembre de 2007, y disponible en http://www.baltimoresun.com/sports/bal-te.sp.roberts18dec18,0,769248.story

«Chicos...», de una entrada del video blog de Brian titulada «Improved Team Chemistry Could Result in Improved Record», 22 de abril de 2011, y disponible en http://www.masnssports.com/brian_roberts/2011/04/improved-team-chemistry-could-result-in-improved-record.html

«El Sr. Angelos ha invertido mucho en mí...», de «Emotional Roberts Admits that 2011 Return Not Looking Good», por Jeff Zrebiec, *Baltimore Sun*, 2 de septiembre de 2011, y disponible en http://weblogs.baltimoresun.com/sports/orioles/blog/2011/09/emotional_roberts_admits_that.html

12. Josh Willingham: Entender que el Señor da y quita
Todas las citas utilizadas provienen de entrevistas personales entre el coautor Joshua Cooley y Josh Willingham.

13. Mariano Rivera: El bateador de cierre que llegó a ser salvo
«Tiene que lanzar en una liga más alta, si es que la hay...», de «Mariano Rivera's a True Yankee, Almost Mythical in His Dominance», por Joe Posnanski, SI.com, 2 de julio de 2009, y disponible en http://sportsillustrated.cnn.com/2009/writers/joe_posnanski/07/01/rivera/index.html

«Sí, me siento incómodo porque no me gusta hablar de mí...», de «The Michael Kay Show», podcast de ESPN Nueva York (1050 AM), 16 de septiembre de 2011, y disponible en http://espn.go.com/new-york/radio/archive?id=2693958

«Están viendo al mejor cerrador de todos los tiempos...», de «Mariano Saves», por Tom Verducci, *Sports Illustrated*, 5 de octubre de 2009, y disponible en http://sportsillustrated.cnn.com/vault/article/magazine/MAG1160757/index.htm

«Es como mi hermano...», de «Modern Yankee Heroes: From Humble Beginnings, Mariano Rivera Becomes Greatest Closer in MLB History», por Christian Red, *New York Daily News*, 13 de marzo de 2010, y disponible en http://articles.nydailynews.com/2010-03-13/sports/27058930_1_puerto-caimito-cardboard-cousin

«No sé si volveremos a ver algo igual alguna vez...», de «Mariano Rivera Gets 600th Save», por Andrew Marchand, ESPNNewYork.com, 14 de septiembre de 2011, y disponible en http://m.espn.go.com/mlb/story?w=1b0rl&storyId=6968238&i=TOP&wjb=

«Si hablas con él en un partido de las estrellas, es como hacerlo
con alguien que acaba de ser convocado...», de «Mariano Saves»,
por Tom Verducci, *Sports Illustrated*, 5 de octubre de 2009, y
disponible en http://sportsillustrated.cnn.com/vault/article/
magazine/MAG1160757/index.htm

«La velocidad en el radar no fue realmente extraordinaria...»,
de «Modern Yankee Heroes: From Humble Beginnings,
Mariano Rivera Becomes Greatest Closer in MLB History»,
por Christian Red, *New York Daily News*, 13 de marzo de 2010,
y disponible en http://articles.nydailynews.com/2010-03-13/
sports/27058930_1_puerto-caimito-cardboard-cousin

«Habitualmente, un jugador se prepara durante años...», de
Mariano Rivera, por Judith Levin (New York: Checkmark Books,
2008), página 18.

«Cada vez que pasaba por una época difícil, aparecía alguien
para ayudar...», de «The Secret of Mariano Rivera's Success»,
por Peter Schiller, baseballreflections.com, 7 de noviembre de
2009, y disponible en http://baseballreflection.com/2009/11/07/
the-secret-of-mariano-riveras-success/

«Mientras más duro lo intentaba, más difícil era...», de «Yanks'
Rivera Continues to Learn», por Mel Antonen, *USA Today*, 9 de
octubre de 2006, y disponible en http://www.usatoday.com/sports/
soac/2006-10-09-rivera_x.htm

«No puedes ver el efecto que lleva...», de «This Is the Game
Changer», por Albert Chen, *Sports Illustrated*, 13 de junio de 2011,
y disponible en http://sportsillustrated.cnn.com/vault/article/
magazine/MAG1187105/index.htm

«Es mi lanzamiento milagroso...», de «Mariano Rivera's Cutter
"The Miracle Pitch"», entrevista con el Pastor Dewey Friedel,
cortesía de Trinity Broadcasting Network, y disponible en http://
www.youtube.com/watch?v=L0tTLssCKZU

«Mi enfoque mental es simple: consigue tres eliminaciones lo más rápidamente posible...», de «Mariano Saves», por Tom Verducci, *Sports Illustrated*, 5 de octubre de 2009, y disponible en http://sportsillustrated.cnn.com/vault/article/magazine/MAG1160757/index.htm

«Mi niñez fue maravillosa...», de «Modern Yankee Heroes: From Humble Beginnings, Mariano Rivera Becomes Greatest Closer in MLB History», por Christian Red, *New York Daily News*, 13 de marzo de 2010, y disponible en http://articles.nydailynews.com/2010-03-13/sports/27058930_1_puerto-caimito-cardboard-cousin

«Es duro. Extremadamente duro...», de «Modern Yankee Heroes: From Humble Beginnings, Mariano Rivera Becomes Greatest Closer in MLB History», por Christian Red, *New York Daily News*, 13 de marzo de 2010, y disponible en http://articles.nydailynews.com/2010-03-13/sports/27058930_1_puerto-caimito-cardboard-cousin

«Tenemos muchos objetivos por los que trabajar con la juventud...», de «Yankees Pitcher to Open Church», por Danielle De Souza, *New Rochelle Patch*, 28 de junio de 2011, y disponible en http://newrochelle.patch.com/articles/yankees-pitcher-to-open-church

«Fue algo especial, y Dios quiere que me concentre en darlo a conocer a otras personas...», de «Baseball; Love of God Outweighs Love of the Game», por Jack Curry, *New York Times*, 10 de diciembre de 1999, y disponible en http://www.nytimes.com/1999/12/10/sports/baseball-love-of-god-outweighs-love-of-the-game.html

«Me alegro de haber perdido las Series Mundiales...», de «The Confidence Man», por Buster Olney, *New York Magazine*, 21 de mayo de 2005, y disponible en http://nymag.com/nymetro/news/sports/features/9375/index2.html

«La capacidad para jugar bien viene de Dios...», de «World Baseball Classic Pool D: San Juan», entrevista con Mariano Rivera por ASAP Sports, 7 de marzo de 2009, y disponible en http://www. asapsports.com/show_interview.php?id=54723

«Mira el lanzamiento de Mo, mira cómo lo repite...», de «Mariano Rivera Pitches in 1,000th Game for Yanks and Has a Lot of Mo», por Bob Klapisch, *The Record*, 28 de mayo de 2011, y disponible en http://www.post-gazette.com/pg/11148/1150003-63-0. stm?cmpid=sports.xml

«La institución al completo y todos mis compañeros han sido un pilar para mí...», de «Mariano Rivera Gets 602 to Become All-Time Saves Leader», por Bryan Llenas, *Fox New Latino*, 19 de septiembre de 2011, y disponible en http://latino.foxnews.com/ latino/sports/2011/09/19/mariano-rivera-gets-number-602-to-become-all-time-saves-leader/

«Cuando hablamos del mejor relevista de todos los tiempos, solo hay uno...», de «Mariano Rivera: Saving with Grace», por Kevin Baxter, *Los Angeles Times*, 17 de septiembre de 2011, y disponible en http://articles.latimes.com/2011/sep/17/sports/ la-sp-0918-down-the-line-20110918

«Resulta sorprendente que haya sido capaz de hacerlo con el mismo lanzamiento una y otra vez...», de «Modern Yankee Heroes: From Humble Beginnings, Mariano Rivera Becomes Greatest Closer in MLB History», por Christian Red, *New York Daily News*, 13 de marzo de 2010, y disponible en http://articles.nydailynews.com/2010-03-13/ sports/27058930_1_puerto-caimito-cardboard-cousin

«No presto demasiada atención a eso...», de «The Michael Kay Show», Podcast de ESPN Nueva York (1050 AM), 16 de septiembre de 2011, y disponible en http://espn.go.com/new-york/radio/ archive?id=2693958